中国艺术研究院 学术文库

尼采的人生哲学

田丁 著

北京时代华文书局

图书在版编目（CIP）数据

尼采的人生哲学 / 田丁著 . -- 北京 . 北京时代华文书局 , 2024.7
（中国艺术研究院学术文库 / 王文章主编）
ISBN 978-7-5699-5245-2

Ⅰ . ①尼… Ⅱ . ①田… Ⅲ . ①尼采 (Nietzsche, Friedrich Wilhelm 1844-1900) －人生哲学－通俗读物 Ⅳ . ① B516.47-49

中国国家版本馆 CIP 数据核字 (2024) 第 063481 号

NICAI DE RENSHENG ZHEXUE

出 版 人：陈 涛
责任编辑：姚 健 周海燕
装帧设计：程 慧
责任印制：刘 银 訾 敬

出版发行：北京时代华文书局 http://www.bjsdsj.com.cn
北京市东城区安定门外大街 138 号皇城国际大厦 A 座 8 层
邮编：100011 电话：010-64263661 64261528

印 刷：三河市嘉科万达彩色印刷有限公司
开 本：710 mm×1000 mm 1/16 成品尺寸：170 mm×240 mm
印 张：18.5 字 数：284 千字
版 次：2024 年 7 月第 1 版 印 次：2024 年 7 月第 1 次印刷
定 价：90.00 元

总 序

王文章

以宏阔的视野和多元的思考方式，通过学术探求，超越当代社会功利，承续传统人文精神，努力寻求新时代的文化价值和精神理想，是文化学者义不容辞的责任。多年以来，中国艺术研究院的学者们，正是以“推陈出新”学术使命的担当为己任，关注文化艺术发展实践，求真求实，尽可能地从揭示不同艺术门类的本体规律出发做深入的研究。正因此，中国艺术研究院学者们的学术成果，才具有了独特的价值。

中国艺术研究院在曲折的发展历程中，经历聚散沉浮，但秉持学术自省、求真求实和理论创新的纯粹学术精神，是其一以贯之的主体性追求。一代又一代的学者扎根中国艺术研究院这片学术沃土，以学术为立身之本，奉献出了《中国戏曲通史》《中国戏曲通论》《中国古代音乐史稿》《中国美术史》《中国舞蹈发展史》《中国话剧通史》《中国电影发展史》《中国建筑艺术史》《美学概论》等新中国奠基性的艺术史论著作。及至近年来的《中国民间美术全集》《中国当代电影发展史》《中国近代戏曲史》《中国少数民族戏曲剧种发展史》《中国音乐文物大系》《中华艺术通史》《中国先进文化论》《非物质文化遗产概论》《西部人文资源研究丛书》等一大批学术专著，都在学界产生了重要影响。近十多年来，中国艺术研究院的学者出版学术专著在千种以上，并发表了大量的学术论文。处于大变革时代的中国艺术研究院的学者们以自己的创造智慧，在时代的发展中，为我国当代的文化建设和学术发展做出了当之无愧的贡献。

为检阅、展示中国艺术研究院学者们研究成果的概貌，我院特编选出版“中国艺术研究院学术文库”丛书。入选作者均为我院在职的副研究员、研究员。虽然他们只是我院包括离退休学者和青年学者在内众多的研究人员中的一部分，也只是每人一本专著或自选集入编，但从整体上看，丛书基本可以从学术精神上体现中国艺术研究院作为一个学术群体的自觉人文追求和学术探索的锐气，也体现了不同学者的独立研究个性和理论品格。他们的研究内容包括戏曲、音乐、美术、舞蹈、话剧、影视、摄影、建筑艺术、红学、艺术设计、非物质文化遗产和文学等，几乎涵盖了文化艺术的所有门类，学者们或以新的观念与方法，对各门类艺术史论做了新的揭示与概括，或着眼现实，从不同的角度表达了对当前文化艺术发展趋向的敏锐观察与深刻洞见。丛书通过对我院近年来学术成果的检阅性、集中性展示，可以强烈感受到我院新时期以来的学术创新和学术探索，并看到我国艺术学理论前沿的许多重要成果，同时也可以代表性地勾勒出新世纪以来我国文化艺术发展及其理论研究的时代轨迹。

中国艺术研究院作为我国唯一的一所集艺术研究、艺术创作、艺术教育为一体的国家级综合性艺术学术机构，始终以学术精进为己任，以推动我国文化艺术和学术繁荣为职责。进入新世纪以来，中国艺术研究院改变了单一的艺术研究体制，逐步形成了艺术研究、艺术创作、艺术教育三足鼎立的发展格局，全院同志共同努力，力求把中国艺术研究院办成国内一流、世界知名的艺术研究中心、艺术教育中心和国际艺术交流中心。在这样的发展格局中，我院的学术研究始终保持着生机勃勃的活力，基础性的艺术史论研究和对策性、实用性研究并行不悖。我们看到，在一大批个人的优秀研究成果不断涌现的同时，我院正陆续出版的“中国艺术学大系”“中国艺术学博导文库·中国艺术研究院卷”，正在编撰中的“中华文化观念通诠”“昆曲艺术大典”“中国京剧大典”等一系列集体研究成果，不仅展现出我院作为国家级艺术研究机构的学术自觉，也充分体现出我院领军国内艺术学地位的应有学术贡献。这套“中国艺术研究院学术文库”和拟编选的本套文库离退休著名学者著述部分，正是我院多年艺术学科建设和学术积累的一个集中性展示。

多年来，中国艺术研究院的几代学者积淀起一种自身的学术传统，那就是勇于理论创新，秉持学术自省和理论联系实际的一以贯之的纯粹学术精神。对此，我们既可以从我院老一辈著名学者如张庚、王朝闻、郭汉城、杨荫浏、冯其庸等先生的学术生涯中深切感受，也可以从我院更多的中青年学者中看到这一点。令人十分欣喜的一个现象是我院的学者们从不故步自封，不断着眼于当代文化艺术发展的新问题，不断及时把握相关艺术领域发现的新史料、新文献，不断吸收借鉴学术演进的新观念、新方法，从而不断推出既带有学术群体共性，又体现学者在不同学术领域和不同研究方向上深度理论开掘的独特性。

在构建艺术研究、艺术创作和艺术教育三足鼎立的发展格局基础上，中国艺术研究院的艺术家们，在中国画、油画、书法、篆刻、雕塑、陶艺、版画及当代艺术的创作和文学创作各个方面，都以体现深厚传统和时代特征的创造性，在广阔的题材领域取得了丰硕的成果，这些成果在反映社会生活的深度和广度及艺术探索的独创性等方面，都站在时代前沿的位置而起到对当代文学艺术创作的引领作用。无疑，我院在文学艺术创作领域的活跃，以及近十多年来在非物质文化遗产保护实践方面的开创性，都为我院的学术研究提供了更鲜活的对象和更开阔的视域。而在我院的艺术教育方面，作为被国务院学位委员会批准的全国首家艺术学一级学科单位，十多年来艺术教育长足发展，各专业在校学生已达近千人。教学不仅注重传授知识，注重培养学生认识问题和解决问题的能力，同时更注重治学境界的养成及人文和思想道德的涵养。研究生院教学相长的良好气氛，也进一步促进了我院学术研究思想的活跃。艺术创作、艺术教育与学术研究并行，三者在交融中互为促进，不断向新的高度登攀。

在新的发展时期，中国艺术研究院将不断完善发展的思路和目标，继续培养和汇聚中国一流的学者、艺术家队伍，不断深化改革，实施无漏洞管理和效益管理，努力做到全面协调可持续发展，坚持以人为本，坚持知识创新、学术创新和理论创新，尊重学者、艺术家的学术创新、艺术创新精神，充分调动、发挥他们的聪明才智，在艺术研究领域拿出更多科学的、具有独创性的、充满鲜活生命力和深刻概括力的研究成果；在艺术创作领域推出更多具有思想震撼力和艺术感染力、具有时代标志性和代表性的精品力作；同时，培养更多德才兼备的优秀青年人才，真正把中国艺术研究院办成全国一流、世界知名的艺术研究中心、艺术教育中心和国际艺术交流中心，为中华民族伟大复兴的中国梦的实现和促进我国艺术与学术的发展做出新的贡献。

2014年8月26日

目　录

挑战神权

悲剧哲学

生命壮歌

世态镜花

走出误区

卷末琐记

卷头绪语

呈现在诸君面前的，是笔者1995年的一本读书札记。它留下了笔者对于尼采人生哲学的别样解读，融入了笔者的体会和心得、感观和感悟。这些解读和体会、心得、感观、感悟，无论对和错，是和非，都一一记录在案，好歹是笔者阅读经历上的一路足迹。

对于尼采和他的哲学来说，2000年是个具有特殊意义的年份。这年是中国具有吉祥意义的农历龙年，正逢尼采谢世一百周年，恰好又是他生前期待他的学说可望时来运转的起始之年。为此，此稿当年曾发到ChinaRen（中国人）网上，算是对这位哲人的纪念。

一百多年前，尼采这个自认怪人的哲学家和他的哲学，得不到人们的理解和认可，连出版都很困难，以致他的主要著作《查拉图斯特拉如是说》的第4卷自费印刷了40册才得以问世。尼采把希望寄托于他百年之后，寄托于新千年新世纪。他指望“到2000年的时候，人们准能读我这本书”。这话虽然具体所指是后来的《善恶的彼岸》一书，但是，它也恰好表露了尼采在自己的超人学说陷于厄境中的复杂心情，其中带有几分苦涩和无奈，包含着出自他孤傲品格的执着和自信。“我在为一种尚未出世的人写作：‘地球的主人’。”他如是说。

一百多年来，尼采的学说历尽了风风雨雨、坎坎坷坷，上演了一出悲剧。尤其可悲的是，期间竟又鬼使神差地被插演了热热闹闹的一幕丑剧，以致招来无尽的责难和辱骂。这却是尼采做梦都不曾料想到的，他的在天之灵恐怕也要为此而日夜难安了。

尼采被许多人视为纳粹的鼻祖宗师，蒙尘含垢几十年。直到20世纪中叶以后，状况才开始好转，才有人为他说公道话。但是时至今日，关于尼采及其学说，仍然是仁者见仁，智者见智，众说不一。这从一些大型工具书关于尼采的不同评介中，就可见一斑。我们以为，实事求是地说，在当时的条件下，尼采对旧思想、旧道德、旧文化的批判，对神权、王权和其他威权的挑战，那总归是不可辱没的。而且对于处在当今中国的我们，也仍然是有启迪的。

尼采生活在19世纪中后期，正是欧洲以及全世界阶级关系和民族关系急剧变化，各种斗争日益激烈，政治、经济和思想文化经历大变动的时代。这个时期的历史性的社会大变革在哲学上折射出来，其最显著的特点就是黑格尔哲学学派的解体和古典哲学的终结，马克思主义哲学应运而生。与此同时，人本主义和实证主义哲学思潮也得到很大的发展，尼采的哲学可以看作是当时人本主义哲学的突出代表。

尼采一反前此哲学主要是适应和解释现存社会秩序的态度，转而以批判的眼光审视现实，力图找出一条消除社会弊端以改进人类生存和发展条件的途径。也正是为了这个目的，他离开了传统的理论哲学，转而研究人生哲学，探求人生真谛。

尼采从自己的生活经验和学识基础出发，首先把注意力集中在思想文化上。在研究了古代和现代、东方和西方的思想文化并加以比较之后，尼采痛切地感到，现实社会的一切病态和丑恶都根源于基督教（包括天主教、新教、东正教等各教派的总称）。他警示人们说，是基督教以及流淌着基督教神学家血液的哲人和文人迷蒙了世人的心灵，泯灭了世人的“权力意志”，致使世人变成了愚昧地屈从于上帝和一切偶像的威势权力的懦夫、可怜虫。尽管尼采对于在精神上统治世界三分之一人口的基督教缺乏足够科学的和历史的分析，但是他对于19世纪基督教的精神统治及其统治下欧洲的社会病态所作的剖析，却是颇有见地的。

尼采承继了叔本华的唯意志主义，又借用所谓“力本学”改造了叔本华的唯意志主义。他提出了“权力意志”是一切生命生存发展的内在动因的命题。

尼采认为，一切生命之本是“力”。不过，他这个“力”的概念和当时的物理学家或哲学家所用的“力”的概念都有所不同。依照他自己的话说，他给这个“力”的概念灌注了丰富的内涵，即生命的意志。

尼采反对基督教把上帝当作一切生命生存发展的原始动因的说教，也不赞成按照亚里士多德的“不动的推动者”（第一推动力）说，到生命之外去寻找外在动因。的确，“不动的推动者”最终也还是落入了冥冥之中神明主宰一切的窠臼，连亚里士多德的哲学也成了经院哲学的支柱和媒介。尼采强调，生命的生存发展的根本动因就在生命自身，也只在生命自身，那就是每个生命各自的与生俱有的“权力意志”。

在尼采看来，一切生命原本都有自我支配、自我发展的意志，即自我主宰的权力意志。他说，这是“运用、行使生命的创造性的本能”。这就是说，自主地创造是生命固有的权力，是生命的本能。就是它，激发着、推动着、催促着、诱导着生命不断生长，发展，壮大，强盛，向更高类型的生命“超升”。

尼采说，作为高级生命的人类也是要“超升”的，或者说也要超越自我的。他说：“‘人类’不是目的，超人才是目的！”他认为，人类向着“超人”（Overman）自我提升，如同猿人发展到今人——现代人类——一样，今人也将发展到超人。所以他说，今人是一座索桥，一个过程，即架在猿人和超人之间的索桥，从猿人步向超人的过程。

这是一个唤起自主权力本能、彻底根除奴化品性的漫长的过程，一个需要历经许多世代和无数磨难的漫长的过程。为此，尼采向“旧社会的权力产物”宣战。

在尼采眼里，大多数今人已经不成其为人了。他们丧失了权力意志。他们在沉沦，在衰朽。究其原因，如上所说，归根到底在基督教，在基督教文化。他说，基督教文化把人变成了绵羊，变成了像鸡鸭一样呼之即来挥之即去的顺民、庸众；基督教文化把人变成了依赖怜悯而生存的“红脸兽”，变成了依靠上帝的恩赐而苟且偷生的乞儿、懦夫、懒汉；基督教文化使“国家”

成为上帝发号施令指挥一切的号手和指挥棒，成为一手举着利剑、一手托着利欲的冷酷的恶魔。

为了改变这种厄运，尼采决心教化世人，引导世人追寻人生真理，“改进”自我。他高歌人的生命，张扬人的价值。他要唤起世人的权力意志，焕发世人的自主意识、图强意识和抗争精神，确认并争回自我主宰的权力，自我超升的创造力，凭借这种创造性本能去实现现今人类生命的超升，去催促未来超人的降生。

为了改变这种厄运，尼采立志发起一场大战，一场文化大战。他要向基督教文化，中心是向他所认为的基督教的要害，它的道德观念——怜悯以及由此生化而来的施舍、恕罪，猛烈开火。尼采一针见血地指出，这种道德实质上是奴化道德，奴役道德，就是把人化为奴隶的道德，役使奴隶的道德。从被奴化被奴役的可怜虫方面来说，这也就叫作奴性道德，奴隶道德。

尼采昭示世人，基督教道德将生命引向沉沦、衰朽，因为它让人们把生命的希望寄托在外来的怜悯、施舍、恕罪之上。“主啊，拯救您的负罪的奴仆吧！”信徒们时时都在这样乞求着。上帝，还有耶稣基督，被塑造成创世主和救世主，人间的一切苦难都要靠他们的怜悯、施舍、恕罪来拯救；也只有他们的怜悯、施舍、恕罪才能够拯救生来就罪孽深重的生灵，才能够使这些生灵超脱苦难而走向“永生”。尼采锐利地指出，这种说教是安眠药，是麻醉剂。

尼采的说法不是没有道理的。仔细想想，倘若依了这类说教，人们便无须自主、自为、自强、自救，便无须勤劳、进取、奋斗、拼搏；倘若依了这类说教，人们便只有祈望、乞求、等待、依靠神明的恩典，终生臣服在神明、教会或其他偶像的威势权力之下，做他们的顺从的奴隶。

即使在今天，尼采的这一批判也具有借鉴的意义。那些习惯于依靠神仙皇帝的善良的人们，如果读一读尼采，也许就不会拜倒在那些现代救世主、人间上帝、顶着科学王冠的神明的祭坛下，任其摆布的。还是《国际歌》唱得好：从来就没有什么救世主，全靠自己救自己。

正是由于这种缘故，尼采将奴化道德、奴性道德恨之入骨。他猛烈地鞭挞了这种毁灭人类的鸦片道德，淋漓尽致地揭露了在这种道德毒害下产生的种种社会病态和人间丑行。

尼采致力于传布另一种道德，即自主道德，主人道德。在字面上，"主人道德"也可以称为“贵族道德”。因为，尼采笔下的“贵族”就是新的高贵族，就是“精英”。他认为，只有这些高贵族精英族才是不屈于神权、王权和其他威势权力的超脱了奴隶状态的人，才是掌握了自主权力的能够主宰自我的人，他们才堪称“主人”。

主人道德，自主道德，这是一种充满自强之力、阳刚之气的道德，充满探索进取之战斗激情的道德。尼采要用这种道德来教化世人，以铲除那自卑自贱的可怜虫，扫尽那懦弱慵懒的乞食者，荡涤一切察言观色的“小眼睛”和唯命是听的“大耳朵”。他企望以这一道德建树的宏伟业绩，为人类的超升，为未来世界的主人——超人的诞生，清除障碍，奠定基石。

在尼采的哲学里，这种观念的变革以及与之相应的社会的变革，也是一种价值转换，即善和恶的相互转换。那就是把错了位的善和恶再转换过来，把被颠倒了的善和恶再颠倒过来。

尼采对自己的教化艺术满怀着信心。他形象而又风趣地表示，他有能耐将任何一架钢琴，哪怕是一架蹩脚的钢琴，弹奏出悦耳动听的乐章。

诚然，尼采也已经意识到，这是一场艰巨的斗争，前程是险恶的。“我愿用好的格言为自己铺设通向地狱之路”。这正是那种“我不入地狱谁入地狱”的悲壮精神在尼采身上的显露。他慨叹自己生不逢时：“我来到这个世界太早了”。没有人懂得尼采，没有人接受尼采。其实，任何一种启迪心智的思想，当它意在为民众启蒙的时候，其命运大体都是如此的，只不过尼采的学说更难以被人们理解而已。

尼采寄成功的希望于未来。他相信未来，因为他确信“上帝已经死了”。

“苍天已死，黄天当立”。参照这一说法，我们似乎可以这样来解析尼采的潜台词：上帝已死——精英当立。他这是在说，救世主不存在了，支撑救世哲学大厦的顶梁柱坍塌了倾倒了，怜悯道德以及由此而产生的全部思想文化已经腐朽，推行高贵族精英族的新道德新思想的时机必然成熟。

这个高贵族精英族大概是哲人们吧，因为按柏拉图的说法，哲人是最高层次的人。在尼采心目中，他本人也许就是这高贵族精英族当之无愧的先驱。

尼采把人分成为三等：第一等是统领者，他们是高贵族，是思想家，精英；第二等是管理者，政府官员，他们是治理社会公务的工作人员，是统领者的帮手；第三等是被统领被治理者，这便是人们常说的黎民百姓芸芸众生了。尼采认为，应当遵循精英的新道德新思想来统领治理天下，实行“贵族政体”。

尼采把政体也分成为三种：一种是贵族政体，即上述由高贵者或曰精英统领的政体，这是他极力推崇的；又一种是君主政体，这是他不赞成的，因为君主也是偶像，且君权也是神权的体现，即所谓“君权神授”，它和人权是对立的；再一种是民主政体，这是他所反对的。

尼采为什么反对民主政体？因为他把民主主义也看作是个人权力的不可调和的对立物，认为服从多数也是一种偶像崇拜，是丧失自主权力；再说，黎民百姓已经被奴化，由多数来统治势必扼杀精英，阻碍人类向超人的提升。尼采贬斥和否定社会主义的主张，说不定也是由此而引发的，虽然他有时候也曾经无可奈何地哀叹这世道或许真的得用社会主义来“恶治”。

综观尼采的思想，我们以为可以这样讲，即：他主张打破神权（包括体现神权的王权和其他威权）的偶像崇拜，摆脱奴性枷锁，争回自主权力，超越自我，迈向超人。所以，我们也可以从不同的层面将尼采哲学称为自主哲学，超我哲学，超人哲学。

纵观尼采的学说，都是围绕着自我做文章。尼采立足于个体，也局限于个体。他孤立地看待个体的生存发展，孤立地倡导个性解放，孤立地张扬个人的自主权力，把个体和群体、个人和团队绝对对立起来。梁启超曾援引本杰明·颉德对其学说所作的剖析说，“尼志埃之个人主义谓今日社会之弊在少数之优者为多数之劣者所钳制”。个人主义，精英论，这就是构筑尼采人生哲学的基石。

尼采哲学百多年来的遭际是人类思想史上的一个悲剧。尼采一生傲视同群，处在悲凉的孤独之中。他的超人学说也别具一格，长期难以被人们理解，甚至被视为怪诞邪说、洪水猛兽，因而遭受无情打击。对于愚弄群众屠戮百姓的希特勒，他的学说倒成了可以利用的上好精神武器，为此他不可避免地被当作纳粹的宗师而遭到人们的唾骂。

导致尼采哲学难以为常人所理解而又易于被别有用心的人所利用的原因，除了它具体内容上的诸多谬误、弱点和局限之外，也要算上它所独具的特色的那一份。这种特色虽然给他的哲学增添了不少光彩，但是同时也给他带来了无穷的麻烦。

尼采哲学的这一亦利亦弊的特色主要就在于，尼采以浪漫主义的、非理性的激情灌注于他的哲学，尤其是他的主要著作《查拉图斯特拉如是说》。这在内容上便给他的哲学涂上了非理性主义的浓墨重彩，在形式上又给他的哲学戴上了充满诗意的斑斓花环。尼采曾经赞叹"犹太人"善于用"更精细的分析和严格的推理，并且用更明晰更易懂的方式写出来"，可是他自己最得意的这部代表作，竟然从头到尾都不是用精确的简明的科学语言写就的，而是以绚丽的韵文编织装饰起来的，用抑扬的咏调吟唱协奏出来的。因此有时候它就难免以词害意，陷尼采的著作于理论模糊、文字晦涩的境地，以至铸成诸多容易被人误解和被人恶意曲解的缺陷。

说到模糊、晦涩，这在中译本里问题就更加突出，有些词语几近含糊、拙涩。这固然因为原文文体所致翻译相当困难，生僻句词在所难免，也因为在相当长的时期里常用的中文本《查拉斯图拉如是说》的译文，出自七十多年之前，这对习惯于现今规范化汉语的读者来说，其模糊晦涩的程度自然是与日俱增。

为了求得这种状况有所改善，我们怀着这样的愿望来解读尼采的书：用明晰易懂而又尽可能生动活泼的语言，把自己所理解所体察的尼采的超人哲学系统地记录下来，并且循着自己的心得体会谈天说地讲古论今地加以品评和敷衍，力求做到集学术性、知识性、文学性、趣味性于一体，以强化其可读性。这只是一种尝试，成败在所不计。

所觉遗憾的是，笔者竟也在不知不觉中受了尼采的澎湃激情的感染，并且被他的多姿文采所折服，以至把这本叙述和评说尼采及其哲学思想的札记，也妆点成了如今这副模样。

尼采作古已经一个多世纪了。我们现在来话说这位古人，平心而论，尽管他有诸多的谬误、缺点、局限，可他毕竟是为世人摆脱愚昧和奴性，摆脱神权桎梏和偶像崇拜，为确认人类生命的价值和自主权力，而耗尽了自己毕生的心血，给后世留下了一份颇具特色的文化遗产。

尤为可贵的是，这份遗产给西方现代哲学、心理学和文学艺术造成了巨大的影响，也曾在中国的新文化运动时期给反对旧礼教旧传统和改造国民性以强劲的助力。直到今天，它仍在激励着人们去焕发生命的璀璨光华。

孤奋人生

尼采，现代哲学史上的一个怪才。

尼采的哲学是包含着内在矛盾的，人们对它的评价也是褒贬不一的。

尼采毕生致力于有关人类生命的哲学。他为人类生命的发展和“超升”，为未来“超人”的诞生，耗尽了自己才智充盈的生命。

这个人类生命的守护神，人类自我超越的催进者，向一切他认为抑郁生命、贬损生命、戕害生命的社会弊端，向一切他认为否定自我超越、妨碍自我超越、阻挡自我超越的社会势力和恶习顽症，猛烈进击。其影响之大，举世瞩目。这里没有用“守护者”而用“守护神”，是为了敬仰，并非视尼采为神明，不至于被误解为是对尼采的亵渎吧。

他反神权，反偶像，反帝国，反旧思想，反旧道德，这无论是在当时还是在往后的岁月里，都产生过有益的作用，具有相当的积极意义，为有识之士所称道。

他同时又贬谪女性，诋毁民主，非议现代科学技术以及由之而来的与之相应的现代工业，这恰好是同现代物质文明和精神文明大相径庭的。

尤其是他蔑视人民群众，主张精英政治，进而反对民主主义、社会主义，这更是违背历史潮流的，不得人心的。

尼采目空一切，横扫一切，四面树敌，四面出击，因而陷自己于极度孤立和极大孤哀的境地。由此，他就不可避免地铸成了自己孤奋的一生。

哲坛怪杰

我不希望成为圣哲，甚至宁可做个怪人——也许我就是一个怪人。

德意志民族是个善于思维的民族，它曾经堪称近代西方哲学的摇篮。弗里德里希·尼采(Friedrich Nietzsche)，可说是在这个摇篮里哺育成长的最后一个哲学家。所以，有人称他是古典哲学的终结者和现代哲学的开创者。

尼采1844年10月15日诞生于普鲁士的洛肯镇。这天正好是普鲁士当朝国王弗里德里希·威廉的生日，尼采的父亲一向崇敬这位国王，并且得到过他的恩泽，便给尼采起了“弗里德里希”这个霍亨索伦王族的名字。尼采一生多病，特别是1889年以后，他一直备受精神分裂症折磨，失去了生命的光彩。他1900年8月25日卒于魏玛。在他短促的一生中，充其量只有二十个春秋算得上是他的闪光的年华。

尼采的父系祖辈是波兰贵族。他的祖父和父亲都曾经在普鲁士任基督教路德教派的牧师。他的祖母和母亲都出身于普鲁士的名门望族，都出生在牧师家庭，她们本人也都是虔诚的基督徒。尼采五岁丧父。他和比他小两岁的妹妹伊丽莎白，是在母亲、祖母和同是虔诚基督徒的两位姑姑的抚养教育下成长的。

但是，尼采和他的祖辈父辈的愿望恰恰相反，他走上了同他们和家族完全不同的道路。他终生激烈地反基督教，终生奉行反女性主义。

要说他的家庭给他留下了什么烙印的话，不妨借用他自我评述的说辞，

弗里德里希·尼采，1861年

“天生的骄傲”和“孤独”。这或许就是他出身贵族阶级带来的劣根性吧。

纵观尼采的一生，我们可以这样认为：尼采是一个孤高自信的人，一个孤傲自负的人，同时也是一个孤奋自强的人。且看他自己的写照。

尼采在他四十四岁的时候所写的自传《瞧，这个人》一书的《序言》里，一开头就宣称：**“我的使命的伟大和我的同时代人的渺小，其间有天壤之别。”**这就是说，他尼采在这个世界上是鹤立鸡群，无与伦比。更有甚者，他藐视同群，不屑于和同时代的人为伍。**“听着！我就是如此这般的一个人。看在老天爷的份上，别把我和旁人混在一起吧！”**

这本书里的篇目也很独特，诸如《我为什么这样睿哲》《我为什么这样聪明》《我为什么写出了这样好的书》……给人的印象是，他酷爱自我吹嘘，极尽自我标榜之能事。

他笔下的人物查拉图斯特拉自命将给人间以光辉的太阳，而查拉图斯特拉其实就是他自己的化身。Zarathustra的中译文各有不同，早前常见的是“查拉斯图拉”，1987年笔者所在的出版社出版的且是由笔者负责终审的这本书，使用的是这个译名。如今我们选用了“查拉图斯特拉”，因为这个译文更切合原文语音。

尼采在给朋友的信里常以“世界上最伟大的天才”自居，以“这个时代最主要的哲学家”自命，以“沟通两千年历史的桥梁”自夸。

他在《瞧，这个人》里，自谓怀着对后人的责任感，完成了许多伟大的工作；自称这是“从前没有人做过，以后也没有人能做”的。换成中国的话来说，就是“前无古人，后无来者”了。

尼采将他最初的著作《悲剧的诞生》送给他“心怀敬意”的导师李奇尔——他“迄今仅见的一位天才学者”，在附信中竟然如此写道：“我觉得您一生中若遇到过什么充满希望的东西的话，也许就是这本书了。这是我们古典问题研究的希望，也是德国的骄傲。”他哪里想得到，李奇尔阅后，在笔记中将他斥之为“自大狂”。

这也难怪。一个青年学子，初出茅庐，便如此狂傲，目空一切，确实容易引起人们的反感。李奇尔固然如此，即便是换了张奇尔、王奇尔，恐怕也会有同感的，也会作出同样的反应的。

一个人对自己的估价不要过满，要留有余地，这样倒往往更合乎实际。所以人们常说，“人贵有自知之明”。这话如果反过来说，就是讲人难得有自知之明，就是讲人往往自视偏高，自丑不觉。为什么呢？“不见庐山真面目，只缘身在此山中”，“旁观者清，当局者迷”，都可以用来晓谕这个道理。

孔老夫子曾经指出，“知耻近乎勇”。一个人要自明其丑，自知其耻，是需要有点勇气的。承认自身的错误、缺点和不足而且为之感到羞愧，是为有廉耻之心，这的确是近乎勇敢的一种表现。可惜尼采的勇敢精神固然可嘉，但是还缺乏这一方面的表现。

尼采虽然孤高自许，倒也不完全是盲目自大。他是一个学者，他需要探寻人生的真谛。他说：**“我过于好奇，过于怀疑，过于傲慢，所以粗浅的答案无法使我满意。上帝，这就是个粗浅的回答，对我们这些思想家来说是一种不高明的解答。从根本上说，上帝对我只不过是一道粗鲁的禁令：你们不应该思考！”**

尼采指出，在基督教的奴役下，人是羔羊、可怜虫，在牧羊人和牧羊犬的看守下，靠上帝的怜悯和恩赐过活；人丧失了独立人格，丧失了独立个性。他声称，伏尔泰、费尔巴哈、休谟、赫胥黎、斯宾塞等人，虽然一次又一次地对基督教发起猛烈攻击，但是都收效甚微。在尼采看来，他们使用的批判方式都有缺欠，所以他们都没有打中基督教的要害，如今这副重担已经历史地落在了他的双肩。

尼采认为，用历史的、经济的批判，都不能打中基督教的要害。所以，那些“大耳朵”依然是百般听话、唯命是从，那些“小眼睛”依然是察言观色、仰人鼻息；而上帝则依然是尘世间生灵万物的主宰，依然是人类崇奉膜拜的偶像。

基督教的要害究竟何在呢？尼采说，基督教的要害在于它的道德观念。

尼采认为，正是基督教的以怜悯为基本内容的救世道德，把人变成了羔羊、可怜虫、顺民、庸众。

尼采自诩，他是背负着“教化”人类的使命来到人世的。他自信他将在人间掀起一场改变世界的精神大战。

说明一点，“教化”在目前通用的上世纪30年代译本里译作“驯化”，就尼采痛骂庸众又说上帝已把人变成柔顺的绵羊、鸡鸭、“红脸兽”而言，配用这个译法无疑是可以的，并没有什么不妥，我们只是觉得就尼采本人所描述的他善于和学生相处、善于教导学生的情形来看，在通常情况下改译作“教化”似乎更为恰当。

尼采果然披挂上阵了。他将一颗颗重磅炸弹投向死寂的人间，在欧洲的夜空轰隆隆爆响！

他向人们宣告“上帝死了”。

他号召人们打倒一切偶像。

他鞭策人们抛弃旧道德、旧思想。

他鼓励人们勇敢地去自我创新，自我超越。

他向人们昭告，通向一个全新世界的彩虹已经出现。

尼采当然没有想到，他的批判方式并不比别人高明多少，他的批判效果也没有比别人更好一些。一百多年过去了，基督教文化在许多国家和地区依然主宰着人们的思想，上帝以及其他救世主的神魂依然在许多苦难百姓的心灵里游荡。

诚然，尼采是竭尽了自己的心力的，也给后世留下了一份颇具特色的文化遗产。我们应该批判地继承这份遗产，让它在反对现代神明、现代迷信中发挥应有的作用。

孤奋自强

寻求知识的乐趣如此之大，使我得以战胜所有的折磨和失望。

尼采是顽强拼搏的雄狮。

尼采发誓要引发一场精神战争，一场足以改变人类面貌和改变世界政治的精神大战。为此，他如饥似渴地猎取知识，尽心尽力地探索真理。为此，他排除万难，一往无前，艰苦卓绝，从不懈怠。

自古好事多磨。尼采的心志极高，可是身体的健康状况却不如人愿。他从小体弱多病，经常头痛。他二十三岁服兵役，其间因骑马跌伤胸骨，并引发胸膜炎，卧床五六个月，提前退役。二十六岁那年，他升任正教授不久，普法战争爆发，他又去当志愿看护兵，然而不久便患痢疾和白喉，又提前退伍。这两次患病都进一步损害了他的健康。

弗里德里希·尼采，1864年

待到他刚刚步入三十六岁的时候，他的生命力便落到了最低点。他的头痛连续猛烈发作，还伴有胃病，不时呕吐，视力也下降到了“看不见三步以外的东西”。

一贯要强的尼采，不得不承认健康状况日益不佳这个残酷的事实，忍痛辞去了瑞士巴塞尔大学教授的职务，结束了他长达十年的教授生涯。

尼采的父亲就是在三十六岁时去世的，死于

脑病。三十六，这对于尼采来说，似乎成了一个不吉利的数字。他开始怀疑自己是不是被遗传有性病。他在给母亲的信里痛斥德国贵族“堕落腐化”，说他们在家酗酒，出门带回梅毒，而对于学术却一窍不通。

尼采本该好好休息，宽心疗养，但是他禁不住要读书，要思考。在养病期间的孤寂生活环境中，百无聊赖，对他来说，只有在苦读苦思中才能得到些许安慰和愉悦。

他这次患病持续了半年之久，病情方才解除，身体得以康复。但是往后，旧病经常发作，时时折磨着他那虚弱的身体和倔强的心灵。

不过他毫不气馁，他一直奋斗不息，直到1889年陷入精神错乱的厄运。

看来，尼采是那种“心比天高，命如纸薄”的不幸者。更不用说，他性情的乖张和狂傲更会加剧他的病痛。

幸而尼采到底是个“有出息”的人，不怕困苦的人，是个能够战胜病痛的人。他对于心理学的研究和对于他眼中的佛教“摄生法”的涉猎，帮了他的大忙，他从中得益匪浅。譬如，病人是最容易产生怨恨和愤懑情绪的，而他却能忍耐、克制，遇到不顺心的事也能坦然处之，以免因此而忧神伤身。

何况，尼采怀抱雄心壮志，这使得他对知识的追求胜过了对死亡的恐惧。

“我们知道生活中有苦难。我们越是追求生活享受，就越会成为生活的奴隶。”一种自己掌握自己命运的自主信念，鼓舞了尼采的拼搏精神和乐观精神。他在这里身体力行他的“权力意志”呢！

尼采在巴塞尔，约1875年

“我天生就是个勇敢的动物，乃至是个战士。同命运的长期抗争更增强了我的骄傲感。”

至于探索真理，这里蕴涵着极大的欢娱和快慰，能够排除一切忧烦和痛苦。**“这种寻求知识的乐趣如此之大，使我得以战胜所有的折磨和失望。”**

如果说病痛在生理上给他的折磨和打击无论

多大，他都能够应付得了的话，那么，孤独在精神上给他的折磨和打击，却实在令他难以承受了。

他刚步入社会不久，在给友人洛德的信中，就曾经发出过这样的感叹：

除了你以外，我再没有更亲近的人可以谈心了。我生活在一片孤独的灰云之中。特别是在聚会的时候，我无法拒绝人情应酬的压力，不得已在会场上和形形色色的手拉在一起。在这样的聚会里，我总是听到吵吵嚷嚷的喊叫声，而找不到自己的知音。在这地球上，叫我如何忍受这个大染缸！

他此后的一生几乎都是在这样的心境中度过的。

尼采自知他的思想不为人们所理解，所认同。他孤立，他孤独，他背负着无限的悲伤、忧愁和不幸。

降格以求吗？不。他的自负、自傲不允许他这样做。他不屑于和他所说的“平庸之徒”为伍。

是他的自负、自傲导致了他的孤立、孤独，还是他的孤立、孤独导致了他的自负、自傲？天晓得！也许两者兼而有之，互为因果，恶性循环。

尼采离人群太远了，以致他的朋友和恋人一个个离开了他。他妹妹也反对他，直到不得不断绝往来。他无可奈何地悲叹，他没有朋友，得不到一点安慰，也没有一点爱情。

无怪乎他笔下的人物查拉图斯特拉慨叹：**“我飞向未来，飞得太远了：恐惧攫取我。”“当我张望四周，看！时间是我唯一的伙伴。”**

孤独诚然是难耐的，但是如何对待孤独，能不能在孤独中自主、自强，能不能化孤独为力量，把孤独当作搏击人生的一种动力，却因各人禀性的差异而大不相同。

尼采在这个问题上是十分明智的。他锐利地看出了有两种孤独，一种是弱者的孤独，一种是强者的孤独。

弱者的孤独陷人消沉。

强者的孤独催人奋进。

尼采的孤独是强者的孤独。他在孤独的激励中振翅高飞，搏击长空，翱翔寰宇。他在孤独的激励中为自己的生命谱写了一曲感奋人心的壮歌。

尼采的一生是孤奋自强的一生。

世纪涌潮

我是第一个悲剧哲学家。

尼采认为，在整个不健康的现代风气中，最不健康的东西就是基督教道德。因为，基督教道德的核心就是怜悯，而怜悯足以导致生命的本能受到压抑和损害。

尼采还认为，不只是神学家，而且“所有血管里流着神学家血液的人——那包括了我们整个的哲学界”，以及“从托尔斯泰到瓦格纳，我们整个的文学艺术”，都在传播怜悯这种病毒，积累怜悯这种颓废道德的病害。

尼采疾呼：“**我们要做医生，我们要坚强，我们要拿起解剖刀——这是我们的责任，这是我们对人类的爱，这是我们这些超然物外的人作为哲学家所应该做的事。**”他需要医治这种颓废道德的良药。在这点上，他赞成亚里士多德，把悲剧看作是清除颓废道德的有效方剂。

他全力付诸行动。他以他的悲剧哲学向世界宣战了，而且产生了连他本人都不曾料想到的后果。

早在1902年，即尼采谢世后两年，梁启超就在《进化论革命者颉德之学说》里引述英国社会学家本杰明·颉德的话说：“今之德国有最占势力之二大思想，一曰麦喀士（Marx）之社会主义，一曰尼志埃(Nietzshe)之个人主义。”梁启超接着揭示：“尼志埃为极端之强权论者，前年以狂疾死。其势力披靡全欧，也称为十九世纪末之新宗教。”

这里所译的麦喀士就是马克思，尼志埃（梁又曾另译奈志埃）就是尼采。为了沿袭这一对照比较的需要，我们这本书也将在某些问题上涉及马克思和马克思主义。

尼采的超人学说和马克思的革命学说，这“二大思想”，在20世纪都震撼了整个世界。

一大思想“社会主义”，“麦喀士谓今日社会之弊在多数之弱者为少数之强者所压伏”。依据这一思想，在“全世界无产者和被压迫民族联合起来”的大旗下，被压迫人民奋起抗争，被压迫民族奋起抗争，在人民革命和民族革命的烈火中，社会主义国家和民族独立国家相继涌现，屹立于世界。

另一大思想“个人主义”，“尼志埃谓今日社会之弊在少数之优者为多数之劣者所钳制”。梁启超在另一文《最大多数最大幸福义》中又谈到，“德人奈志埃氏近著，力言多数之愚者压住少数之智者，为今日群治之病”，指出“他是议会政治的反对者”。这个思想终于被希特勒德意志帝国主义者奉为至宝，当作发动世界大战、疯狂屠戮黎民百姓的精神支柱，当作灭绝犹太民族的理论武器。一时间，尼采哲学被搅成了一股浑浊污秽的世纪涌流。

如同马克思的学说被人误解并且屡遭假马克思主义者的歪曲和篡改相似，尼采的思想也遭到了希特勒及其纳粹党徒的严重曲解，何况他的思想中原本就包含缺点和谬误，正好被纳粹恶意利用。本来就不为人们所理解的尼采哲学，也由此更加备受人们的误解。

此前此后，英、美、法等各国的学者文人，不仅有著名的唯心主义哲学家杜威、柏格森，也包括罗素和小说《查泰莱夫人的情人》的作者劳伦斯，还有其他人等，纷纷从不同的立场不同的角度抨击他、指责他。虽然有的批评至今看来仍有某种参考价值，但是，有许多是诋毁和谩骂，有许多是根本不顾尼采著作的本意的。

苏联学界也兴师问罪。尼采有反对民主主义、否定现代社会主义的观点和论调，苏联学界据此对他大张挞伐，这当然是题中应有之义，无可指责。但是，他们不顾尼采反对“奴隶道德”（奴性道德）、倡导“主人道德”（自主道德）的本意，抓住似是而非的片言只语，指控尼采在维护反动统治阶级的“贵族道德”、强使被压迫阶级遵从“奴隶道德”，并和西方舆论一起指控他是希特勒纳粹的思想先驱，等等，便属讨当了。

尼采被许多人视为纳粹的鼻祖宗师，蒙尘含垢几十年。这是尼采本人没有预料到的人生悲剧。

值得一提的，倒是中国有几位不同凡响的人物慧眼识珠。例如，王国维在1904年就看出尼采的所为是在“破坏旧文化而创造新文化”。例如，鲁迅早期读尼采的书而走出“彷徨”，认识到这“二十世纪之新精神，殆将立狂风怒浪之间，恃意力以辟生路”，继而力行改造国民性。再有，陈独秀在新文化运动伊始，就在《敬告青年》一文中介绍，“德国大哲尼采分道德为二类，有独立心而勇敢者曰贵族道德，谦逊而服从者曰奴隶道德”，他据此指出“忠孝节义，奴隶之道德也”。他还援引尼采的话，倡导“各有自主之权”。此外，蔡元培、李大钊等，也都看出了尼采思想的积极的一面。可惜的是，在往后相当长的一段时间里，我们的同胞也被苏联和欧美那些不公正的评说蒙蔽了。

如前所说，尼采是意识到他的学说的悲剧性的，只不过不是预见到被当作纳粹的思想武器那种悲剧，而是自感他生不逢时，难免厄运。他在《快乐的科学》里借一个狂人的口宣布“上帝死了”，可是——“**疯子静下来，望望四周的听众，听众也寂然无声并讶异地看着他。他将提灯掷在地上，而使灯破火熄。‘我来得太早了，’他接着说，‘我来得不是时候，这件惊人的大事尚未传到人们的耳朵里，雷电需要时间，星光需要时间，大事也需要时间，即使在人们耳闻目睹之后依然，而这件大事比星辰距离人们还要更为遥远——虽然他们已经目睹。’**”这正是尼采的自我写照。他以悲剧哲学家自命，并且自称是狄俄尼索斯的弟子，也许和这种自我意识不无渊源吧。

狄俄尼索斯，又名巴克斯，古希腊神话中的酒神。传说他首创用葡萄酿酒，不畏艰险将种植葡萄和采集蜂蜜的方法传到人间。古希腊人在祭祀狄俄尼索斯的时候，围着祭坛载歌载舞，借酒狂欢，在醉狂中摆脱人生道路上的恐怖和灾难，迸发出生命的火花。

这种醉狂的艺术世界（音乐、舞蹈），同以太阳神阿波罗为象征的梦幻的艺术世界（史诗、雕刻、绘画），在对峙中完美地融合一体，由是便产生了希腊悲剧。尼采是这样讲的：**“艺术的不断发展来源于阿波罗和狄俄尼索斯两体的结合，就像繁衍生殖来源于两性间不断的冲撞和协调一样。”**

悲剧艺术的确有一种魅力。这说的是它感人至深催人奋进，也就是说它可以给人生注入一种神奇的精神力量，推动人们去克服艰难险阻，改变自己的命运。但是，如果有人希图借悲剧艺术来克制和忘却人生的苦难，那便只能是幻想。“抽刀断水水还流，借酒浇愁愁更愁”。悲剧艺术不是逃逸现实苦难的避风港。

尼采当然是深知这个道理的。他将他的视线和精力集中于哲学，独具匠心地创立了他的悲剧哲学，目的就是以此来教化人类，催促他们超脱苦海。尼采自认为他的悲剧哲学是唯一能够拯救被奴化了的生灵的，是唯一能够引导奴隶状态下的现今人类超脱苦难走向新生的。

尼采认为，以往从历史上、经济上对基督教的一切批判都尝试过了，但是，并没有打破卫道士的幻梦。而且，伴随着现代科学和现代工业的兴起，新的扼杀个性的不幸又出现了。人变成了机器，或者沦为机器的奴隶。用我们现今的话说，就是人的“异化”了。他认为，唯有唤起生命的自主意志、自强意志，才能超脱被奴役的苦海。

尼采自信经过他的批判和斗争，必定能够摧毁基督教文化的统治，由此带来的被奴役者的解放，必将使人类上升到新的境界。如他所说的，**“宿命的教条使人沦为丧失自我的机器人”**，而**“绝对的意志自由和独立的命运会催人臻至完美的境界”**。

尼采进一步指出，强大的统治势力并不可怕，因为一切生命的发展，并不是内在活力不断适应外在环境，而是内在活力的不断积聚，迸发出来，不断地征服和融合外在环境。

被动地适应外界是难以发展的，利用环境、改造环境才是发展之道。我们可以这样概括他的意思：不是强者适存，而是存者图强。

基于这种观点，在尼采看来，就像从猿人进化为今人一样，人类必将超越自我，从现今的奴隶状态中蜕化、羽化出来，上升为一个全新的属类——超人。

然而可怕的是，他所反对的旧思想、旧道德根深蒂固，他的思想的大敌太多了，他的知音太少了。他的主要著作《查拉图斯特拉如是说》的第4卷，险些未能出版，第一次只是自费印了40册。不久，《善恶的彼岸》出版。尼采自谓这本书的前途也不可乐观，所以他设想，“到2000年的时候，人们定能读我这本书”。

听起来怪令人伤心的。不过，他的这个预测倒是过于悲观了。

20世纪中叶，他的冤屈开始得以昭雪。德国一位颇有名气的诗人贝恩说过这样的话：“我们这一代人所讨论的企图领悟的所有事情，实际上尼采早就详细论说过这一切。他发现的是最后的准则，其他人不过是对这些准则作解释而已。”贝恩的这一观点在西方颇有些代表性。

尼采的思想已经对现代哲学、心理学和文学艺术产生了巨大的影响，又形成了一股新的世纪涌潮。现代生命哲学、存在主义、弗洛伊德主义，以及众多文学巨匠的作品，都可以从他的人本主义哲学里找到思想源头。

尼采毕生为自己的学说英勇战斗，但是他不幸始终处在悲剧氛围之中。今天，他的勇敢终于换来了积极的回报，他的英灵可以得到些许慰藉了吧。

此时此刻，我们再听听他的战斗呐喊，颇有意味的。

“拯救苦难者的，不是你们的同情，而是你们的勇敢。”

“如果你们的思想被打败，你们依然应当为自己的斗争高呼胜利！”

查拉图斯特拉的这番话，正是尼采自己的心声。

这声音悲壮而又豪迈！

忿怼当世

尼采对现实社会的一切，无论是政治还是宗教，思想、道德还是教育、科学，几乎都看不顺眼。他同种种事物几乎都格格不入，同各色人等几乎都难以相处。

他冷眼看世界，满眼都是凋敝、衰败、没落。民众是愚昧的民众，政治是腐败的政治，文化是堕落的文化，宗教是毒杀人类的宗教，到处充斥着肮脏的尘垢。

他要彻底荡涤这尘世的污泥浊水。他要根本改变这病态的、丑恶的世界。

尼采向往前人品达（Pindar）借神话描述过的那方“极北净土”。据传说，比北风还北，有一处极乐世界。那里住着和北风神波瑞阿斯有关的神秘民族。他们无拘无束、自由自在地生活着，具有无比的生命力。那里人人寿长千岁，如果有人不想活得那么长久，就戴上花环从岩石上跳进大海去。这是一个多么美妙的世界啊！

尼采把这方净土当作梦寐以求的未来世界的蓝图。他立下大愿，要“改进”浑噩的人类，要把众生“教化”成“极北净土人”（Hyperboreans，又译作“极北居民”）。

然而，他孤立无援。他失去了亲情，失去了爱情，失去了友情，失去了乡情。

尽管如此，他不甘示弱。

他忿然匹马单枪，孤军奋战。

他枭然勇猛进击，义无反顾。

孤胆斗士

我本质上是个斗士。进击是我的本能。

尼采的一生不愧是战斗的一生。他一生都在同“旧社会的权力产物”战斗。在《瞧，这个人》一书里，他庄严地向世界宣告：

> 我是前无古人的快乐使者，我所认知的高尚使命迄今还没有个眉目，从我开始又有了希望。尽管如此，我不可避免要成为不祥的人。因为，假如真理同千百年来的谎言相争，我们一定会感到梦想不到的强烈震撼，地覆天翻。那时候，政治这个概念，将在一场精神之战中烟消云散。一切旧社会的权力产物都会被炸得粉碎——因为它们都是靠谎言起家的。一定会有战争，有一场地球上从未有过的大战。从我开始，世界将会有伟大的政治出现。

尼采始终忠实于自己的宣言。他是一个真正的斗士，攻击进取是他的个性。他信誓旦旦，旗帜鲜明，毫不妥协；他频频出击，英勇无畏，一往无前。

一方面，同自身的弱点、缺点和不足战斗：他要同儿时养成的柔弱性格战斗，时常同伴随着他的贫困战斗，一直同缠绕着他的疾病和孤寂战斗。他是从生活逆境中冲杀出来的强者。

另一方面，同他所处的旧世界战斗：他要同禁锢人类思想的基督教文化战斗，他要同其他思想上的、政治上的偶像崇拜战斗，他还要同一切贬损生命、扼杀人性的丑恶思想和丑恶行径战斗。他说，他的“第一个攻击目标便是德国文化”，最后是“抗击以往一切价值，重新予以评估”。总之，他要摧毁一切“旧社会的权力产物”。

“所有以往的哲学都像是古代巴比伦人建造的通天塔：全力以赴的目标无非是飞升天堂，或者在地上建造天堂。”他要打破这种迷茫，开拓出一条新路。

尼采是个富有挑战性的哲学家，一名勇猛的攻击手。

战斗首先必须有明确的而且正确的目的。没有正确目的或者目的不明确的战斗，是为胡战乱斗，势必为害社会，为害民众。尼采的战斗目的始终是明确的，那就是为了追求真理，企求人类摆脱被奴役的困境。只要是在追求真理，战胜或者战败，对他来说都无关紧要。

是啊，以追求真理为出发点的思想的论战，无论谁胜谁负，都有利于发展真理，又何必意气用事，耿耿于怀呢！胜者固然取得了胜利，可是败者并不是完全的失败，他同样也可以说是个胜利者，因为他也达到了自己的目的，即获得了真理。再说，究竟谁找到了真理，那不是由自己的愿望来决定的，而是要由实践去检验的，并且是要反复检验的。

我们常讲，实践是检验真理的唯一标准。怀抱这种态度，在胜败面前，自然就能够坦然处之了。直到今天，尼采的学说是不是真理，有多少真理，不是也还在经受实践的检验吗？人民群众的历史实践是无私的裁判官，它能够给人们以最公正的、最公允的、最公平的决断。

“你可能遇见的最危险的敌人，是你自己。”尼采如是说。这话不错。欲战胜对手，首先要制服自己。

进击需要强大的力量和勇气，还要有坚强的毅力。弱者是不可能进击的，前怕狼后怕虎，那是什么事情都干不成的；没有坚忍不拔的韧劲，也往往不是半途而废，便是功亏一篑。

尼采早就注意克服自身年幼时的柔弱脾性，把自己练就成勇猛的斗士。他是专门寻找强大的对手和艰深的难题作为攻击目标的，而且，不决出胜负，誓不下战场。这已经成了他的特殊的战斗风格。

真理同谬误相比较而存在，相斗争而发展。只有经过斗争才能克服谬误，才能发展真理。所以说对手越是强大，问题越是艰深，就越是有利于思考得全面、细微、深入，就越是有利于真理的发展。

正是因为这个缘故，尼采坦然道：“**就我的本性来说，我是好战的。进攻，这是我的本性之一。有与人为敌的能力，充当敌人——这需要以坚定的天性为前提。**”又说：“**进攻者的力量在于他离不开敌对的关系，这是测定进攻者的尺度；力量的任何增长，都在寻求劲敌中显示出来——或者通过课题。因为一个好战的哲学家也要向课题挑战，决斗。**”的确如此，这从体育竞赛中就可以得到证实：一个优秀的运动员总是希望和具有相同实力的对手同场竞技，因为这样最能互相激励，赛出优异的成绩。

尼采认为，攻击“是一种嘉许的证明”，在某种情况下，也“是一种诚挚的贺忱”。不错，因为只有强大的对手才值得互相切磋，正所谓棋逢敌手、将遇良才，这样才精彩，才有“戏”。如果对手不在话下，那是不屑一顾的。拿下围棋来说吧，一个九段棋手同一个刚刚入门的毛孩子对弈，那不能称之为竞技，儿戏而已。

有一点需要澄清，那就是：尼采所说的战斗、战争，在一般情况下都是指思想文化领域的斗争，是精神大战。正如他本人所说：“**这是战争，但是没有火药和硝烟，没有格杀拼刺，没有悲凉的死亡和断残的肢体。**”可见，并不像原先有些人所想象所说的那样，尼采简直就是一个战争贩子、嗜血魔王。

当然，这笔杆枪之间的战争，其争斗的激烈程度，丝毫也不亚于真枪实弹的交锋。那笔端打发出来的文词章句，也一样恰似沙场上的战火硝烟。

对这种战斗，尼采根据自己的理论，提出了他的“战争实践”四大原则。

其一，他只攻击战绩卓著者，必要的话，待其意气风发的时候再行攻击。

我们可以认为，这是尼采的攻击性、挑衅性的倔强好胜性格的一种表现。正如他自己所说，“**不是克服一般的反抗，而是要战胜那些需要倾尽全力、韧性和武艺才能制服的人——战胜实力相当的对手**”。他认为，“**势均力**

敌——这是诚实的决斗的首要条件”。

是啊，欺软怕硬，犹如吃柿子专拣软的捏，那算什么好汉？当然这里有一个前提，即必须是诚实的决斗，对于那种放暗箭、打冷枪、背后捅刀子的人，自应除外。

究其原因，我们想这一方面固然是为了要打就打大仗、打硬仗，另一方面也是为了磨砺自己。他喜欢向一些深层次的难题挑战，专拣硬骨头啃。正所谓：宁闯虎穴，不捣兔窝；明知山有虎，偏向虎山行。

其二，他不找同盟军，宁要孤军奋斗，独自一人进攻、对抗。他说，这是他的“正当行为的准则”。以一当十，以寡敌众，这大概也是他孤奋人生的特具风格。

我们可以说，这是他充满自信的一种表现。他为自己“有一双颠倒乾坤的手”而自豪。他相信自己的攻击能力，也相信自己的对抗毅力。同时，也基于他胸怀坦荡，志在寻求真理，而不以胜败为念。

我们看球赛，见两军对垒，往往是势均力敌，难分高下，其最后得胜者定是志在必夺而又不背怕输思想包袱的一方，想来就是这个道理。

其三，他不作人身攻击。

真理是战无不胜的。有理走遍天下，无理寸步难行。诬蔑谩骂绝不是战斗。诬蔑谩骂是理屈词穷的表现，是用来掩盖自己的无能的遮羞布。

尼采鄙弃人身攻击，他是把人格当作一面放大镜，用以看清某些人的“鬼鬼祟祟的、一般难以把握的窘态”。他说，他攻击大卫·施特劳斯（德国神学政论家，基督教历史评论家）的著作就是用这种方法。“**我攻击的是一本在德国‘教育界’颇有名气的老朽之作——我当众揭穿了这种驯化的鬼把戏**”。

其四，他只攻击排除了个性差异的事物。

尼采的批判都是对社会而发的，他选择的目标都是具有代表性的。他的批判从来不仅仅是为了某一个具体的人和事。例如，他对基督教宣战，可是如他所说，“**严肃的基督徒们总是对我表示友善。我本人是基督教的死敌，但是，我不主张把那数千年的厄运加在个人头上**”。又如，他疾呼消灭庸众，并不是要处死那些庸人，就像我们通常说消灭文盲并不是要杀掉那些不识字的人一样，指的是消除这种社会现象、社会层面。

综观上述，尼采在理论上和行动上都是认同矛盾、斗争、生成、流变的观念的。他的哲学也可以称得上是一种斗争哲学。不过，他这个理论上的斗争论者，在行动上只是个独行游侠，孤胆勇士。

人们通常都钦佩孤胆英雄，但是破除旧文化旧制度、创造新文化新制度，单靠孤胆英雄的奋斗，犹如蚍蜉撼树，是成不了气候的。尼采孤自奋斗了一辈子，他不但没有改变德意志帝国，反倒被德意志第三帝国利用，成为人家的统治工具了。

任何个人，要想在社会上做成一番事业，都必须将他个人的奋斗和群体的奋斗结合为一体。就像一支球队，不仅要造就和发挥每一个队员的个人技能，还要训练成一个配合密切的群体，按一定的战略战术共同进击，才能达到为之奋斗的目的。

民族的振兴和社会的昌盛尤其如此。就像孙中山所说，必须唤起民众及联合世界上以平等待我之民族，共同奋斗。

梦幻情缘

落到谋杀者手里，不是比坠入女人情怀的梦幻中要好些吗？

尼采在圣洁的女性圈子里长大，自从他五岁时失去父亲以后，家里便只有虔信基督教的母亲、祖母和两个姑姑。他曾经有过一个弟弟，不幸刚两岁就夭折了。他儿时同外界的接触不很多，常随的伙伴只有妹妹伊丽莎白。

尼采生活在这个环境里，加上患有眼疾，又经常头痛，遂养成了他的忧郁的性格。从那时候起，他就喜欢独处和沉思，醉心于各种他自己发明创造的游戏。这已经播下了他一生孤独漂泊和傲视同群的种子。

也因为多年生活在女性的包围之中，又受到基督教教育的影响，他被养成了女性般的娇柔、羸弱和敏感。

伊丽莎白·福尼斯特-尼采

为了改变自己近乎女性的性格，他学着喝酒，开始是出于青年男子的虚荣心，后来竟变成了恶习。原本他并不会喝酒，“只要一杯葡萄酒或啤酒下肚，就足以把我一天之内的生活变成悲哀之谷”，少量冲淡了的烧酒就会让他心烦意乱。但是，如果是烈酒，他却会像水手般地开怀畅饮，以至通宵不睡，甚至还效法古罗马历史学家萨鲁斯特，用度数最高的掺水烈酒淋洒在自己连夜誊写的论文作业本上。除了酗酒，他还结伴斗殴。有一次竟同人决斗，被打伤了鼻梁，休养了好几天。起初，他以为这样就算是个男子汉了，好在没有多久，他便意识到这种行为实在荒唐，不再放浪形骸了。按他的说法，待到中年前后，他对任何“精神性”的饮料便也“彻底忌了口”，戒酒了。

尼采一生独身，不过也有几次恋情。

他十九岁那年，结识了一位名叫安娜·莱德尔的姑娘，这是他的初恋。可很快就结束了，倒也没有留下太多的遗憾。

他二十一岁的时候，发生了一件极为意外的事。在科伦，他去餐馆就餐，不想给他带路的佣人错把妓院当成了餐馆。误入妓院，立刻被一群妖艳的妓女包围起来，他惊呆了。在张皇失措之中，他发现了一架钢琴，就是这架钢琴帮助他恢复了活力。他设法挣脱妓女们的纠缠去弹钢琴，琴声使妓女们稍为安静，他才乘机逃了出来。事后他说，钢琴是那里“唯一有灵魂的东西”，而那些包围他的女性在他眼里都是些“浓妆艳抹的走兽”。亏得他自小受过这等文化教养，一如我们中国传统教育讲求琴棋书画无所不能，不然真不知如何才能过得此关。

好在这件事倒也没有使他在生活上根本排斥异性。不久，他就爱上了一位演员，她叫拉贝。他们相处了一段时间，可惜又失败了。

1876年4月，他结识了二十三岁的玛蒂达·托兰贝达，相处不错，便迅即写信向她求婚。但是，他过于急切了。女方缺乏足够的思想准备，声称她已经订婚，婉转地拒绝了他。

一个月后，他的好友要给他介绍一位倾慕他的女子，他谢绝了朋友的好意。他回信说：“我不要结婚，我讨厌束缚，更不愿介入到‘文明化’的整个秩序中去。因此，任何女性很难以自由的心灵来跟随我。近来，独身一辈子的希腊哲人们，时时清晰地浮现在眼前，这是我应该学习的典范。”

何止是古希腊的哲人们，就在18世纪和19世纪的德国，那位曾经备受尼采崇敬的叔本华，那位屡遭尼采抨击的康德，还有其他几位著名的哲学家，也是终身未娶的。

读过上面引述的文字，人们也许会认为尼采已经成了一个独身主义者。

露易·莎乐美、保罗·勒和尼采

那倒不是。

时隔一年，尼采在给妹妹的信里谈到婚姻问题的时候是这样说的：“结婚虽然是我所期望的，可那是极不可能的。”什么原因呢？他解释说，“脑病之坏，超过了我们过去的想象”。根本原因并不像一年前所说的那样，并不是“不要结婚”。可见，不是不愿为，而是不可为。

直到1882年，尼采时年三十有八，重又坠入情网。他和他的友人保罗·勒同时爱上了年方二十一岁的有俄国血统的姑娘路易·莎洛美，尽管他和莎洛美的年龄相差很大，但是他们在思想和情趣方面有很大的共同之处，而且能够坦诚探讨哲理问题，互相启发。这真可以说是情投意合了，以致他妹妹说“她使我哥哥的哲学带上了她的色彩”。此间，莎洛美还曾经赠他一首题为《寄苦恼》的诗，内容很合乎尼采的哲理。很快，尼采就为它谱了曲，并将标题改为《生命颂》。

尼采以为他已经找到了一位能够给他以帮助的理想的生活伴侣。虽然他心里明白，作为一个理想的生活伴侣“这不仅需要高超的智力，而且还要有第一流的道德”，但是他相信莎洛美，并不对她存有戒心。不幸的是，事态的发展同他的意愿相反，莎洛美终究还是离开了他。他对此极为愤慨，诅咒道：“落到谋杀者的手里，不是比坠入女人情怀的梦幻中要好些吗？”他在给保罗的信里骂她不知羞耻，只知自己寻欢作乐，指责她“竟然想玩弄世界上最伟大的天才”。

尼采称这是一场“噩梦”。“我感到寒冷，痛楚。我在经受着折磨。”他说这场噩梦对他的打击之大，令他久久不能摆脱其影响。

从此以后，尼采远离异性，在痛苦和孤独中继续过着漂泊的生活。

“您的儿子不适合结婚。我所需要的是保持独立，直到生命的最后一刻。”他在给母亲的信里如是说。

知音难求

伙伴关系是有了，还须有友谊呢！

生活不能没有友谊，人不能没有朋友。没有朋友的人是孤独的。孤独的人是不幸的。

尼采是个孤独的人。他不是不要朋友，不要友谊；相反，他一直渴求朋友，渴求友谊。他终生都为自己的孤独而忧心，为自己的不幸而伤怀。

交友就要交知心朋友。俗话说，千金易得，知音难求。天下真正的知交能有几何？且不说那是凤毛麟角，至少也是百里挑一，难能可贵。

尼采所寻觅的，可谓梦寐以求的，正是这种知交、知己、知音、知心。叹可惜无缘。

世界上毕竟是存在这种友谊的。例如，举世公认值得称道的马克思和恩格斯的友谊。

马克思和恩格斯志同道合。他们对社会的观察抱有相同的立场，他们在哲学、经济学和政治学等等各方面都有一致的观点，他们对社会的未来怀有共同的理想。

他们不分彼此，互相帮助，互相启发，分工合作，就像一个人一样。他们各有各的长处，各有各的特点。马克思的慎思精构、逻辑严密，恩格斯的才思敏捷、文风泼辣，这恰好形成优势互补，相得益彰。

他们虚怀若谷，互相敬重。他们都有一颗高贵的心，都有一个伟大的胸怀。他们从不掠人之美，从不居功自傲。

人所共知，《共产党宣言》是马克思、恩格斯合著的。可究其写作经过，是先有恩格斯的《共产主义原理》。恩格斯觉得这是用问答形式写的，不适合用作共产主义者同盟的宣言，便在附信中提议马克思改写。马克思重新写就了《共产党宣言》，初次发表的时候，将恩格斯的名字列在第一位。恩格斯见后，深感不安，随即写信给马克思，要求将马克思的名字写在前面。

马克思曾经郑重表白，他关于唯物历史观的概述是来自恩格斯英国工人阶级状况调查报告的启示。而恩格斯却一再说明，特别是在马克思谢世后再次重申，他和马克思的学说的基本原理都是由马克思奠定的。

马克思和恩格斯的互相推崇，绝不是虚伪的吹捧，而是真诚的敬重和友爱，是实事求是的评价。

如果像有些人似的，尔虞我诈，明争暗斗，或互相利用，互相倾轧，用得着你的时候你是“大恩人”，用不着你的时候一脚将你踢开，一切成绩、一切荣誉归于自己，一切责任、一切困难推给别人，在危急时刻甚至拿别人做替罪羊，这种人之间岂能有什么友谊，更谈不上什么真情了。

恩格斯大概同尼采一样，因为不愿陷入“文明化”的秩序等等，所以始终没有按当时的社会礼俗和宗教仪规举行婚礼。不过他比尼采幸运，他有纺织女工白恩士为生活伴侣，而且马克思一家都待他如自家亲人。

为了让马克思安心研究和写作，恩格斯一直在经济上支持他。为此缘故，恩格斯以致违背自己的意愿，去经营他父亲和人合伙开办的公司。马克思逝世后，恩格斯又不惜放弃自己的笔耕，花了近十年的时间去整理只有他能够辨认的马克思的手稿和笔记，出版了《资本论》第3卷。

如同恩格斯这样的伟大的自我牺牲，旷世难觅。

类似马克思和恩格斯那样的深情厚谊，尼采又何尝不是深切地渴望，梦寐地企求呢！只是他没有获得这种幸运。尽管一度出现过这类的机缘，但是很快就幻灭了。

那是在他二十三岁的时候，他结识了当时极负盛名的音乐家瓦格纳。

威廉·理查德·瓦格纳

瓦格纳出生于1813年，长尼采三十一岁。他参加了1848—1849年的德国革命。在革命失败之后，他流亡国外一十五年，1861年获大赦，稍后返回德国。

瓦格纳毕生致力于歌剧的改革和创新。他的所有歌剧，从情节、人物、唱词，到音乐和舞台表现方法，全由他本人自己创作。他反对音乐的纯形式主义，主张把音乐完全当作情感和思想的表现手段。他前期的作品，都是用来表现被文明所压制的人类赤裸裸的本性。

尼采十七岁就开始研究瓦格纳的歌剧《特里斯坦和伊索尔德》，并为他的音乐所倾倒。他们初次见面便大谈叔本华，十分投机。尼采曾经告诉他的友人说："我发现了一个人，他是如此深深地感动着我，他就像叔本华所说的'天才'，他充满着奇绝而动人心弦的哲学。"这个人就是瓦格纳。

尼采在《瞧，这个人》里还写道："**在我深沉的本能中，一切德国的东西都和我格格不入，以致和德国人的接近妨碍我的消化过程。我同瓦格纳的初次交往，也是我平生直抒胸怀的第一次：我认为，我把他尊为异国，尊为一切'德意志美德'的对立面、反叛者。**"

因为尼采和瓦格纳都有喜爱叔本华哲学的感情，都有改革世俗恶习的思想，都有崇尚英雄悲剧的浪漫主义精神，所以他们成了忘年交，成了密友。这是尼采一生中结交最深的好友。

尼采在自传中还写道："**第一次接触到瓦格纳，也是我生命中第一次深呼吸。我尊敬他，把他当作一个和德国人不同的外国人看待，把他当作是反抗'德意志道德'的化身。**"

尼采对瓦格纳的敬佩之情溢于言表，他把瓦格纳看作挽救现代文化于危机的希望。遗憾的是，他的希望幻灭了。

瓦格纳晚年转向了极端国家主义和反犹太主义。他的歌剧涂抹上了基督教色彩，成了人类心灵的软化剂，成了皇室、贵族、官僚、富豪的消闲品。“整个欧洲的有闲阶层，几乎都在这里聚合了。任何一位王公大臣，只要高兴都可以自由出入瓦格纳的家，就好像那里是在举行运动会。”

尼采异常气愤，写道：“瓦格纳取媚于虚无缥缈的佛教的直觉，并饰之以音乐的罩衣。他取媚于基督教的信念及各种宗教形式并钟情于衰微没落的表现形式。”他说，瓦格纳成了“典型的颓废者”，“成了帝国的德国人”。

酒逢知己千杯少，话不投机半句多。共同的思想、共同的语言不再存在了，友情自然也就难以为继。

按照尼采的观点，瓦格纳首先是“哲学精神的瓦格纳”，其次才是“友情的瓦格纳”。如今，“哲学精神的瓦格纳”蜕变了，建立在这个基础之上的“友情的瓦格纳”也就消失了。这正如我们中国的古话所说：皮之不存，毛将焉附！瓦格纳和尼采之间的友谊，从此也就烟消云散。

“你是一个奴隶吗？那么，你不能做朋友。你是一个暴君吗？那么，你不能有朋友。”尼采笔下的查拉图斯特拉如是说。尼采本人一生也是依据这个原则筛选朋友的。

我们还要公正地说一句：像尼采那样孤傲、乖戾、好斗，知音恐怕也实在难以寻觅。

非德国人

人们一定会说我是“非德国人”。

正当尼采完成大学学业步入社会的时候，普鲁士王国加紧推行宰相俾斯麦的铁血政策，对内加强政治控制和思想管制，对外加强武力兼并和血腥掠夺，在赢得普法战争的胜利后，建立起一个军国主义的德意志帝国。

铁血统治，强权政治，德意志军国主义，德意志种族主义，这就是当时德国的社会政治的现实。

起先，尼采曾经对俾斯麦及其统一德意志之举存有某种幻想，但接着便是抵制，后来是公开反对这种损害人类生命和窒息人类文化的帝国政治。

在《快乐的科学》里，尼采写道：**“我们几乎不够‘德国化’（目前很流行这个名词），我们不会去支持国家主义或种族歧视；也不会因为爱国的情愫在血液中蹿升、沸腾而欣喜万分，因为目前欧洲的国家皆各自孤立，如被隔离似的。”**

在《瞧，这个人》一书里，尼采这样陈述：

“我的祖先给了我一种超越的眼光——超越地域的观念，超越国家和民族的界限，使我毫不费力地成为一个‘善良的欧洲人’。”

“从另一方面来说，我也许比现代德国人，纯帝国时代的日耳曼人，更像德国人——我，我是最后一个反政治的德国人。”

尼采痛切地感到，德国人都成了**“在思想和道德上安于现状、顺从习俗**

的庸人”。因此，他这个反帝国政治的德国人倒要被人视为“非德国人”了。

尼采说，他的这本书是“彻底反德国的”。他在写给朋友的信里说：“为了反对德国的野蛮暴行，我要送几本给俾斯麦和德皇，以表示宣战。”

事实上，他在《查拉图斯特拉如是说》第1卷的《新偶像》篇里，就已经向德意志帝国以及其他的“国家”公开宣战了。他给国家这个“新偶像”画了一副肖像，指出它是最冷酷的恶魔，在这里达官贵人攫取大量金钱，独裁者自命为上帝的传令官、指挥手，指责他们用利剑来威镇人民，用利欲来侵蚀人民，用“朕即国家，朕即民族”来欺骗人民。

德国人，这个具有充沛的活力和丰富的智慧的民族，已经被俾斯麦之流的大人物导向了异途、歧途。尼采慨叹，现代人只是抱着一大堆互不相容的、难以消化的精神石块，他们把宗教信仰和科学态度，把基督教的博爱和反犹太主义，把建立帝国的强权意志和谦卑的福音，全然不加咀嚼地囫囵吞枣地咽下去。于是，活生生的、有头有脑的人，变成了没头没脑的“会走路的百科全书”，任人牵着鼻子走，任人随意翻弄，完全失去了个性，失去了本性，失去了自我。

德国人，这个曾经被人们称之为思想家摇篮的民族，如今在尼采眼里，竟然“就像中国人似的机械地向每个威权俯首称‘喳’，不管这威权是个政府还是个理论，或者是个大多数”。“帝国政治吞没了一切对真实事物的严肃性——我担心这真是德国哲学的终结”。

尼采对于德意志帝国的这一批判，想必这也曾经是中国新文化运动的一个催化吧。

德意志民族依然在思想吗？尼采以嘲讽的口吻告诉我们，在国外常有人问他德国还有哪些哲学家、诗人和优秀著作，他委实感到羞涩，他在沮丧之下只得鼓起勇气回答：“是的，还有俾斯麦。”——意料不到的是，在20世纪中叶的中国，竟也出现了类似的尴尬局面，只有“红宝书”和八个样板戏。

哲学家的摇篮已然不复存在，“现在的政治，正把德国人的精神弄得徒有其表”，缺乏理性。尼采慨叹，现在只有“犹太人能教导人们作更精细的分析和严格的推理，并且用更明晰更易懂的方式写出来”。

我们不知道尼采是不是曾经有过具体所指，更不知道他心目中指的是什么人。就我们所知，我们可以从马克思的著作，特别是他的《资本论》这部巨著看出，马克思就属于这类犹太人。而且在当时的犹太人里，恐怕也只有马克思才堪称这种科学巨子，尽管尼采因鼓吹个性而反对社会主义。

尼采根据种种事实，指出了潜在的危险。他说，“整个德国的大趋势同启蒙运动相敌对，同社会的革命相敌对”。

不幸被尼采言中。在此后的半个世纪里，德国人又两次被他们的反动统治者愚弄于股掌之上，顺从地做了反动统治者要弄政治权谋的奴隶，做了野心家发动世界大战的工具和炮灰。

哪里想得到，尼采这个自称为是最后一个反德意志帝国政治的德国人，竟然受到了第三帝国的特别抬举，一反而被追崇为纳粹的宗师，成了帝国政治的精神支柱。

历史为何这般捉弄人!

这要怪谁呢？这不怨天，不怨地，也不尤人，只怪他自己。谁叫他不能够像“犹太人”那样作出“更精细的分析和严格的推理”，并且用“更明晰更易懂的方式”阐述他自己的学说，写出他自己的思想呢!

何况，他的学说确实有诸多偏颇和谬误，尤其是他的笔记（后来由他妹妹以《权力意志——重估一切价值的尝试》命名出版）里甚至有鼓吹“寡头政治”“维护军事国家”等等这类记述。这些，都正好是可以被纳粹利用的。

学海求真

尼采要探索人生的价值，“自我”的价值，以图引导庸碌之辈改变恶劣习性，走上自主自强之路，而一切价值的认知，一切价值观念的改变，都基于对真理的探索、追求和传播。

所以，尼采不知疲倦地投进那浩瀚无涯的智慧大海，勇敢游弋，积极探究，上下求索。

糊涂虫，胆小鬼，懦夫，懒汉，以及意志薄弱的人，奴性未泯的人，和真理是无缘的。

所以，尼采不但把他探索到的他所认为的生活真理和盘托出，而且殷殷期望一切有志于探索人生真理，把人生带入佳境的人，将不失时机，去勇闯未经探测的知识的海洋，摘取智慧奇葩，真理之花。

尼采的治学之道是颇为引人入胜的，是催人奋进、发人深思、令人起敬的。

他启示人们要敢为天下先，一如鲁迅所说第一个吃螃蟹。要不畏难，不退缩，不依靠，不等待，去搏击万丈狂澜。

他启示人们要脚踏实地，要深入生活实际，把根子扎得牢牢的，那样才不怕狂风摧打，暴雨冲刷。

他启示人们要学会当学生，学会读书，换言之，正确地对待老师，正确地对待书本。

他启示人们要注重学人品格，当一个真诚的高尚的学子、学者。

尼采是对的。虽然他的学说存在诸多偏颇，但是他的治学之道，却不能不说是值得后世景仰和效法的。

求真如探险

将你的航船开往未经探测的海洋。

真理不是俯拾即是的，唾手可得的。它须得不畏艰险勇于进取的人去求索，去摘取。尼采终生以此自律。

求真理，做学问，不同于传授知识。它是去发现、开拓、创新，去做前人没有做过或者没有做成的事，去营造自己的智慧之宫。踩着别人的脚印走，跟在别人后头亦步亦趋，重复别人的话，模写别人的书，像俗话所说“吃人家嚼过的馒头”，这正是尼采嗤之以鼻的无所作为的颓废学者。

尼采深知，探求真理是要付出代价的，这需要有勇敢和冒险精神。只有不畏艰难险阻的人，才有可能攀登科学的高峰，领略真理的奇葩。且看他在《查拉图斯特拉如是说》里的描绘。

真理在哪里？尼采指出：在荒漠。

荒漠是未经开垦的处女地，人迹罕至之处，那里有最大的创造空间，有最丰富的可开采的宝藏。人类提升的真理就蕴藏在那里。探求真理的人应该做敢为人先的拓荒者。

可是在现实生活中，往往会有人为地设定的许多禁区，立规矩，定调子，今天几个条令，明天几个原则，画地为牢，这也不许走，那也不许做，有些事情有些问题甚至想都不许想。为什么？因为不能冒犯神明，不能冒犯权威，不能冒犯祖宗的定制。所以，真理的探求者首先就要突破禁区，冲出重围，迈向那未知的广阔天地。

荒漠上，荒无人烟，只有酷日、烈风、沙暴。因为精神的事业，精神的创造，通常都是以个体的方式行事的，所以拓荒者只能凭着自己坚强的毅力，独自摸索行进。尼采比一般人更要艰苦得多。他太孤独，太孤立，他完全是依靠自信、自强的意志力，才挺了过来的。不然，他早就倒下了。

荒漠探险，最重要的还是不要迷失方向。一有风吹草动便心慌意乱，不知所措，那是百分之百地要失败的。

真理在哪里？尼采指出：在雄关。

人生的真理不是俯拾即是的东西。真理是自然和历史给予辛勤探索者和过关斩将者的荣誉和奖赏。探求真理的人应该是百折不挠的闯关者。

雄关道险，艰难曲折。拓荒者不但要有胆识有智谋，还要有百折不挠、不怕失败的韧劲儿。尼采就是这样，即使受挫了，失败了，也要为自己的斗争高呼胜利。

无论做什么事，都不可能一蹴而就。失败是兵家的常事，同样也是科学家、思想家的常事。人们不是常说“失败乃成功之母”吗？这是一条普遍的规律。今次失败了，可以从中汲取经验教训，往后就可以少走或不走弯路，就可以减少或避免失败，这也就是向胜利跨进了一步。从这个意义上来说，失败也是胜利，是胜利的量的积累，是量变中的胜利，这是走向和到达质的飞跃几乎不可缺少的过程。

失败了，决不能气馁，决不能退缩。无论做什么事情，只要遇到难题，就应该知难而进，不达目的誓不罢休。胜利的关键往往就贵在坚持。“为山九仞，功亏一篑。”类似的憾事实在不少。许多人的失败往往并不是由于他们无能，而是由于他们没有坚持到底，就差最后一搏，着实令人惋惜。

真理在哪里？尼采指出：在险峰。

险峰的特点就在这个“险”。它陡峭崎岖，危机叵测。探求真理的人须有大无畏的献身精神，应该做不畏艰险的冒险者。

真理不是摆设，不是玩物，而是生活的向导，做人的指南。新的真理代表生活的前景，往往同现存秩序发生冲突。远的不说，就以我们现今的改革而论，每迈出一步都是十分艰险的，连温家宝都一再拿“苟利国家生死以，岂因祸福避趋之”（林则徐语）来激励自己，其他就更是可想而知了。所以，真理的探求者要有“敢把皇帝拉下马”（毛泽东曾经倡导）的胆略和气概，要敢冒在冲突中牺牲捐躯的危险。

“过去严厉禁止的，常常是真理所在。”尼采在禁地上漫游后得出这样的结论。他说，哲学所要追求的是存在中的奇异的和可怕的东西，而这些都是现时道德所禁忌的。因此，他把这种哲学的追求视同去火山口考察的冒险，视同去未经探测的海洋航行的冒险。确乎如此。古今中外，多少仁人志士，他们为了探求真理而遭到打击和惩罚，不少人甚至为此而抛头颅洒热血。

穿越荒漠，闯过雄关，登上险峰——这是十分艰难的历程，只有经过灵魂净化的人，不怕艰险的人，乃至视死如归的人，才能当此重任。

“一切知识的进步，都是勇气的结果，也是自我磨砺和自我洗涤的结果。”尼采如是说。

不靠机缘

逢机缘的时代已成过去。

逢机缘，碰运气，这是相当一部分人的人生哲学。

但是，人们必须面对最艰辛的人生道路。这是任何人都无法回避的。

你想成为出类拔萃的人物吗？要知道，伟大出于平凡，伟大和平凡是对立而又统一的。

高山出自海底。登上山峰者，来自深谷。俗话说，千里之行，始于足下。路要一步一步地走，山要一步一步地爬。脚踏实地，扎扎实实地艰苦奋斗，这是唯一的成功之路。

机缘、运气不能说没有，但是可谓“千载难逢”，而且往往是转瞬即逝的。须知，机缘和运气等是等不来的，靠是靠不住的。守株待兔，孤注一掷，绝不是上策良方。

再说，机缘和运气也不是随处飘落，不管什么人都可以随时捡来就用的。机缘机缘，不但要有“机”，即机遇，还需得有“缘”，即缘分。譬如，某唱片公司正欲寻觅未来将唱红歌坛的明日歌星，这对于那些在音乐方面得天独厚的人来说，的确是个良好的机遇。然而，这和那些五音不全的人却无缘，他们只有望洋兴叹了。有“机”无“缘”，也是枉然。

尼采是有过机缘的，他二十四岁就受聘于瑞士巴塞尔大学，执教古典语文学十余年。这一方面固然是当时巴塞尔大学有此需要，也因为李奇尔教授极力举荐，另一方面也是他本身确有深厚的学识根底。李奇尔教授在推荐信里就说：三十九年来还从来没有见过像尼采这样成熟的青年，“他在莱比锡整个青年古典语文学界已成为崇拜的对象”——此前两年，即他二十二岁的时候，李奇尔就将作为他的“发端”的语言学论文发表到自己主办的《莱茵博物》杂志上了。不然，李奇尔也不会推荐他。机遇虽有，缘分却无，那么机缘就去了一半。一半已去，剩下的一半恐怕也就不见得能够落到尼采的头上了。事实上，从此以后，尼采就再也没有遇到过什么好机缘，再也没有过什么好运气了。他是凭自己的坚强意志和毅力闯出来的。

你想成为出类拔萃的人物吗？你要知道，成功总是伴随着奋斗的，总是从逆境中走出来的。

又想成功大事，又怕经历艰险，这也是等机缘、盼运气的念头在作怪。企图不费吹灰之力，坐享其成，幻想天上掉馅饼，这不过是懒汉、懦夫的自我精神安慰罢了。尼采厌恶这种人，他劝人不要姑息自己。他还说：“我不会给那流淌着牛油和蜂蜜的地方祝福。”

俗话说得好：“不入虎穴，焉得虎子！”又道是：“鸡窝里飞不出金凤凰。”莫说是鸡窝，便是金镶银镂的安乐窝，也飞不出金凤凰来。

毛泽东是深谙个中情理的。他在诗里吟咏着“敢上九天揽月”“敢下五洋捉鳖”，颇得“无限风光在险峰”的宏旨妙趣。没有勇敢精神，不敢攀登险峰，如何得见无限风光？

尼采从自己的经历中得出的是相同的结论。“**在这恶劣的境遇中，我的《查拉图斯特拉如是说》却诞生了。这似乎证明了我的理论，一切关键性的东西都从逆境中产生。**”

你想成为出类拔萃的人物吗？你要知道，必须勇往直前，不退缩，不留后路，要自己给自己创造“机缘”。

破釜沉舟和背水一战的故事很能说明问题。

项羽伐秦的时候，为了决胜，命士卒毁锅灶，沉船只，烧营寨，只留三天口粮。退路断绝了，唯有拼死一战。如《孙子》所说，“焚舟破釜，若驱羊群而往”。由是，战斗力猛然增强，终于取得胜利。

韩信攻赵的时候，也是用的这种办法。在兵处危境的情况下，他让军队背对着江水摆开阵势，是谓“陷之死地而后生，置之亡地而后存”，这就是历史上著名的背水一战。果然，他也获得了成功。

他们都没存侥幸心理，从未指望什么飞来好运。相反，他们在身处逆境危境中，奋力自强，扭转被动局面，创下辉煌战绩，为千古所传颂。

机缘、好运不是来自上天，而是源自于自己的智慧、勤奋和勇敢。尼采正是这样拼搏过来的。

树大根深

越想向高空光明处伸展，越要向地下黑暗处扎根。

人们常说：树大根深，根深叶茂。这句普通的话语，蕴含着一个深刻的哲理。

坐落在辽宁省鞍山地区的千山，除了颇享盛名的寺庙和道观之外，在众多的景观中，有一处并不十分起眼的景点，那就是峭壁上斜刺里伸出的一棵松树。树旁石壁上刻有“可怜松”三个字，算是它的雅号。这棵松树的高度约莫一米许，如胳膊粗细。据记载，它生于明朝，已经寿高四百有余。

四百多年了，为何还如此矮小？那是因为它生长在悬崖峭壁的石缝里，树根再也无处伸展。它就像盆景里的树木，恐怕永远长不高大了。所以，人们给了它这个不怎么雅的雅号。

树大须是根扎得深。根基深了，树才牢固，才能巍然挺立，不怕狂风摧打和暴雨冲刷。根基深了，它才能从大地吸收充足的养分，把自己滋养得枝叶繁茂，郁郁葱葱。

尼采把自己的思想深深植根于苦痛和磨难的土壤中，深深扎入当时德国和欧洲的黑暗土层下。因此，他的著作才成为对基督教文化重压下人们精神面貌的无情揭露，才成为受难者冲破思想牢笼的进军号角，向基督教文化和一切偶像崇拜英勇搏击的火炬。

到现实中去，到生活中去，研究人世间的实际问题，这是思想家的唯一出路。按照尼采的观点，那些把自己封锁在象牙塔里的精神贵族，把自己捆缚在故纸堆里的理论权威，既不能为人类的超升作出贡献，又不能为革除社会的积弊提供良方，一味做着概念游戏，于人生无益。不仅学术界，文学艺术界也是如此。

不是吗？看看我们现在的银幕和荧屏，连常识性的错误都俯拾即是。譬如：在和客人交谈的时候称自己的父亲本该是“家父”，可有的作品里却称为“令尊”，而这应该是尊称对方父亲的用语，相反，有的却又称对方的父亲为“家父”；在邀请对方来家做客的时候，有的作品里竟然说“请来我府上”，而不是谦称“寒舍”或者“舍下”。又如：在有的电视剧里，几十年前的老农民居然用“米”和“厘米”来说明长度，而不是用“尺”和“寸”来表示（慢说几十年前的老农，即便是现今的普通木工也是用“格”来表述厘米的）。还有，上世纪40年代一位农村老太太居然会对儿子说“妈为你感到骄傲”，这分明是演艺圈里的文人腔。凡此种种都表明，我们的一些艺术家还缺乏文化的素养和生活的积淀。

尼采又通过查拉图斯特拉提出，到达高处、巅峰之后，还要再回到深谷去，回到痛苦的黑暗里去，这才称得上是真正的战士。这是晓谕人们，也是鞭策他自己，在达到思想的高峰之后，还应当再返回到实际中去，返回到苦难的人群中去，去寻求伙伴，唤起大众，脚踏实地地战斗。查拉图斯特拉山居十年后回归人群，想必就是根据这一思想安排的。

这里涉及一个带有普遍性的思想方法问题，即从实际中来，到实际中去。无论哪行哪业，莫不如是。尽管尼采并没有自觉地意识到。

就拿商业实业来说吧，乍一看似乎与此风马牛不相及，细究起来其实不然。

生意人都知道两眼紧盯市场，紧靠着消费者，摸透消费心理，及时掌握市场需求。这是为什么？为了把自己的根扎得深深的，牢牢的。谁对消费需求了解得最透彻，他成功的机会就越大。举凡兴旺发达的企业，几乎都是由此走过来的。靠幸运发财的，那是瞎猫碰到死老鼠，微乎其微。

现代企业兴起了一种新的服务方式，叫跟踪服务。所谓跟踪服务，就是生产经营者不仅按照社会的消费需求来生产和营销商品，而且在商品售出以后再深入到消费者当中去，一面指导他们正确消费，帮助他们解决使用过程中出现的问题，一面听取他们对产品的意见和建议，从这块企业赖以生存的土壤中吸收新鲜营养，以便进一步改善原有产品，并且开发新的产品。

马克思在《政治经济学批判》里曾经把这种关系用理论的形式表达出来，即：生产是需要的物质基础，需要是生产的内在动机、前提和目的。我们把它化为一个公式：生产——需要——生产。现有的生产不仅满足消费者的现有需要，而且激起他们的新的需要，包括对现有产品的更多的需要和对更好更新产品的需要，这需要又将导致现有产品生产的扩大，导致新的产品的研制、开发、生产。

我们还可以从另一个角度用另一个公式来表示：消费——生产——消费。从消费中来，到消费中去，为消费者生产，为消费者服务；只有按照消费需要来生产，才能被消费者接受，才能受消费者欢迎。这样的企业，才能占领市场，才能在激烈的竞争中立于不败之地。

由此可见，企业家也需要掌握这种辩证的思想方法。用这种思想方法来指导自己的生产、经营，才能从根本上做到把顾客当作“上帝”。不然，小看了顾客这个“上帝”，单凭自己的一厢情愿办事，十个里头就有十个要失败的。

学生和先生

一个人如果始终只当学生，他就没有报答他的老师。

尊师重教，这是一种美德。中国人尤其尊敬老师，自来有“一日为师，终身为父”的古训。往昔房屋的厅堂正中一般都设置有灵位，那灵牌上就写着“天地君亲师”，老师和天、地、皇帝、祖宗同享祭祀。各地还专门建有大成至圣先师孔老夫子的灵庙，那灵庙更是香火不断，朝觐者络绎不绝。

尼采也敬重老师，而且他自己在大学毕业后就选择了为人师表的职业，执鞭教坛十余年，若不是病魔缠身，他还会继续当教书先生的。不过，他还另有一番独到的见地。按照他的观点和作为，学生应做到以下几点。

第一，要独立思考。

对老师所教的一切都要经过自己的大脑，加以分析、辨别、消化。用尼采的话说，就是“提防着”，“可能他骗了你”。

翻翻历史，平心而论，不称职的老师的确是有的，也许还不只是个微量呢。不仅如此，把谬误当作真理，拿来毒害学生，这种事发生得也不在少。别的姑且不说，单说那日本军国主义教育，毒害了多少人，又把人类抛向了多大的灾难！而且时至今日，又还屡屡有人企图掩盖血腥事实，谋求将日本侵略的罪恶史实从教科书里删除掉、篡改掉，千方百计将揭露日本侵略军罪行的书籍和文章扼杀掉、剿灭掉。这样的教师编这样的教材来教人，学生们若是没有自己的思考，而是盲目地跟着他们走，其后果不难想象。

另有一类老师并非有意欺骗，只是由于他们自身的这种那种局限，譬如知识的局限，阅历的局限，政治的局限，也可能在客观上把学生蒙骗的。这种情形也不鲜见。有句俗话说，“经是好经，可惜叫歪嘴和尚念歪了”，说的就是这个。

然而，学生竟敢怀疑老师是不是骗了自己，这岂不是大逆不道了？尼采认为不用担心，因为这正是每一个不愿当偶像的老师所希望的。不错。如果学生都像和尚念经似的，闭着眼睛只顾重复书上写的和老师讲的，毫无生气，没有出息，老师教来也确实乏味，教出一帮不会创新的无所作为的学生，老师也脸上无光。再说，老师的成就本应体现在学生身上，如果没有教出好学生，那也就表明自己一事无成。

第二，要破除迷信。

即使老师教给你的是真理，你也不应把老师神化，不应把老师奉为神明，不应把他的学问奉为教条。查拉图斯特拉就告诫他的弟子，不要把他神化。他坦诚地对他的弟子说：**“如果有一天你们的这份崇敬倾倒了怎么办？别让一尊石像压扁了你们。”**

真理是相对的，发展的。即使老师所教的是真理，它也不是凝固不化的，万古不变的。把真理看作僵死的教条，把自己禁锢在已有知识的囹圄内，那是最没有出息的。可惜这种人太多了。一部《周易》，两千多年来，诠释者不计其数，而有所突破有所创新，将其发扬光大者，哪怕像唐代的李淳风、袁天罡著《推背图》那样，也是凤毛麟角。直到近二十多年来，才掀起了易学研究的热潮。可以期望，不久它能在科学技术领域和文化艺术领域开出新的花朵，结出新的硕果。

看出这种食古不化的危险的，也大有人在。他们早就发出了警告：千万不要读死书，死读书，读书死！

前人写的书是前人知识的结晶，是已经固化在书本上的思想。如果只是死记硬背，不求甚解，不思发扬创新，那难免成为食古不化的蛀书虫，最后被压死在故纸堆里。

第三，要超越老师。

跟老师学习，不是为了当传声筒。这好比接力赛跑，老师传授的知识是学生继续前进的起点，他应当接过老师的接力棒，从这个起点出发，继续向前跑，去创造新的成绩。一般说来，老师们都是怀抱这种夙愿的，都希望学生比自己更有出息，而不愿意学生在老师的原地踏步。所以，查拉图斯特拉责问他的弟子："你们为什么不想扯下我的桂冠呢？"他要他们"去寻找你们自己"。

现在一些流行歌曲的歌词里经常有"失去自己""找寻自己""我已不再是我自己"或者"我还是我自己"这类词句，不知是否可以追溯到尼采那里。但愿歌者们真的从尼采那里悟出些道理来，而不是无病呻吟。

鼓励学生打倒自己超越自己，这对于一位老师来说，尤其是对于著书立说学有所成的老师来说，是无私无畏大智大勇的表现。如果现在还有学阀、文霸、卫道士的话，他们应该反思的。近年来中国科学院和中国工程院的院士评选中怪事连连，如像北京大学教授饶毅解剖的"逆淘汰"现象（典型的例子有发现治疗疟疾的新药而在美国获大奖的屠呦呦竟然评不上院士等等），是不是和这种霸道之风有某种关联呢！

长江后浪推前浪，青出于蓝胜于蓝。学生总要超过先生，不然，哪来的现代文明？恐怕人类至今还在茹毛饮血、栖息山洞呢！恐怕还在用树叶、兽皮遮羞呢！或者，至少还在以为越重的物体下落得越快，还在以为地球是宇宙的中心呢！

尼采本人就是一个好榜样。他师承叔本华，但是他一反叔本华的悲观主义，而代之以自强不息的奋斗精神。

尼采去世后还不到二十年，东方的中国揭起了"打倒孔家店"的大旗。五四新文化运动不仅仅是打倒一个老师，而是打倒万世师表，推翻封建旧思想、旧传统。这是尼采始料不及的，却也正是他所企望的吧。

不过话说回来，打倒老师是为了超越老师，寻求真理，寻找自己的位置，而不是全盘否定老师，不是置老师于死地。如若不然，谁还来当老师？

谁还敢当老师？没有了老师，又哪来的学生？没有了老师和学生，这文化、科学、知识、思想，又如何继承、发展？几千年的文明，岂不是要被断送了吗？

我国三四十年前发生的那场运动，让学生打倒老师，这是它作为文化浩劫的一个重要标记。历史的教训应该永远记取。

学生和先生，学习和批判，继承和发展，这都是对立统一的。它们互为条件，相互依存，缺一不可。辩证哲学里用了“扬弃”这个概念，它准确地表达了学习和批判、继承和发展的关系。这是每一个先生和学生都需身体力行的。

读书和思考

说自己的话，走自己的路。

“好几年我没读什么书——这是我给自己的最大恩典！”

人们也许难以相信，这会是尼采说的话。然而的的确确，白纸黑字印在他的自传《瞧，这个人》里。

尼采其实也是酷爱读书的。他曾经说过：“要成为真正的思想家，必须先接受严格的古典研究训练。”

他年轻的时候就读过古希腊哲学家赫拉克利特、德谟克利特、苏格拉底、柏拉图、亚里士多德等人的书。不但读，而且读得认真、深入，并且提出了引以为自豪的不同于以往哲学史的观点，所以才有他给李奇尔的那番缺乏自谦的话。不知他后来是否有所醒悟，因为他在《权力意志》里写过这样的话：**“人的不谦虚——：（发生在）他看不到否定自身的意义之时！”**

《查拉图斯特拉如是说》一书的成就，足以反映他学识的渊博，功力的深厚。此书写成后，他写信给友人说，“这本书迸发出几十年所积聚的力量”，可见它消化的书本知识之多。

后来，尼采眼疾严重，“不该读书了”，可他“宁愿自己是个瞎子”，还是“忍不住读下去”。只是为了健康的缘故，他才不得不忍痛放下书本。但是，只要健康状况稍有好转，他又要争分夺秒地读书。直到他完全失去工作能力的前两年，他还兴致勃勃地读了几本俄国作家陀思妥耶夫斯基的书，得益匪浅，慨叹获之恨晚。

书，是知识的宝库，是文化的历史积累。一个人不可能也不应该事事从头做起，自己采矿炼钢，自己发明并制造汽车、电视机，自己建立代数学、几何学、物理学……他必须接过前人知识的接力棒，在新的起跑线上开始前进，把人类文明推到一个新的水平，为知识宝库增添新的珍宝。

但是，近几十年来，我们的同胞中却一再泛起“读书无用论”的逆潮，令人痛心。联合国教科文组织前些年的一项调查显示：犹太人平均每人每年读书64本，全世界排名第一。相比之下，我们中国13亿人口，除了教科书，平均每人每年读书1本都不到，其中上海人读书虽然在全国排名第一，也只有8本。汗颜哪（据悉近两年略有改观，也只是略有）！说来也难怪，我国早前就流传这样的顺口溜：“春天不是读书天，夏日炎炎好睡眠，秋有蚊虫冬有雪，收拾书包待明年。”呜呼哀哉！

书是不可不读的。切不可像某些不读书不看报的不学无术之徒，自以为聪明盖世，其实是草包一个。常言道，学而后知不足。草包却总是自满自大，“一瓶子不满半瓶子晃荡”是人们给这类人的画像。

问题还有怎样看待书本，怎样对待书本。是把它当作向导、入门、接力棒、精神食粮，还是把它奉为偶像、教条、指挥棒、金科玉律？是钻得进去跳得出来，拿得起放得下，还是仰人鼻息，唯书是从？是作茧自缚，还是去革新创造？钱学森曾经提出一个问题，意思是这几十年来，我们为什么出不了顶尖人才（大师）？问题恐怕也就出在这里，思想被禁锢了。

思想被禁锢的原因有两个方面，一方面是个人的思想僵化，一方面是社会的思想束缚。当然，个人的思想僵化穷追到底，也还是植根在社会的环境里。遗憾的是，几十年来，我们在为大师的降生而创造条件方面做得太少，甚至还有意无意地给他们造成了难以逾越的障碍。

周恩来有诗曰：“大江歌罢掉头东，邃密群科济世穷。面壁十年图破壁，难酬蹈海亦英雄。”说得多好啊。这里借用达摩祖师十年面壁的故事，援引同盟会陈天华烈士以死向迫害我留学生的日本政府抗争的故事，表达了作者为求救国救民的真理而不惜捐躯的志向。学习前人留下的知识，继承前人的思想，不为别的，旨在破旧立新，去求取新的真理，乃至死不足惜。

尼采一贯反对“哲学教条主义”，猛烈抨击“哲学中的僵化的思想”。一个人如果把读书的意义理解为寻求金科玉律，一切听从书本上所讲的，失去自己的思考能力，那无异于埋葬自己，那便是我们的先人谆谆告诫的“读书死”了。

《查拉图斯特拉如是说》里有《学者》一章，是专给思想僵化的学者画像的。大意是：

> 他们做看客。躲开阳光照射的上升的阶梯，坐在阴凉安适的地方，张着嘴巴看别人思索。
>
> 他们会编织。用别人的线纱织成精神的袜子。
>
> 他们会磨面。别人给点谷物，他们就像粉碎机一样将谷物碾成粉末。
>
> 他们会报时。将他们的发条拧紧，他们就能准确标示钟点，还谦卑地重复地“滴答滴答”地响着。

尼采描画的这类所谓学者，至今也不能说已经绝迹于人世。这种人其实只是蛀书虫，大不了是个留声机、文抄公。他们只会鹦鹉学舌，重复别人说过的话。举一个最浅显的例子。

我国的第一个关于苏联解体问题的文件，其中用的是“前苏联”一词，这是针对刚刚解体的苏联而言的。可是有些人不究就里，把它当作一个不变的公式，不分时间场合到处套用，凡遇“苏联”一律加个“前”字，于是出现了诸如“前苏联出兵我东北扫荡日本关东军”乃至“前苏联解体”之类的笑话。须知：一者，苏联出兵我东北扫荡日本关东军是在1945年，不能称为“前苏联”；二者，解体的是苏联，既成过往的“前苏联”已经无体可解；三者，解了体的“前苏联”只是个历史的陈迹，又谈何出兵！请看，就在这么一个简单的用词上都如此僵化，其他就更不言而喻了。

尼采说得好：**“实际上无所作为而只知道埋头书堆的学者，最后完全失去了自己思想的能力。一旦书本离手，他就成了白痴。”**

躺在前人著作的圣坛上吃现成饭，不再耕耘，不再进取，那是知识的守财奴，真理的败家子。客观事物在发展，人们的认识必须与之相适应，否则，抱残守缺，还谈什么真理！

说这类所谓的学者毫无思想，也有点冤屈。一如尼采所描写的那样，他们会发明点小动作，监视别人，咬噬别人，有时候拿你当垫脚石，有时候拿你做挡箭牌，说不定什么时候在你背后捅一刀，叫你吃不了兜着走。这也许是“文人相轻”的本性所使然吧，不然何以中国有之，外国亦有之。

此外，他们也还会弄虚作假，欺世盗名。有的依仗权势，有的不惜金钱，将别人的成果据为己有；无权无势的，便学些鼠窃狗盗伎俩，以剽窃为业。尼采讲的“赌骰子作弊”，应当属于此类了。

所以造成“读书死”的恶果，原因之一是“读死书”。这就是说，没有把书本知识和现实生活联系起来，用我们现在的话说，就是理论和实际脱节，就是本本主义、教条主义。

读书本来在任何时候都不是坏事。常言道得好，“开卷有益”嘛。再说，“做到老，学到老”，这其中就包括了读书。尼采几年没读什么书，那是因为“眼病坏到使我停止研究工作”，不得已而为之。这里绝没有说书读得越少越好的意思。

书一定要读，而且要多读。关键是不要“死读书”，不要食古不化，不要被已有的知识捆绑了自己的手脚，束缚了自己的思想。

“真理的发现始于对先前认为是真实的事物的怀疑。”对于书本上的现存结论，都要拿来和现实加以对照，经过自己的思考，在力求真正弄懂的基础上，看看是不是真有道理。现有结论的不足也往往就发现于这个过程之中，提出新的见解也往往就从这里开始。因循守旧，泥古不化，是不可能发现真理的。

尼采为反对思想僵化，着意倡导“学会想”，学会深入细致地思考。他将思考比作跳舞，用概念跳舞。他说用“精神的轻捷的足”能像舞蹈带给全身肌肉以微妙的震颤那样，使人的思想活跃起来。就此，他指责道：“神态的僵硬呆板，动作的笨拙，已经成为德国人的特征，以致在国外人们完全把这看作是德国人的天性。”他认为，“德国人也赡养了他们的哲学家，尤其是那个史无前例的畸形的概念残疾人，伟大的康德，这一点丝毫也不能表明德国人的优雅”。

读书要勤于思考，善于思考。

思考，首先就是要弄清楚书里讲的是什么，是怎么讲的，而不是生吞活剥或者断章取义。举个小例子。二十年前，笔者所在的出版社出版一套小学《劳动》课本，其中有一课开头就写道：“劳动是生活的第一需要。”笔者指出，这话偏离了马克思的原意。马克思说的是共产主义社会的情景，而现阶段，在按劳分配的条件下，“不劳动者不得食”，劳动在相当大的程度上还是一种谋生手段，在一定的程度上还是一种惩罚手段，譬如对待罪犯的强制性劳动。所以说，读书是需要完整准确地把握其含义的。

思考还有更深一层的含义，那就是要弄明白其中的深义，把握其精髓，也就是人们常讲的要长于问个“为什么”。而且，还要由此生发开去，启发自己的心智。

但是，切忌主观臆断，更不能随意曲解。且看希特勒纳粹之流，曲意歪解尼采的理论，拉大旗作虎皮，为自己的卑劣行径张目，终遭世人唾弃。

俗话说，学问学问，有学有问。问就是思考，就是想。想清楚是否有道理，有多少道理，道理在哪里，然后抛弃其糟粕，吸取其精华，加以发扬光大，这才是读书之道。

真知需要斗士

如果你们不能做探求真理的思想家，那起码也要做捍卫真知的斗士。

求得真知的思想家是神圣的。而为真知作战的斗士，则是他不可缺少的伙伴和先锋。任何真知、思想、学说、主义，都需要有为它冲锋陷阵的斗士。

尼采的哲学当然也是如此。查拉图斯特拉在高山隐居十年之久，最后还是悟出了这个道理。他向着太阳不胜感慨地说：

“啊，你，伟大的星球！倘若没有被你的光辉照耀的人，你还有什么乐趣可言呢？”

“我愿意奉送、传播我的智慧，直到明智的人为自己的觉醒而自豪，就像贫困的人为自己的致富而欢欣。”

查拉图斯特拉下得山来，寻找为他的真知而斗争的伙伴。

他见到很多士兵。他们都穿着清一色的制服。他们的内心如何呢？他想不会像他们的制服一样千篇一律吧？他希望这些士兵都能成为斗士。

军队是有严明的组织纪律的，军人是以服从为天职的。服从——这正是他们的可贵之处。这同奴隶恰好相反。

奴隶也被统治得很严密，但他们不是军队。他们的可贵之处恰恰在于反抗。不反抗的奴隶是奴才，是自认非人、甘当牛马的奴才。

军人必须服从，否则就不成其为军队。军人不善于在“你必须”的命令下说“我就要”这类抗上的话，而习惯于顺从“你必须”之类的命令。即使对于他们喜爱的东西，他们也得听候给予的命令。且拿吃饭睡觉来说吧，没有开饭的号令就不得进食，没有就寝的号令也不能睡觉。

尽管尼采鄙视屈从，但是对军人的服从却不加否定，而是另眼相看。尼采只是顺着“以服从为天职”这一军规，因势利导，命令他们为人类生命的发展和超升而战斗。

“过你们的服从和战斗的生活吧！”尼采让查拉图斯特拉如是命令，“人类应当被超越。”

任何真知、理论，如果不能动员起千军万马去为之战斗，终究是没有用的。任何一种理论，如果只是被当作艺术品收藏起来，那是苍白无力的，毫无价值的。作为一种批判旧世界的理论，它只有武装起群众，化为群众的行动，才能成为变革社会的力量。

尼采的学说要想化作现实，也不能像他那样总是停留在自我欣赏上。不然，何以打碎禁锢生命、扼杀生命的枷锁？

从上面引述的尼采的话语来看，不能说尼采完全没有意识到这一点。可惜他在这方面总是羞羞答答，欲行又止，始终未能越出思想批判和个体奋斗、自我奋斗的雷池，连组成自己的学派都不曾想过，更不用说其他了。这也是他的学说的悲剧。

尼采万万没有想到的是，他在试图把思想理论和社会实践作出某种联系的时候，错用了一个不恰当的类比，这竟然又给他带来了莫大的灾难。

前面讲到，尼采一直讲的是思想文化问题，讲的是思想文化战争。所以他说：“**你们应当作战，为你们的思想作战！即使你们的思想败下阵来，仍当为你们的耿耿忠心欢呼胜利！**”

为了鼓吹这种百折不挠、战斗不息、对胜利充满信心的乐观主义的精神，尼采错误地把他所说的思想文化战争同真枪实弹的武装战争拉到一起，混为一谈，并且又同战争与和平这一政治问题搅做了一团。其结果便是，当他歌颂他所主张的神圣的思想文化战争，歌颂拼死投入这种神圣战争的英勇精神的时候，他也就把一切战争和一切主张都神圣化了。

他是这么写的：**“当人们有了弓箭的时候，人们才可以沉默安静，否则人们便争论不休。”“你们说好的主义使战争神圣化吗？我告诉你们：勇敢的战争使任何一种主义神圣化。”**

这不能不被人们看作是一种战争至上的论调。

尼采的这种说法把战争神圣化了。他完全抹煞了正义战争和非正义战争的区别，抹煞了反侵略战争和侵略战争的区别，并且给强权就是公理的鼓吹者们提供了思想武器，为军国主义提供了精神炮弹。

按照尼采的逻辑，只要英勇战斗，不但无论是胜是败，而且无论是为了什么主义，这战争都是神圣的。更其荒唐的是，这战争还能把“任何一种主义”神圣化。不消说，其中不仅包括“好的主义”，而且也包括“不好的主义”了。

“好的主义”本来就属“神圣”之列，因而它能使得为自己而战的战争神圣化，因而它不需要用战争来把自己神圣化，否则，反倒玷污了自己。为“不好的主义”而战，那便是非正义战争。如果“不好的主义”也被非正义战争“神圣”化，被战争贩子们用枪炮把它“神圣”化，那就会使得千千万万的人受骗上当，就会使得亿万无辜的生灵涂炭！

日本帝国主义就是用“大东亚共荣”这个“不好的主义”“神圣化”它的侵略战争，同时又利用战争来“神圣化”“大东亚共荣圈”这个“不好的主义”的。并非不好但带有缺陷的尼采的“主义”，不幸也被希特勒用来使自己的战争“神圣”化，反过来，他们又使用枪炮把纳粹和军国主义“神圣”化。这是一个惨痛的教训，它给人类造成的灾难太大了。

这对于尼采来说，无异于一记响亮的耳光。

思想家和驴

著名的思想家啊，我现在要你们扯下身上的狮皮。

狮子，在尼采的笔下，它是抗争精神的载体，是先进思想家的崇高形象。尼采本人就是向旧思想旧道德抗争的雄狮。

名为思想家、学者而只是披了一张狮皮，这意味着什么？这只能是伪装，假冒。这是尼采在《查拉图斯特拉如是说》里讲的。他在《权力意志》里的粗野的骂声则点透了他们的本质：**“学者乃是认识王国的群畜。——学者从事研究，这是因为他受命这样做，是因为在他以前，别人就是这样做的。”**他们只会接受命令，鹦鹉学舌，不能揭示真理。

“一切著名的思想家啊，”尼采同往常一样，不作具体分析，不分青红皂白，横扫一切，**“你们的服务是为民众和他们的迷信，而不是为真理！”**

把所有的著名思想家都看作披着狮皮的驴，把全体民众都视为愚氓的百姓，这是尼采一贯极度思想偏执的表现。由于这种偏执，他把事情看走了样，陷入了片面化。

按照尼采的说法，分明是为民众的自愚效力却要伪装成探索真理，本来是负重的牲畜却要冒充吼狮，这种所谓的“思想家”，的确应该归于被讨伐的蠢驴之列。

在尼采看来，民众却很敬重他们。这是为什么？原因很简单，因为他们不是先进思想家，不是思想禁锢的破坏者。换句话说，他们顺应了民众的愚顽心态。

在尼采看来，他们虽然披上了“不信仰”的狮皮，民众却还是宽容了他们。这又是为什么？这是因为，怀着对上帝或者对其他偶像的虔诚信仰的民众，慈悲为怀，怜悯有加，只把这当作一个笑料，当作欣赏一台丑角表演。这就像奴隶主恩赐给奴隶们自由，进而拿他们意外获得自由之后的如狂放浪的丑态来取乐一样。

真正的思想家和他们是截然不同的。探求真理的人，先进思想家，都是打碎了崇敬意志的枷锁的人，从上帝和一切偶像崇拜中自拔出来的人，抛弃了当奴隶的“欢乐”而自甘孤独和挨饿的人，不畏艰难险阻而勇往直前的人。

他们生活在没有上帝的荒漠，是荒漠的主宰。这里是一望无垠的自由天地，任君翱翔，任君驰骋。这里没有清泉，没有绿茵，没有美味佳肴，没有锦缎裘绒。这里到处是艰辛、危难和死亡。

和这些探索者相反，著名的思想家住在富丽堂皇的宫殿大厦里，享受着功名利禄。他们甘当统治者和钱袋子的仆役，甘做负重劳作的牛马和架车的驴。

雇佣思想家是为雇主制造思想的。这里有什么真理的探索可言吗？

在尼采看来，即使雇主是民众，这个迷信的民众雇主也不需要探索什么真理。因为，他们只图安于现状，以维持常规为“正义的内涵”，以崇拜偶像为天经地义。这就是他们所谓的“真理”。“真理”已经在民众手里，还有什么可求的呢？思想家只需确认它，使它合法化，为它唱赞歌。这便是“真理”的意志。

这算什么真理？它同真理正好相悖。但是，愚氓的民众恰恰乐于接受这种服务，因为他们需要这类精神鸦片，以便自我麻痹，自我陶醉，自我安慰。

尼采认为，正是因为这个缘故，所以当权者们为了交好民众，便在自己的座车前套上一头小驴——一个著名思想家。这大概就是人们常说的御用文人、御用理论家吧。因为他们所鼓吹的，正是维护已经老化、固化、僵化的现存秩序。

尼采的批判虽然不无道理，但是，他显然是陷入了谬误。雇用“思想家”的并不是民众自己，他们既无心自愚，也无心拿别人寻开心。雇用“思想家”的是那些推行愚民政策的统治者，是他们需要这类思想代言人，精神鸦片推销员，以便毒害民众，愚弄民众。

马克思主义告诉我们，统治者的思想就是统治的思想、奴役的思想。安于被统治、被奴役的思想是统治者对被统治者施行奴化的产物，毒害的结果。它是统治思想在被统治者身上的反映，它和统治的思想是同一思想的两个方面。一方面是为偶像张目，另一方面是为崇敬者做道场。这两方面相伴相随，相辅相成。

人民需要真正的思想家。真正的思想家是真理的勇敢探求者和捍卫者。

挑战神权

主宰人的神明不少，不过能主宰人类三分之一，而且思想统制至深的，想必只有基督教的上帝了。

《圣经》对世人说，人是上帝造的。科学却向人类宣告，上帝是人造的，一切神明都是人造的。

上帝为什么要造人？这是一个谜，永远揭不开的谜。因为《圣经》从来没有探究过，所以人们只能设想，那位无所不能的伟大神明闲来无事，忽然心血来潮，就随手和了一堆泥，就捏造出一男一女两个人儿来了。不料这一对男女竟偷吃禁果，犯下滔天大罪，被赶出伊甸园，却又繁殖出本不该有的后代。这一代代的后代承继了罪人的血脉，衍成了从娘胎里就带来原罪的人类。

人为什么要造上帝？因为人间有太多的苦难，处在幼稚蒙昧时期的人类不得其解，更无力摆脱，便按照自己的面貌和自己可能达到的想象造神，造出那具有非凡神力的、在冥冥之中主宰乾坤、主宰人类的神，以求解释自己的命运，以求神明祐祐自己脱离苦难。上帝——耶和华，便是其中突出的一个。

如今虽然科学昌明，世人耳闻目睹，经受熏陶教化，大多不再愚顽迷信。但是，人间的苦难并未完全消失，人们还在承受着天灾人祸的煎熬，因而有些人依然需要这个或者那个神明来作精神的寄托。再者，有些人的物质欲望颇高，自信心却又不强，能力尤其不济，便也企望得到神明的赐福。所以在一些人的心里，仍然矗立着一尊上帝。

然而，尼采在哲学的圣坛上向世人宣告：上帝死了。

心造的幻影

天国乃是心中的一种状态。

“上帝死了！”在《快乐的科学》一书的《狂人》篇里，在《查拉图斯特拉如是说》的不少篇章里，尼采一再地向世人庄严宣告。

上帝真的死了吗？他是怎么死的？再说，世界上、宇宙间真的有上帝吗？

不，上帝是不存在的。在《权力意志》里，尼采进一步指出，**“天国乃是心中的一种状态：‘超出尘世的一切’均系子虚乌有”**。上帝从来就不曾存在过。现代科学已经探明，在无穷无尽的太空里，只有星球，大大小小的星球，发光的和不发光的星球，正在生成以及正在毁灭的星球。有的星球上可能有生命，有生物，有和人类一样的甚至超过人类智慧的生物，但是什么天堂，什么天使，什么万能的神明造物主上帝耶和华，以及中国不少人迷信的玉皇大帝，全都子虚乌有。

人们曾经相信上帝是造物主。可是，他创造了什么？哪一件是他创造的？是食物，或者衣物，或者建筑物？是工具，或者文具，或者玩具？还是车船，或者飞机，或者火箭？至于人造卫星，它已经明白无误地标明是“人造”的。

人们曾经相信上帝是受难众生的拯救者。可是，哪一个苦难者和苦难的民族是被他救出苦海的？人类在遭受两次世界大战浩劫的时候，他为什么熟视无睹，让数以千万计的无辜百姓死于非命？人类的生存环境正在严重恶化，他为什么置若罔闻，不加干预？传说女娲曾经炼石补天，营造下人类得以生存的一片空间，如今上帝为什么不把南极上空臭氧层的空洞给众生补上？是他拯救不了人类，还是他不想拯救人类？

教会一贯宣传说，上帝是全能的造物主（也有说“万能的造物主”的）。对此早就有人提出过质问：上帝能造出一块连他自己也举不起来的巨石吗？如果他不能造出这样的巨石，那他便不是全能的；如果他能造出这样一块巨石，却无能举起这块巨石，那他也仍然不是全能的。这个问题提得十分俏皮又十分尖刻，一语揭穿了全能造物的谎言。

我们还要提请大家注意，不该有错误的“全能”上帝竟然一开始就犯了个极大的错误——他没能防止亚当、夏娃偷吃禁果。所以，如果要说什么世人的原罪的话，他也有不可推卸的责任。如今来惩罚无辜的百姓，岂不是一错再错，错上加错！上帝也有过错，“全能造物主”一说也就不攻自破了。

全能造物说不但经不起科学的检验，而且连佛教也不赞同这种无稽之谈。佛陀释迦牟尼就不承认任何外在的全能的造物主的存在。后面我们还将要专门引述。

既然上帝是不存在的，怎么又说他死了？从来不曾存在过的东西，还谈什么生和死呢？

“上帝只是一个假设”。尼采通过查拉图斯特拉的口又说道：**“啊，朋友们，我愿为你们敞开我的心扉：如果真有上帝，我怎么能甘心于不做上帝呢！”**尼采否定这个假设的上帝。

基督教宣称：“上帝与你同在。”这意味着上帝时时在你身边。虽然无声无息，看不见摸不着，教民们还是笃信无疑。这也是一个观念的上帝，他只“存在”于虔信者的心坎里。

上帝不同于佛陀。佛陀是历史上真实存在的人物，尽管他已被后世俗众神化；而上帝却查无可考，他只是教廷、教会、教士和善男信女们心造的幻影。

事实上，是人类创造了上帝，而不是上帝创造了人类。上帝不过是他的虔诚信徒们的一个自我外化的、对象化的产物，一个虚拟的模本。

尼采说得好，**“天国乃是心中的一种状态”，“各别人心中的感官变化”**，是**“某种随时可有，随时可无的东西”**。

尼采在给妹妹的信中回答她是否可以信奉基督教的时候，是这么说的：**“如果你企求心灵的平和、欢愉，那么，你相信好了。如果你希望成为一个真理的门徒，那么，探索吧！”**这和佛教的说法差不多，佛教也只是说“信不信由你”。当然，尼采和佛教不同，各有各的倾向，这也是很明显的。

“我太好问，太质疑，也过于自大，致使我不满于对事物的粗浅的解答，而上帝就是这样一种粗浅的解答。”尼采说。

一些人需要上帝，那是因为他们需要一个主宰他们的权力。这样，他们就可以不必费神劳力，而把一切疑难和困惑、灾祸和苦难都向这个全能的主宰寻求解答，乞求拯救。可尼采是一个积极的探索者，他鄙视这种愚盲的行径。

事实上是人们主宰着上帝，而不是上帝主宰着人们。尼采指出，上帝不过是教会和教士用来统治和盘剥教民们的一个手段，一个工具。

但是在那个虔诚的信仰里，这一切都颠倒了。曹雪芹在《红楼梦》里描写的太虚幻境，有这样一副对联：“假作真时真亦假，无为有处有还无。”虽然他的本意是虚无的，但是仅从字面来看，倒也颇有意味。在头足倒立的世界里，谎言成了真理，虚假成了真实。如尼采所说，创造上帝的人反而成了上帝的羊群和驱赶羊群的牧羊人、牧羊犬。这漫山遍野的羊群被驱赶着，可怜巴巴地在荒漠上艰难地跋涉。天主教称为神甫、新教称为牧师的放牧者们，也在跟着羊群吃苦受罪。

现在上帝已经死了，死于他自己的怜悯和仁慈。怜悯和仁慈只能制造屈从、温驯的懦夫和懒汉。而这种堕落的种属是死寂的，没有生气的，没有活力的。被这个死寂族包围着、哄抬着的上帝，怎能有什么生气和活力呢？

“这些教堂若不是上帝的坟墓，那又是什么呢？”尼采笔下的狂人说，**“上帝死了，永不复生。是我们杀死了他。”**

说这话的人的确“狂”了。竟敢诅咒上帝，不是“狂妄”是什么，不是“疯狂”是什么！不错，在庸人们的眼里，反旧思想、旧文化、旧道德、旧传统的人，都是狂人，都是疯子。中国新文化运动之初，鲁迅也以类似尼采这种方式创作了小说《狂人日记》，发出了讨伐吃人礼教的战斗檄文。

两个狂人，一西一东，一前一后，其实都是大手笔描画的最清醒的智者，创造新文化新世界的先驱。

“如果上帝存在，还有什么可创造的呢？”创造意志引导人们远离上帝，抛弃上帝。其他诸神也不例外。

创造，只有创造，才有人类的进步，生命的发展。这才是对于苦难的大解脱，对于人生的大慰藉。

人类最伟大的创造，创造中的创造是什么？尼采宣告：

人类最伟大的创造，创造中的创造，就是自我超越——单个人的自我超越，族系的自我超越，整个种属的也就是人类的自我超越。

这自我超越的最后的产儿就是超人。

朋友，尼采娓娓向你诉说：也许你还没有能力把自己造就成超人，但是你可以使自己成为超人的父辈或者祖先，可以一代一代地持续努力，最终把自己的子孙后代造就成超人。

世界是人创造的，世界的未来也靠人去创造。上帝，诸神，还有什么意义？

上帝的博爱

怎么？一种有条件的爱，是一个全能上帝的感情！

上帝一向被描绘成博爱的神圣，世人都是依靠他的爱心才得以安生人间，才有望进入天堂。

尼采否定了这种臆造，而且指出即使这种臆造的爱，它也是虚伪的。

他在研究了东方佛教文化以后告诉人们，上帝的爱远不如菩萨的大慈大悲普度众生，上帝的爱是有条件的。

你想要得到上帝的爱吗？那么你爱上帝吧！只有顺从上帝、膜拜上帝的信众，才有资格得到上帝的垂爱。

“博爱”，那是假的，骗人的。上帝是个偏心眼儿，他只施爱于爱他的人。对于别人，他却是个吝啬鬼，一毛不拔，甚至是个报复狂。他就像一个小心眼儿的师尊，哪个徒弟指出他讲授中的错误，他就给那个小子穿小鞋，叫他哑巴吃黄连，有苦难言。

“一个爱人的上帝，只是要人信仰他。凡是有不相信这种爱的，他便投以恶眼和威吓。怎么？一种有条件的爱，是一个全能上帝的感情！这种爱只不过是荣耀的感觉，而且不能免于激烈的复仇欲！”尼采一语道破了这种所谓博爱的本质。

只不过是荣耀的感觉——说得多么透彻。是的，上帝是靠信徒举起来的，捧上天的。他的信徒越多，他就越荣耀。

所谓上帝的爱，正是基督教对信徒的一种回馈，一种恩赏。这也是信徒们的一种自我满足，自我炫耀。

中国历史上的许多朝代都自称天朝大国，常有众多的国家来朝拜，来进贡，来臣服。天朝帝王也总是回赠、赏赐许多的金银财宝和绫罗绸缎，以示天朝帝王的恩典和威德。

这两者何其相似乃尔。

有一点又是不同的。中国皇帝赐给的是货真价实的财宝和用品，甚至是比贡物多许多倍的财物。而基督教的上帝赐给虔诚信徒的，只是既不能充饥，又不足蔽体，于身心健康并无丝毫实际补益的空幻的所谓的“爱”。

这也罢了，更令人费解的是，基督教也不同于佛教，上帝不仅没有菩萨那么慈悲，也没有佛那么超脱和大度。

五代时期浙江有个和尚，名为契此，身矮体胖，常背着一只口袋四处化缘，人称“布袋和尚”。他言行怪诞，与人言祸福，颇为灵验，是故名噪一时。临终前，他自称为弥勒菩萨化身。现在汉地寺院山门口的座台上，通常都有他的塑像，并配以一副对联。上联是，“大肚能容，容天下难容事”；下联是，“开口常笑，笑世间可笑人”。有些地方对联文字稍有出入，例如有的写作“难容之事”、“可笑之人”，有的下联开头是“笑口常开”，这都无碍大体，只求对仗工整。

也有不同的，河北省正定县隆兴寺慈氏阁的弥勒和其他庙宇的弥勒就很不一样。他不是那个自称弥勒菩萨化身的“布袋和尚”，而是原印度弥勒的塑像。他虽然没有笑口常开，却也和善慈祥，

前弥勒也好，后弥勒也好，不管他是那一尊弥勒，总之都是那样地慈祥，那样地大度，足可以说是诸佛、菩萨的代表。可见，佛、菩萨是那样地容人，无仇无恨，不与人计较过节。人们常用“宰相肚里能撑船”来表示一个人的大度，不晓得和这大肚子和尚有没有什么渊源关系，至少也是英雄所见略同吧。至于像基督教那样惩处“异教徒”，佛教里实在找不出相应的词汇，更不用说那种残忍暴虐的酷刑了。

上帝和佛陀不同。上帝其实是一手托着胡萝卜，一手举着狼牙棒。他的信条是：顺我者昌，逆我者亡。

自从耶稣蒙难之后，其门徒和门徒的门徒们，便燃起了憎恨和复仇的火焰。在插手政治之后，他们设立异端裁判所，施行宗教审判，他们可以处死任何他们认为应该被处死的人。

1431年圣女贞德被英国控制下的宗教法庭以女巫罪判处火刑，如同《巴黎圣母院》里无辜的吉普赛女郎埃斯梅拉达被教会判处绞刑一样。这总不该是上帝的仁慈大度吧？极具戏剧性的是，由于法国人的努力，二十多年后，教会为贞德平反了，而且在1920年，教会终于封她为“圣女”。

基督教在1095年到1291年长达两个世纪的时间里，发动了八次大规模的远征，主要是为了攻击伊斯兰国家，以图控制圣城耶路撒冷，并夺取和耶稣尘世生活有关的一些地区。因为参加东侵的徒众可以佩戴红十字架徽标，所以称为十字军。这就是历史上声名显赫的“十字军东征”。

既然是征讨征战，就免不了疯狂的杀戮。史料记载，教皇乌尔班二世指挥的第一次十字军东侵，于1099年7月15日从埃及人手中夺取了耶路撒冷，这座城池的所有穆斯林男女老幼以及犹太人共七万余众，全部被屠杀，是为人类历史上的一次浩劫。而这仅仅是两百年战争的开始。

东侵军自己也付出了沉重的代价。仅1270年在突尼斯登陆的第八次东侵军，便因瘟疫而大批死亡，连统帅法国国王路易九世也未能幸免。

这就是上帝对人类的爱吗？拆穿了，什么上帝的爱呀，还有什么上帝的恨呀，乃至上帝本身，如尼采所说，全都是教皇和教廷、国王和王室手中的工具。

耶稣死得太早

他死得太早了。如果他活到我这样的年纪，他会撤销他自己的学说呢！

查拉图斯特拉说耶稣“**死得太早**”，说“**如果他活到我这样的年纪，他会撤销自己的学说**”。这绝不是信口雌黄，也不是危言耸听。

根据历史学家们的考究，耶稣大约出生于公元前6年，他家是作木工的，原本是犹太教徒。他深入村舍田野，与百姓共同生活，了解穷人的疾苦，巡回传教。他鼓吹末世的未来理想——天国即将突然降临，结束和改变现世的历史进程。大约在公元30年，他被残暴的罗马统治者依据罗马帝国惩治叛逆的法律，钉死在十字架上。

尼采说，耶稣在当时还只是体察到希伯来人民的眼泪和悲哀，以及“善良者”和“正直者”的怨恨。他还不成熟，还不懂得远避“善良者”和“正直者”，还没有学会如何生活和如何热爱大地，“还没有学会笑”。

一个成熟的人比之于一个阅历尚浅的年轻人，必定更懂得生和死的意义，更懂得如何生如何死。一个人应当完成自己的人生使命，高奏生命的凯歌，胜利地死去。这就是在充分肯定之后的神圣的否定，就是死得其时。

万分可惜，耶稣还没有来得及充分肯定，便撒手人寰了。他死得太早了。他的早死，给后世带来了极大的不幸。按照尼采的说法，从耶稣的弟子保罗开始，“**在原则上抛弃了原初的基督教**”，“**它变成了异教的神秘学，而且学会了同整个国家组织搞默契**”，“**它发动战争，设立法庭，严刑拷问，指天**

发誓，煽动仇恨，无恶不作”。耶稣的学说或被歪曲，或被篡改，总之被他的后人糟蹋和利用，远离了他的初衷。

尼采说，耶稣本来提示了一种真正的生命，一种和通常生命对立的真理中的生命，因为耶稣最讨厌的就是“永恒化的彼岸”、人格的永生。尼采还认为，耶稣也反对教区内的等级制度。还说：**“他从未答应过论功行赏的事，他怎么能去谈论彼岸的赏与罚呢！”**

耶稣被罗马统治者处死了，他的教义也随之被他的门徒们扼杀了，埋葬了。所以尼采指出，**“真正的基督徒只有一个，他已经被钉死在十字架上”**。

尼采还指出：“这乃是事情的幽默所在，一种悲剧式的幽默。因为，正是保罗大树特树了基督生前所厌弃的东西。最后，当教会羽翼丰满的时候，它甚至主宰了国家的命运。”

耶稣从事传教活动的时候，似乎并没有创立一个新宗教的意图。他没有提出过任何反对犹太教基本教义的主张。相反，他是一个虔诚的犹太教徒。他只是反对犹太教的祭司贵族们的腐化生活和法利赛人的假冒伪善、哗众取宠，只是反对犹太教的教条主义和繁琐礼仪。

只有一点，耶稣自称是“上帝的儿子”——弥赛亚（救世主），这一点是基督徒和犹太教徒的分歧。犹太教徒盼望弥赛亚的降临，认为真正的弥赛亚还没有到来，应该继续等待。而耶稣的信徒们认为弥赛亚已经来临，他就是拿撒勒人耶稣基督。

根据《新约》的记述，耶稣被出卖的那天，他在最后的晚餐上，当着他的十二位门徒，代表上帝和人类订立了新约，以取代摩西时代上帝与以色列人订立的旧约。这当然不被传统的犹太教承认。

这种分歧发展的结果，就是凡不承认耶稣是弥赛亚并不接受新约的就仍是犹太教徒，凡承认耶稣是弥赛亚并接受新约的就成为基督徒。基督教（Christianity）便由此问世，落户人间。

基督教后来又分裂成许多教派，其中信徒人数最多、历史最悠久的单一教会是罗马公教（Roman Catholicism），在中国称为天主教，其他较大的有东正教、新教。新教即“抗罗宗”(Protestantism),在中国这一教派称为“基督教”。

我们现在在这本书里所讲的基督教，本当是包括各派在内的总称，不过，尼采所针对的是它本来意义上的基督教，重点是在罗马公教。

其实，基督教原本没有自己的经书典籍，原始基督徒社团都沿用犹太教经典。后来，各社团又各自编制了一些传教材料。这些材料有的是根据跟随过耶稣的人讲述的亲身见闻，有的则是经过转述的传闻，讲述者又往往加上一些个人的解释和附会。因此，各社团的材料杂乱不一，自相矛盾，经过多次筛选才达到基本统一。筛选本编订成书后，逐渐被各个社团所接受，这便是《新约全书》。犹太教经典继续使用，称为《旧约全书》。翻看过《圣经》的人都知道，其中的绝大部分是《旧约全书》，基督教自己编写的《新约全书》只不过是其中的很小一部分。

基督教逐渐发展起了自己的系统的教义和神学，逐渐建立起了一套较成熟的组织形式。

早期基督徒犹太人居多，那时候他们还没有完全脱离犹太教，他们还参加犹太教的一切活动，也参加犹太人反抗罗马统治者的起义。后来，随着社团的不断发展，外邦人基督徒渐渐占据了多数。这些非犹太人基督徒的政治倾向日渐影响了社团的政治态度，冲淡了他们与罗马统治者敌对的情绪，同时却逐步加深了与犹太教徒的隔阂。

公元135年，犹太人最后一次举行反对罗马统治的民族起义。在这次起义中，基督徒采取了袖手旁观的态度。起义失败了，基督徒便从犹太教中分裂出来，使基督教成为一个独立的宗教。它起初是下层人民的宗教，其后逐步为统治者所利用。公元392年，基督教成了罗马帝国的国教。

此后的基督教更违背了耶稣关于不要同凡俗同流合污的教导，而把基督教全部政治化。它把一切野蛮的统治引入教会，在世界三分之一的人口中建立起一个等级森严的具有宗教裁判权的基督教王国。

此后的基督教更违背了耶稣关于反对金钱统治的训示，而把基督教商业化。金本位被引进教会，花钱就可以“赎罪”，它还收取什一税，以及用各种名目聚敛财富。

此后的基督教更无视耶稣关于不报复和爱人的教导，把基督教的教义建立在复仇和赎罪的蛊惑上，并且用严酷的惩罚来压抑人性，鼓吹禁欲，剥夺科学研究和艺术创造的自由。

基督教离耶稣的初衷越来越远了。

尼采在《反基督徒》一书中，揭露教士们假借“上帝的意志”要信徒们向他们缴纳各种捐税，一针见血地指出这是“教士们靠‘罪孽’过日子”。

他还指出，基督徒对自己和对别人都有虐待意志、迫害意志，他们怨恨所有和他们思想不同的人，把这些人统统称之为异教徒。

他还指出，“福音”把人们带入了一个病弱的世界，人们都变得像俄国小说中的那些社会渣滓、狂人和白痴。

如果要说叛教者的话，按尼采的说法，耶稣以后保罗及其门徒和门徒的门徒们正是不折不扣的叛教者，是他们背叛了耶稣基督。

教士的权杖

上帝这个概念成了教士手中的工具。

教士虽然说是上帝的使者，但是如前面所说，上帝自身也只是个幻影，只是个信仰。他什么都没有，什么也不能给他的教士们。不是么？就连《圣经》，上帝的教义教条，都是历代教士们自己编撰出来的。

教士也是人，和凡夫俗子一样，吃、穿、住、行样样都不能少。而且随着现代物质文明和人类生活水平的提高，他们的生活需求也在相应地改变、增长。他们渴求得到和常人一样的实际的满足，物质的和精神的满足，生理的和心理的满足。

他们既不从事农业生产，又不从事工业生产，更不能从事动摇基督教神学的科学事业（某些在神学研究之余偶尔从事一些科学研究的新教教士除外）。在现代商品经济的社会里，他们用什么办法去获得自己所需要的货币，以购买所需要的生活用品，以维持和发展教会的事业呢？

他们的经济来源主要是善男信女向上帝的供奉。当然，也还有教会用这些供奉投资的产业收益。

人们常说"靠山吃山，靠水吃水"，看来教士也是靠上帝吃饭的。这话倒过来说就是：为了吃饭得靠上帝，离开上帝便没得饭吃。说白了，就是上帝授给了教士们以统领天下教民的权杖，他们正是靠着这权杖来支撑教廷和教会大厦，来给自己避寒果腹的。

在中世纪，教会异常腐败，常常大量出售"赎罪券"（或称"赦罪符"）

以搜刮民财。1517年，罗马教皇利奥十世以修建圣彼得大教堂为名，在德国推销赎罪券。教会出售这种券的时候声称，教徒买了这种券以后，不仅以往所犯的罪，就是将来所犯的罪，全都可以被赦免。而且，还可以为已死的人买赎罪券，使他们立刻脱免罪罚。这种荒谬的宣传不仅引起了广大教民的反感，也在神学界引起了争论，进而最终诱发了教会的分裂和新教的产生。

新教实际上是顺应了各国封建主反对教皇的政治权威、渴望摆脱教会的政治控制和经济搜刮的愿望，也满足了新兴资产阶级和新贵族的精神需要，因而得以很快发展。尽管其中有些派别主张苦修、云游，但是这不可能有大的发展。此外有的教士同情穷人，发动和领导农民起义，但是遭到血腥镇压，也受到新、旧教会的共同反对。至于东正教，则更早地被各国的君主所控制。

教会和政治，教会和统治者，就这样纠结在一起，联手利用上帝。

所以，尼采说：**“上帝这个概念，成了教士手中的工具。”**

上帝本来就是不存在的，如今便只剩下这么个臆造的概念了。这个概念之所以还有用处，因为它被教士们当作了政治手段，也当作了谋生手段。

教士们在上帝的圣殿里日夜忙碌地操劳着。他们干些什么呢？主要有：

人们每工作、学习或闲居、玩乐六天后，必须来到教堂礼拜上帝，向上帝祈祷，求上帝祝福。如果做了或想了有违教规的事，必须随时向上帝（其实是向教士）忏悔，求上帝宽恕。

小儿出生后，必须行入教洗礼，意在洗涤他的原罪。所谓原罪，就是他从娘胎里带来的罪，也就是要他继续背负的他的祖先的罪，人类始祖亚当、夏娃的罪。质而言之，生就是罪。向闻有“罪该万死”之说，如今是否应该改为“罪不当生”呢？

人们成年后结婚，要到教堂举行婚礼，男女双方要向上帝作出婚姻承诺，以获得上帝的恩准和赐福，以获得教会对婚约的认可和保障。在老教规里，离婚是不允许的。离婚比通奸的罪孽还要大，应受的惩罚还要重。

人死之后，要举行宗教葬礼，以求上帝宽恕他的罪孽，得到灵魂的安息，并请求升入天国。看来，上帝大概从来没有真的宽恕过什么人。如果他真的宽恕了死者的罪孽，那么，人类祖先的后人哪来的“原罪”？

除了上述几种典礼而外，还有诸多集体的礼拜、弥撒以及其他的圣典。

这些便是教士在上帝名义下的大作为。

教士，各级神职人员，顾名思义，是在上帝和民众之间传播信息的专职人员。他们的职司是把上帝的恩泽、博爱、赐福带给迷茫的信徒，把上帝的劝世箴言带给负罪的羔羊；同时把罪恶的灵魂引荐给上帝，代上帝对他们施以惩罚，也便于他们忏悔、赎罪，以求得上帝的宽恕、赦免。

正是根据这些，尼采指出，教士们实际上是凭借教民们的“罪”来谋生的。人不仅有本罪还有原罪，当然害怕教士们所宣传的那些惩罚，于是便不得不请求教士们的帮助，在他们的指引下乞求上帝的宽恕。

人们也许自感无罪，问心无愧。那也不成，教士们会设法给人们编织出一些罪名来。比如在《旧约·十诫》中，除了不得盗窃、杀人等条款外，还规定要崇拜上帝，不许直称上帝的名讳等等。即便你是一个善良的人，本分地工作、生活，但很久不去教堂，或者很久不做祈祷和忏悔，或者干脆不信仰上帝，或者同时信奉别的神，或者崇拜偶像，这都是罪孽。

罪名越多，教会的赎罪收益也就越大。至于反对偶像崇拜这类教规是如何地同崇拜上帝这个偶像相矛盾，教士们从不经意，教民们也木然罔顾。

基督教让人们产生一种负罪感，并且终生怀揣着不断增强着这种负罪感。所以尼采指出，基督教造就了不同于东方文化的西方的“罪感文化”。

在这一点上，天主教和新教都是一样的。其区别只在于，天主教会有权代替上帝赦免人们的罪，而新教规定赦罪的决定权在上帝，教士只是引导人们悔悟。

所以，尼采又说：**“教士靠‘罪恶’过活，他们需要人们犯罪，好向他们忏悔。最高规训是：‘上帝宽恕悔改者’——事实上是：好使悔改者服从教士。”**

教士的权力是靠他们自己编造出来的“上帝的意志”来保障的。

教士的权力便是他们获得财富的来源。

一个庞大的基督教王国，就这样靠“上帝”这根顶梁柱支撑着。一旦支柱倾倒，整个王国大厦便会坍塌，教士们便无所适从。

黑衣人的自作孽

那个被他们称之为造物主的人把他们锁禁着。

一天，查拉图斯特拉和他的弟子们经过基督教教堂，从一些教士们身旁走过。教士们所尊奉的教义虽然是他的学说的宿敌，但是他指示他的弟子们剑不出鞘地悄悄走过去，不要和他们争执。

在查拉图斯特拉眼里，这些教士们也是苦难的承受者。那个被他们称之为造物主的神明，把他们锁铐着，禁锢着。他们的一生都已经奉献给他们的“神”，做“神”的忠实的仆役。

尼采指出，这些教士们失去了自主的权力，失去了人生的乐趣。他们实际上都是囚徒，身上都带着罪恶的标记。在黑色长袍的包裹中，他们过着没有生气的生活。他们的活动唯有说教。而在他们说教的时候，查拉图斯特拉嗅出了太平间的腐臭气息。

尼采又略带几分嘲讽地说，他们当中也有英雄。他们身受许多痛苦，还要把那个压抑他们、带给他们苦难的幻影称为“神”，对之顶礼膜拜，这是很需要几分英勇牺牲精神的。看来，其中不是颇有几分英雄气概吗？

尼采继而揭露，他们胸藏卑微的报复心。他们并不是要向那个锁禁他们的至高无上的神施行报复，他们没有这个胆量，也没有这种悟性。他们只是有意无意地找来无辜的替罪羊。这就是说，他们要把自己的痛苦转嫁到别人头上。他们作为神的牧羊师，要让他们放牧下的羊群经受苦难的煎熬。

这是一种什么伎俩？无以名之，我们姑且称之为痛苦转嫁大法，或曰怨报代偿大法。封建家长制下的恶婆婆，最是惯用这种法术的。

婆婆们在早年当儿媳妇的时候，吃了许多的苦头。正如民间流传做新媳妇难的话说，“菠菜掐根要挨打，苋菜不掐根也要挨打”，左右为难。虽说有错（菠菜根是可以吃的，苋菜根是不能吃的），但是可教而不该打。动辄举鞭，家法从事，实乃是把她们当作下饭菜、出气筒。现在自己熬成了婆婆，自然也少不得要尝尝当婆婆的滋味，要耍做婆婆的威风。旧时乡间还有一种说法，“堂屋里交椅团团转，一代媳妇一代婆”。媳妇一旦熬成了婆，便把当年她婆婆对待她的那一套清规戒律和惩罚之道如法炮制，叫她们的儿媳妇也尝尝个中滋味，以求得心理的平衡，以攫取心理的补偿。

教士们所遵循的，也正是这一套逻辑，拿来在他们的教民头上试刀。尼采无情地揭示了他们的行径：他们呼啸着，鞭挞着，忙碌地把羊群赶上崎岖的羊肠山道。在这小道上，他们画下了血的记号，把人们的灵魂钉在十字架上。他们宣称，只有血才能证明真理，才能洗清罪孽。

他们的真理何在呢？他们没有真理。他们只是无条件地信奉《圣经》所说的一切，即使其中前后矛盾（它时而说上帝用泥造了一男一女，时而又说上帝造了一男子以后，再从男子身上取一块肋骨造了个女子），他们也依然照本宣科，不敢心存疑团。即便有所疑惑，也只能埋在心里，不敢声张，还不许教民们讯问。如若有人问了，他们难以回答，岂不尴尬、难堪。所以，要是有哪个教民胆敢提出质询，轻则以“罪过”相威胁，堵住他们的嘴，重则诉诸教规，严惩不贷。

难怪尼采锐利地指出，教士们的精神是空虚的，里面全是像蜂窝一样的空格。他们不敢和人赤诚相见，唯恐被人看透了他们那颗苦痛的心。他们用黑袍紧紧裹着自己，因为他们害怕别人看见他们的精神裸体，害怕暴露他们的思想灵魂。

应当看到，许多教士本质上是善良的。他们只是被上级教士婆婆们说教得多了，就相信了那一套，或者不敢不信奉那一套。于是，在教民们面前，他们自己也变成了婆婆。他们不仅希望洗刷自己的罪恶，还致力于引导众生赎罪。他们这样做的动机，多数是出于善良和博爱的。

这些教士，这些牧羊人，其实他们自己也还是负罪的羔羊呢！所以，尼采说他们也是受苦者。

“这些负罪者，匍匐在地，双膝在忏悔的台阶上爬着。他们要用屈辱去洗清罪孽。”“我宁愿看见一个无耻之徒，而不愿看见他们这双被羞辱和虔诚所压抑的眼睛。”查拉图斯特拉如是说。

是啊，这些不幸的牧羊人，该想想自己的境遇了。

考琳·麦卡洛的名著《荆棘鸟》，给人们传来了一个新的信息：拉尔夫神甫试图跳出藩篱。为了自己的生命的欢乐，满足自己的人性的需求，也为了他的心爱的梅吉，为了他们的纯真的爱，他不顾一切地冲出教规的囹圄，撕破禁欲的罗网，偷吃了教廷的禁果。

然而不幸的是，几经较量，拉尔夫追逐教会权力的意志终究迷蒙蛊惑了他那颗滚烫火热的心（同样不幸的是，这也给尼采的“权力意志”作了一个不祥的注脚）。最后，他——他的肉体和灵魂，他的全部生命和意力，通通被虚幻吞噬了，连同他那忍痛割爱所换来的虚幻的主教红袍。

安息吧，拉尔夫·拉乌尔·德·布里克萨特红衣主教。

阿门！

十字架和菩提树

我希望我对基督教提出指责不至于使我陷入对另一个拥有较多信徒的宗教的任何偏倚中：佛教。

耶稣基督在十字架上殉道，由此基督教以十字架为标识。佛祖释迦牟尼在菩提树下得道，由此佛教以菩提树为象征。

不晓得读者是否有过这样的心理体验：十字架给人的感觉和联想往往是灾难，罪恶，仇恨，死亡；菩提树给人的感觉和联想往往是祥和，如意，宽怀，解脱。这，想必不会是由十字架和菩提树的自然属性所造成的。

也许正是由于这两种宗教对待生命存在的不同态度，致使尼采对二者采取了不同的方针。尼采从自己的超人哲学的基点出发，集中全力抨击基督教。

这并不是说，尼采就认同了佛教。非也。

尼采在《反基督徒》一书里公正地指出：“**这两种宗教都属于虚无主义——都是颓废的宗教。**”他还曾经把叔本华的思想称之为“佛教徒的虚无意志”，因而从其影响中解脱出来。这也足见他对佛教的批判态度。

尼采之言不虚，这从禅宗的一则故事可以洞悉个中玄机。禅宗五祖弘忍为选择嗣法弟子，召弟子作偈。上座神秀偈曰：“身是菩提树，心为明镜台；时时勤拂拭，莫使有尘埃。”慧能继而偈曰：“菩提本无树，明镜亦非台；本来无一物，何处惹尘埃！”他把“空即是色”“色即是空”的佛教教义阐释得甚为透彻，四大皆空，一切都是虚无。由是，慧能接过了五祖的衣钵。这就是著名的禅宗六祖。

尼采为了表明他的不偏不倚，特别声明：**“我希望我对基督教提出指责不至于使我陷入对另一个拥有较多信徒的宗教的任何偏倚之中：佛教。”**

尽管如此，尼采毕竟还是毫不留情地指责了基督教，确切地说指责了在欧洲占有思想统治地位的基督教文化。尼采是从文化的角度批评基督教的，也就是从这个角度出发，他细细研究了佛教和基督教的“显著的区别”。

按照目前公认的说法，佛教（Buddhism）兴起于公元前5世纪。它的创始人姓乔达摩，名悉达多，生于公元前563年前后。他出身于今尼泊尔南部边境武士氏族释迦族，是净饭王的儿子，号释迦牟尼。佛陀，简译佛，是他的称号，意为“觉悟者”。他生在王室，养尊处优，十六岁那年同表妹耶输陀罗结婚。但是，他不满于这种世俗奢侈生活。他广猎群书，可浩瀚的哲学著作令他无所适从。于是，他四处游历，寻求真理。

大约在三十五岁的时候，他在菩提伽耶村的一株菩提树下打坐一夜，天将黎明时分，顿然大彻大悟，觉证“四谛”“八正道”。这是不是该叫作坐地成佛了呢——姑妄言之。

他八十岁那年，最后一次北上布道。一天傍晚，他在两株娑罗树之间的卧榻上向右侧卧，心识宁静，神态安详，对众比丘说：“诸有为法，悉皆无常，精勤行道，慎勿放逸。”言毕而逝。这就是一般世人所理解的佛语涅槃、圆寂。

从这个文化层次和佛陀经典的哲理系统来看，佛教已经胜过基督教一筹了。所以，尼采赞叹**“佛教思想运动必得产生于较高的甚至是学者的阶层”**。他还指出：**“客观而冷静地提出问题是它的一宗遗产，因为它产生于一个经过几百年发展的哲学运动。”**

佛陀认为，人生是苦的，苦的原因首先在贪，苦因是可灭的，为此要修证正道。

尼采指出，这不像基督教那样说人是有罪的，它不要求人们毫无意义地“忏悔”“赎罪”。他还认为，“佛教远离那些道德概念的自欺”，佛教“远比基督教‘写实’”，它“是历史上唯一真正实证的宗教”。

佛陀认为，有没有最高神明，信不信最高神明，这对于了悟生命和宇宙的真正性质来说，无关紧要，重要的是自我努力正知正行，自救自度，超越尘世。佛之所以受人崇敬，那是因为，他是给人指引迷津的导师，尽管许多僧众和普通信众也奉他为赐福化灾的救世主，因而焚香祷告，匍匐膜拜。

佛陀不认为世界万物有某种外在的造因，更不认为世界万物都是由什么自在天神所造。据《佛所行赞》记述，佛陀曾经论辩道：“假如这个世界为自在天神所造……那么，世间应无烦恼或不幸之事，更无行邪行正问题；否则，无论是清净还是不净的行为，都出于自在天神了。”又说：“假如自在天神是万物的造主，所有一切的生物都应该默然匍匐于这位造物主的神权之下，那么，积德修善又有何用？那样的话，行善行恶就没有两样了。”

据此，佛陀断定：“关于自在天神的观念，已经在这个讨论中被推翻了。”

这正和尼采否认天神，否认上帝，不信救世主、造物主，主张靠自我创造、自我超越的思想相吻合。

佛教没有基督教那样的宗教王国。它不给善男信女们任何组织约束，对一般信众没有繁缛的祈祷和典礼仪规，没有宗教课税，没有“你必须”这样、“你必须”那样的无上命令，没有任何强制。不仅对信众是如此，即使在僧团中也没有强迫，甚至连出家人还俗都是比较自由的。它从不把放弃佛教信仰的人仇视为“叛教者”，更不会去施以无情的惩罚。

基于这同一宗旨，佛教不主张敌视思想不同、信仰不同的人，恰恰相反，它反对仇恨、憎恨、怨恨的情感。

尼采颇为欣赏“不以仇止仇”的佛教教义。他说，**“这是整个佛教令人感怀之举”**。他笔下查拉图斯特拉被蛇咬之后的态度（将在后面细述），就和佛教相似。

尼采对佛教的这种教义感叹不已。他在自传里谈到，他得益于佛陀的教义匪浅。他称赞“这位心理学家”使他在病中摆脱了怨恨，从而增进了心理的和生理的健康。尼采如此写道：

> 那位学识渊深的心理学家，佛祖释迦，最精于此道。他的“宗教”，为了避免把它同基督教般的可怜物相混淆，我们最好称之为摄生学，这门学问生效的程度取决于克制怨恨的程度。让心灵摆脱怨恨——这是走向康复的第一步。“冤冤相报，了无终止；以德报怨，怨恨斯已”；这是佛祖教义的开篇——这不是道德的主张，而是生理学的主张。由虚弱造成的怨恨对弱者自身的危害最大——换一种情况，对精力充沛的人来说，怨恨就是多余的情感，对怨恨的克制甚至就是精力充沛的证明。

佛教讲究修性，摄生，灭贪爱，节饮食，求清心寡欲，图避祸消灾，而且把善良和慈悲也当作摄生的手段。这从医学上来讲，是有一定道理的。尼采认为，这也有别于基督教的压抑和戕害生命。

了解了基督教和佛教的这些区别，就不难理解尼采为什么把批判的矛头指向基督教了。

尼采逝世已经一个多世纪。一百多年来，世界发生了巨大的变化。社会在不断改革中前进，宗教也在不断改革、发展，不断适应社会的变化。佛教发展了，变化了。基督教也发展了，变化了。它已经不是当年尼采笔下的基督教了。

第二次世界大战之后，迫于许多重大社会变革引起的尖锐的教会危机，梵蒂冈罗马教廷在1962年到1965年之间，先后由教皇约翰二十三世和保罗六世主持召开了第二届梵蒂冈大公会议（首届会议举行于1869——1870年），会议代表达两千八百多人，来自世界各教区。这次长跨四个年度的会议，终于就以下问题达成了共识：

其一，在思想上认清了当代世界政治、经济、意识形态等方面发生的重大变化和教会所处的时代环境。

其二，拟定了使天主教仪式、教会组织和政策适合现代形势的重要措施。

其三，号召基督教各派合一，对历史上的教会分裂作了反省，强调对东正教和新教求同存异，尊重互让。

其四，决定同世界上所有宗教派别对话，也愿意同无神论者包括共产党人对话，改变其原来的敌视态度。

这次会议导致了一场新的宗教改革。在一定程度上，这也可以看作是天主教教士和信徒的思想和个性的解放。

新教和东正教也都有类似的举措。

这些宗教的改革也都不能不承认科学和艺术的自由。

现代的基督教比之于尼采那个时代的基督教是有改进了。

当然这还不是尼采所期望的，也不可能去满足他的企望。

基督教社会和它的天国，同我们将要在后面讲述的尼采所梦想的超人世界——“极北净土”，毕竟相去何止十万八千里，那是不折不扣的天壤之别！

悲剧哲学

尼采的一生是短促的，而且几次卧病，尤其是后十年患了脑病，完全失去了思考和写作的能力，尽管如此，他仍然给后世留下了甚为丰富的著述。

他的主要著作有：《悲剧的诞生》《反时代的考察》《人性的，太人性的》《善恶的彼岸》《瞧，这个人》《反基督徒》《查拉图斯特拉如是说》，以及他逝世后由他妹妹将他的笔记整理出版的《权力意志——重估一切价值的尝试》，等等。这些著作给尼采的哲学编织了一个绚丽的花环。

尼采说，他的哲学是悲剧哲学，他是第一个悲剧哲学家。

的确，他的哲学是为了解脱人生苦难而希求超凡脱俗的哲学。他的哲学的中心思想，是在冲破神权的精神桎梏，争得人生的自主权力，清除人类的奴性重负，实现人类的自我超越，到达一个如梦如幻的仙境般的“超人”世界。

为了实现这一梦想，人类需要经历许多世代的难以数计的磨难，需要付出难以想象的代价。此情此景，酷似希腊悲剧。尼采就是它的编创和导演。

尼采不仅是个悲剧哲学家，他本人也是这悲剧的主角，他的一生充满了悲剧英雄的色彩。

遗憾的是，他虽然具有奉献于人类的心志，却又否定利他主义、民主主义而奉行个人主义、个人英雄主义，自己把自己赶上了离群的孤寂的人生旅程。这也是造成他的人生悲剧的一个重要原因。

啼血惊世

在我的著作中，《查拉图斯特拉如是说》占有一个特殊的位置。

前面提到，尼采的哲学是关于生命的哲学。说得具体一点，就是关于苦难中的人类生命求得身心健壮发展的哲学，关于人类生命如何升华进入崭新形态的哲学。

尼采自己给自己提出这样的任务：“**需要有一种学说，它要坚强有力，足以达到教化的目的。即强化强者，麻痹和摧毁厌世思想。**”他履行了这一使命，创立了他的超人学说。

他宣称：“**我们的哲学提出了这样一种战无不胜的思想，任何别的思维方式到头来都会因它的出现而归于灭亡。这就是伟大的教化思想。**”

他又说：“**我要教导你们一种思想，它授权许多人消灭自身的存在——这是伟大的教化思想。**”

尼采认为，他这教化思想是一大发明，是独一无二的，至高无上的。

这种教化思想的实质，就是要改造平庸之辈，以便为未来的新人打下基础。他说“授权许多人消灭自身的存在”，这无非就是教会他们自我修养，自我“增进”，自我“提升”，自我“超越”，就是教会他们把旧我造化为新我。这也就是一种指引人们摆脱奴性、平庸而奋发图强的思想。所以，我们不妨又把尼采的这种哲学叫作自主哲学、自强哲学。

尼采的著作几乎都是围绕这个中心主题展开的。《查拉图斯特拉如是说》

比较集中地从多方面阐明了尼采的思想，是尼采的代表作。就我们所知，最早用中译文将这部书介绍给中国读者的，是鲁迅翻译的《察罗杜斯德罗序言》，1918年刊登于《新潮》杂志。

《查拉图斯特拉如是说》是一部用散文诗为形式写成的哲学著作。尼采的震撼世界的学说，主要是在这部著作里完成的。这部著作标志着尼采哲学思想的登峰造极。

尼采以这部书而自豪，他毫不掩饰地称它是“世上独一无二的”。所以他宣称，“我以这部书作为给人类的空前伟大的赠礼”。

在这部书里，尼采塑造了一个思想家——查拉图斯特拉。这位思想家在而立之年立下宏愿，要为世人求取生活真理。他背井离乡，隐逸山林，品味孤独，苦苦求索。十年过去，他已然是一位不惑壮汉。他有感于太阳的伟大，把自己的光辉洒向人间；他受到太阳的启迪，把教化世人当作幸福的源泉。

他，查拉图斯特拉，就是作者的化身，就是作者弗里德里希·尼采的另一个名号。

“路漫漫其修远兮，吾将上下而求索。”尼采的精神和屈原是相通的。他一生都在求索，向那未经探测的海洋求索生命超升的真理。他自动地提出了并且承担起了教化人类的艰巨使命。他要把自己的智慧馈赠给人类，他希望人们伸出双手来接受他的赠礼。

查拉图斯特拉生动地阐释了超人学说，展现了迈向超人的阶梯和虹桥，以及攀登和跨越的自强之路。

查拉图斯特拉形象地演示了永恒重现的观念，返回天真无邪的孩提王国，以及为之而奋斗的雄狮精神。

查拉图斯特拉热情洋溢地讴歌了生命和生命力，气宇昂扬地激励着人们革旧创新，不断增进自我，超越自我。

查拉图斯特拉勇猛地抨击了虚幻的上帝天国和基督教的救世哲学，无情地鞭挞了基督教道德奴役下的社会丑行。

查拉图斯特拉深刻地揭露了现代生活中人性的泯灭，人权的丧失，戳穿了帝国政治的腐败的本质。

但愿人们不再痴迷，“聪明人”不再陶醉于自己的愚蠢，穷苦人不再安乐于自己的“富足”，伸出手来接下这份赠礼。尼采抱着这种深切的期望，把他的《查拉图斯特拉如是说》奉献给人类。

为此目的，他把自己的赠礼精雕细刻，装点得富丽堂皇而又兼备优雅别致。它是一部诗，一部韵律铿锵的散文诗；它是一首歌，一首超越自我的生命颂歌。用他自己的话说，“我整本的《查拉图斯特拉如是说》就是一首盛赞孤独的酒后狂歌”。

在这里，没有沉闷得令人窒息的学究气息，没有脱离人世生活的空泛的呓语，却有山顶雄风般的豪壮，有发自人世苦难中的斗争的号角。

在这里，没有深奥艰涩的思辨哲学概念，没有枯燥无味的经院式的陈词滥调，却有饱含着深沉思索的高亢旋律，有蕴藏着生命强力的壮美音韵。

尼采毫不客气地说：

“查拉图斯特拉文思潮涌洋溢，辩才渗透乐曲，在他面前再也谈不上别的什么智慧，什么心灵的火光，什么语言的艺术。”

“我自诩，通过《查拉图斯特拉如是说》这本书，我已经把德国语言带到了它的最高境界。德国文学在路德和歌德之后，必须迈出第三大步了。”

这自夸虽然过分，不过你可知道，这是名副其实的呕心沥血之作，如他自己所说，是“用血写作”的书。

《查拉图斯特拉如是说》前三卷分别写作于1883年1月，同年6月和1884年1月。写作虽然没有花费多少时间，但是包含着他几十年间积聚的力量。

写作期间，正当他最后一次恋爱失败，备受痛苦的煎熬；妹妹又跟他不和，思想上的分歧越来越大，特别是她追随一个反犹太的头目，并且准备和他结婚，终于导致了兄妹决裂。他本人的健康状况也越来越糟，长期的慢性体力衰退，经常的剧烈头痛，双眼视力下降，腰背也难以直起了。他开始怀疑这是精神病的早期症状。

《查拉图斯特拉如是说》前三卷出版后，不但没有获得知音，反而有些人说三道四，甚至嘲讽辱骂，这对尼采的打击更为沉重。但是，他凭着坚忍不拔、顽强奋斗的精神挺住了。他继续写第4卷。

终于，他胜利了。他向人们奉献出了他的全部心血。他也因此而感到无比的欣慰和幸福。所以，他十分得意地自我称道这首“酒后狂歌”，“赞美洁净的长歌”，他为此而自豪。

祸兮福所倚，福兮祸所伏。可惜尼采只参悟得一半。

尼采只知道有决定意义的大事往往成功于苦难之中，却不知道幸福之中也会孕育着灾难。

除开他的学说的某些内容谬误而外，正是因为这个曾经给他以无比自豪和无比幸福的象征性的、文学化的形式，这个不用精确的科学语言来鲜明地而又准确无误地表达的方式，最容易导致他的哲学思想被曲解，所以便由此种下了被德国法西斯利用的祸根。

权力意志

我们的物理学家所用的创造了上帝和世界的那个无往而不胜的“力”的概念，仍旧需要加以充实。

尼采说，“**‘生命’的定义应该这样来下，即它是力的确定过程的永久形式。**”又说，“**生命仅仅是到达目的的手段，因为生命乃是权力增长形式的表现。**”

力学在近代自然科学的发展中起过重大的作用，而且对哲学也产生了很大的影响。尼采的哲学就是以他所说的“力本学”为立足点的。当时的另一位哲学家斯宾塞也是十分看重“力”的，他认为力是“现象”背后的“实体”，一种不可知的“实体”。与此不同的是，尼采是从主观方面来讲的。他讲“生命本质上是追求更多的力”，并给这个“力”“充实”了一种“内在的意义”。

尼采写道：“**把一种内在的意义赋予这个概念，我称之为‘权力意志’，即贪得无厌地要求增长权力，或者，作为创造性的本能来运用、来行使权力，等等。**”

生命的创造性本能要求增长权力，行使权力，是故至今的译本通译为“权力意志”。也有其他的译法，例如朱安、武国强等的译著《哲学的故事》，周红翻译的尼采的《论道德的谱系》，均译作“强力意志”。陈鼓应的《悲剧哲学家尼采》设有专章讨论，主张译为“冲创意志”。

The Will to Power（德文Der Wille zur Macht），想必是从叔本华的The Will

to Live（生存意志）脱胎而来的。power的意思就是力，力量。但是，它又不同于force。据词典解释，power是一个内涵十分宽泛的概念。它既含有体力，又含有心力，而且还含有能动的意味。难怪洗衣机“小霸王”，中德合资生产的洗衣粉“活力28”的“活力”，它们都是用的power这个英译词，电脑开关的英文标识也常用这个词。所以，我们这本书不妨也仍旧沿用旧译“权力意志”，只是不要把它和人们常讲的权力欲（特别是统治权力欲）完全等量齐观。

如果我们理解得不错的话，“权力意志”包含有个两方面的意思。一方面是图谋得到和扩张自己的主宰权力，那就是治权，即治人之权，譬如神权、王权、霸权等等统治权力，譬如族权、父权、夫权等等决定权力和制服权力；另一方面是维护和行使人类生命本应具备的、本该享有的自主权力，即自我主宰权力，不受他人主宰的权力，通俗地说那就是人权，譬如自立、自足、自由、自尊等等独立生存权力和独立人格权力，譬如从事政治活动的民主权力，包括用于政府官员的选举权、监督权、罢免权，用于政府公务的知情权、评议权、表决权等等。

遗憾的是，在尼采那里，既讲了主宰他人的权力，也讲了个人自主的权力，却唯独不讲民主权力，反之倒是推崇精英族的专制权力。

主宰权力和自我主宰权力，支配权力和自我支配权力，这是相互对立的。他们错综复杂地纠缠着，互相争斗着。“最强有力的本能，生命本身的本能即制服欲”。主宰者、支配者要施行和巩固其统治，被主宰者、被支配者却要摆脱直到推翻其统治，乃至反过来制服他们，统治他们。这种斗争有时候是非常激烈的，非常残酷的，甚至是你死我活的。尼采为我们勾画出了这种制服和反制服、支配和反支配、吞噬和反吞噬的争斗图景。

凡有生物的地方，便有强者和弱者。强者制服弱者，弱者屈服于强者。但是，强和弱是相对而言的。弱者对于强者，他是弱者；对于比他更弱的弱者，他又是强者。于是，他又去制服比他更弱的弱者。尼采说这是“怕强欺弱”，用我们的俗话来讲就是“欺软怕硬”，也可谓“大鱼吃小鱼，小鱼吃虾米”。这些，都生动而又深刻地道出了强权霸道下的世间情境。

弱者也在图强，他们公开地和隐蔽地向强者发起挑战。比如，在拳击、棋类等竞赛中，就常有向拳王、棋王公开挑战的。被压迫人民的革命斗争，殖民地人民的独立运动，也是属于此列。至于隐蔽的挑战，正如尼采所形容的，是潜入强者的城堡和内心，窃取他们的权力。

周瑜打黄盖，施行苦肉计，大概可以算作是一种隐蔽的挑战吧。当年曹操手揽汉王室统治大权，为统一江南，亲率大军南下。大兵压境，周瑜自感势难抵挡，便用了这一计策。曹孟德虽然足智多谋，也难免中计。此前，他轻信蒋干从周瑜处盗得的伪造书信，误杀了蔡瑁、张允两员谙熟水战的大将，如今又被这苦肉计弄得五迷三道，终不免兵败赤壁。

拍马屁虽然有失体统，恐怕也算得是某些卑微的弱者向强者隐蔽挑战的一种方式。所以，有这样的谚语："拍马是为了骑马。"栽倒在马屁精面前的，为数也不在少。

弱者的隐蔽挑战意在消蚀强者的进取心，麻痹其图强意志和消磨其图强力，以达到取其权力而代之的目的。其实这种行为本身就包含一种支配力，就包含对强者的支配成分。这是你中有我，我中有你；主宰中有臣服，臣服中有主宰。最终鹿死谁手还未可知。正如俗话所说：谁笑到最后，谁就笑得最好。

有时候的确像尼采所说的，"**最弱的但是最聪明的人使自己成为主人，愚蠢的权势者倒成了自身的奴隶**"。所以强者若想维护自己的地位，且不说保住主宰权力，即便是维护自己的自主权力，也必须敢冒风险，付出代价，继续图强。

总而言之，世间充斥着图强力的较量，支配力的冲撞，权力的斗争。这斗争又如此的错综复杂，残酷无情，竟至你死我活。一切生命就在这斗争中发展，演进，创新。这里最重要的是取得自主权力，是自我斗争，战胜自我，超越自我。只有不断预防和清除自身的惰性、懦性、奴性，包括接受阿谀奉承甘愿受人支使而被人牵着鼻子走的奴性，才能立于不败之地。

尼采的"权力"论是有重大缺陷的。其一，他错误地把求取权力看作行为的唯一动机力。要知道，除了政客而外，即使是管理者的管理行为，也不都是出于权力动机，更重要的还有成就动机、亲和动机。其二，他把权力仅仅看作目的，而忽视权力也可以是手段。其三，尤其错误的是，他把权力看作个人目的，看作个人自我扩张的内容。

动机学家麦克里兰（Mc Clelland）告诉我们，权力动机是有个人权力动机和组织权力动机的区分的。前者倾向于满足个人权力欲，只关心个人利益，回避组织责任；后者倾向于以权力为手段，关注组织利益，追求问题的解决和绩效的提高。

有些人嗜好舞权弄权，说什么“有权不用，过期作废”。他们不择手段地争权要权，甚至抢权夺权。一朝权力在握，他们便唯我独尊，作威作福，打击别人，抬高自己，以权谋私，敛财自肥。这类人就是拿个人权力做行为动机的。尼采没有意识到吧，他的理论竟然同这类人的混世哲学有某种亲缘关系呢！

这也告诉我们，必须建立权力约束机制。无论哪一种类的权力，也无论多大多小的权力，都要受到一定的约束，都要接受应有的监督。没有约束的权力，不受监督的权力，是最最危险的。

自主权力

不竭的开创性的生命意志。

尼采使用“权力意志”这个概念，是用它来解释人们行为的动机，用来激发和推动人们的伟大创造。

他说，**“这种力量的增聚是行动的起因，是动机力。”**他认为，权力意志作为生命的内在动机力，这便是**“不竭的开创性的生命意志”**。

寻找人类行为的终极动机力，即所谓“第一推动力”，神学家们当然不费吹灰之力，便只一个“神”字就可以搪塞过去了。哲学家们却不同，他们要费尽心血，耗尽精力，作出理论的探讨，提出自己的见解。古希腊哲学家、被马克思称为“古代极伟大的思想家”的亚里士多德，经多年研究，在《形而上学》一书里深入探讨了宇宙间各个实体的不停运动的动因，提出了“不动的推动者”的说法。不过那种外在的推动力最后便演变成了神，演变成了上帝，所以尼采反其道而行之，从人们自身来探求其行为的内在动因，内在动机力。

尼采早年崇拜叔本华。叔本华认为“意志就是力量”，求生存的意志是一切物种存在的动力。在他看来，人不过是求生意志的工具。他又认为，意志使人欲望无穷，而其满足却是有限的，人生便永远深陷于这种无穷欲望和有限满足的矛盾痛苦之中，不能自拔。所以，叔本华又是个悲观主义者。后来，尼采扬弃了他的“生存意志”的观念，也丢弃了他的悲观主义。他把叔本华的这种哲学思想称之为“佛教徒的虚无意志”。

尼采努力从叔本华哲学中解脱出来。他认为，每个生命的目的不在于保存自己，而在于壮大、强盛。他认为，叔本华讲生存意志，那是有失偏颇的。因为无生命的东西没有意志，不会求生存；而存在的生命无需求生存，却需要图强。

但是，尼采的努力并不完全成功，他解脱得并不彻底。他依然还是用意志来解释生命发展的动因，还是没有摆脱叔本华的主观唯心主义的囹圄。

再者，他认为存在的生命无需求生存，这也不对，至少不全对。事实上，有许多物种正濒临灭绝，至今每年都有被灭绝的物种。即使人类，也还有许多人在死亡线上或者贫困线上挣扎。所以，只能说不应消极图存，而应积极图存，即在图强之中图存。这就好比战争中的以攻为守，以消灭敌人的积极行动来保存自己。前一节讲到的主宰权力和自我主宰权力的斗争也是如此，被奴役者通过反对奴役的斗争，挣脱被奴役的处境，争得自主权力，才能活得像个人样儿。

“权力”这个译文的确容易引起误解。因为人们日常感触到的，而且体验至深的，便是那管人、管事、管钱、管物的支配力、强制力，诸如从上层要员到基层办事人员以及从警务、医务、票务到基建、供电、运输乃至售货人员所握有的大大小小的职务权柄和势力，所以往往偏重于把权力理解为管辖和支配他人的力量。这种片面的理解，是习惯使然。

尼采与此不同，他大量地、主要地是在自我主宰权力的意义上使用权力这一概念的。其主旨是唤起人们的自主意志、主权意志、力量意志，以对抗旧有的统治权力，消灭“旧社会的权力产物”，为自我超越架设虹桥。**“权力意志即要求权力增长的意志”**。它不仅用来保存生命、保存自己，更重要的是，尼采写道：**“我认为任何已取得的提高和权力的扩大都会打开新的远景，并且称之为相信新的地平线——我的书里讲的都是这个道理。”**

旧有的统治权力中的最高权力，莫过于神权。所以尼采认为，基督教，基督教道德，就是这种统治权力。所以他集中精力反基督教，反基督教道德。

尼采说过："道德是何人的权力意志？——自从苏格拉底以来的欧洲史有个共同点，就是试图把道德的价值抬高到统治的地位，超越一切其他的价值，因而他不仅应该是生命的元首和法官，也应当是：1. 认识；2. 艺术；3. 国家和社会事务的元首和法官。"现在，基督教道德就是这样一种统治人类的"元首"和"法官"。

为什么会出现这种事态？为什么人们会俯首帖耳听命于基督教神学的教义？

尼采解释道："对于缺乏意志的人而言，最渴望、最需求的莫过于信仰了。因为作为命令的情绪意志，乃是主权和权力之间一种有差别的特征。也就是说，一个人愈是不知道应当如何下命令，便愈是迫切地渴望接受命令，而且是坚决的命令——来自神明、王公、特权阶级、医师、告白者、教义、政党意识等。"

不知道如何给自己下命令，也就是说没有自主意识，不知道如何行使、运用自主权力，尼采称这是一种"意志弊病"。软弱、依赖、迷信等等，便都是由这种意志弊病产生的。尼采说得不错，突出的例子是几乎各国都有这样那样的迷信，有些人还迷恋于种种邪教，听命于某个被神化的教主。人们需要好生想一想：为什么不能自主，为什么不能听命于自己，是不是染上了这种意志弊病？

尼采还指出，"人就是这样，他可能反驳神学的教义千百次，而一旦他需要，却仍旧可以一次又一次地接受它，把它崇奉为'真实的'，这是根据圣经上有名的'权力的证据'而来的。"尼采说得又不错。患了上述意志弊病的人，即使他们今天否弃了这个上帝，明天也还会崇奉另一个上帝，甚至给自己再造一个上帝。人们就是这样意志软弱地放弃自主权力，而服从于上帝的或其他神明和威权的主宰权力。

不是神权支配黎民百姓，便是黎民百姓抗拒神权而争得人权，争得自主权力。上帝和教会的权力是压抑生命、损害生命的。面对这种权力，人们必须克服意志弊病，必须张扬另一种权力意志，那就是对抗统治权力的自主权力意志。

尼采写道，**“权力意志。——想必就像那些以重估价值为己任的人的特性一样”**。他说，这是一种“自由意志”，“行使主权”的意志，也就是“驾驭自己的权力”这种意志。**“光辉的榜样：自然之人——最弱、最聪明的人使自己成为主人，较愚蠢的权势倒成了自己的奴隶。”**

以重估价值为己任的人，我们可以想像，这就是尼采，他就是要重估一切价值的人。他的特性就是反叛，反叛旧传统旧思想，反叛一切“旧社会的权力产物”，就是自主自强的斗争精神。同时，权力意志也表现为另一方面，尼采用以教化庸众的一面，也就是他所说的：**“权力意志是正义的（驯化）。”**所以说，尼采的性格就是他所倡导的权力意志的典型的表现。

按照尼采的这种观点，我国上世纪20年代大革命时期，在南方随着农民运动而兴起的反对神权、族权、父权、夫权的斗争，其特性想必也应当归属于运用、行使自主权力这一类别的。不过，其中的反夫权斗争，尼采这位女权否定论者势必要予以否定的吧。

然而，尼采不曾想到，这夫权原来也是上帝赋予的呢！据《圣经 · 创世记》说，上帝造下一个男人和一个女人，那女人受了蛇的引诱之后又去引诱男人，于是上帝诅咒女人，使她受分娩的痛苦并受丈夫的管辖支配。

可见尼采的反神权，并不如上述中国农民运动那么彻底，尽管后来在中国又兴起了新的造神运动。当然，按尼采的愿望来说，他是想将斗争进行到底，彻底完成他给自己提出的重大使命的。

那么，**“人怎样才能获得强大的力，怎样才能肩负起大任呢？”**尼采这样提出问题。

他接着告诉人们，人有两种力：一是“世世代代获取和积聚的力量”，一是“不辞劳苦一点一点积攒的”“美德和本领”。这二者结合成一体，就有可能**“出现一个力大无比的巨人，他可望肩负大任。因为支配我们的乃是我们的权力”**。

雄狮精神

为创造新价值而争得自由，需要雄狮的力量。

勇猛地争斗，无论处在什么位置，都需具备这种精神。为了取得和维护自主权力，更不可缺少这种精神。这种精神本身，也是权力意志的一种表现。尼采把这种精神称作雄狮精神。他还说，这种雄狮精神是精神的最后一种状态。

尼采认为，精神有三种状态，第一状态是孩童式的自由自在精神，第二状态是骆驼式的忍辱负重精神，第三状态是雄狮式的勇猛争斗精神。这三种状态表现为一个历史过程，末了雄狮还要变为孩童，再返回第一种状态。

在尼采看来，精神的原始状态是自由自在的，无拘无束的，就像一个天真烂漫的孩童。

自从人们的命运交给神明，交给至高无上的偶像以后，自由自在精神便被驱逐出了自己固有的世界。精神从此背负起了沉重的负担。一切宗教的和世俗的非人性的思想文化、伦理道德通通压在精神的肩上。精神被奴化，被按照奴隶道德的面貌驯化。这一状态下的精神为忍辱负重精神，也称为骆驼精神。

骆驼是最能吃苦耐劳的，最能忍辱负重的。它背负得越重，跑得越快。吃苦耐劳固然是一种优秀品质，忍辱负重在一定条件下也是可歌可泣的。越王勾践卧薪尝胆，其忍辱负重可谓至极，可是我们知道，这只是一张被拉弯扭曲的弓，正在积聚力量，准备将弦上的箭射向敌人的咽喉。

但是，如果像尼采所说的那样，被驯化了，被奴化了，自甘屈辱，安于屈辱，不以为辱，反以为荣，那就是一种坏品质。这类人总是被人看不起，常被人讥讽为“骆驼骨头”。

“骆驼骨头”的确是有的，为数恐怕还不少。这种人其实就是奴才。他们谦卑地拜倒在主子的脚下，唯命是从。主子一声令下：“你必须……”他们立刻并拢双脚高声答应“是”。他们只会说“是”。这便是用尼采的笔给他们勾勒的脸谱。

明朝正德年间，宦官刘瑾手下有个名叫贾桂（亦作贾贵）的小太监，在太后和刘瑾面前低三下四奴颜婢膝成了习惯，有时候人家看得起他，叫他坐下，他却谦卑地脱口回谢：“站惯了。”这一声“站惯了”，活显出一副奴才的嘴脸。在传统剧目《法门寺》里，把这一幕表现得活灵活现。

阉奴如此，其他奴才又何尝不是如此！

许多事情都是这样，惯了，习惯成自然了，精神麻木了。在主子面前是这样，在其他偶像、威权面前也是这样，一如尼采所说，人们不仅在上帝面前顶礼膜拜，而且许多人在德国古典哲学这个偶像面前也麻木不仁，盲目崇拜。尼采把有的理论权威的哲学体系比作庞大的蜘蛛网，把这种哲学家比喻为既束缚自己又束缚别人的毒蜘蛛，他号召人们挣脱这种毒网的束缚。

宋朝宰相王安石在推行变法改革的时候，曾经表现出“天变不足畏，祖宗不足法，人言不足恤”的豪情壮志。尼采所鼓吹的，想必也是这种天不怕地不怕流言蜚语任由它的大无畏精神和盖世英雄气概吧。

神明，偶像，威权，他们总是发号施令：“你必须”这样！“你必须”那样！

雄狮则迎头发出怒吼：“我就要”如此！“我就要”这般！因为，“**权力意志只有凭反抗来表现**”。

尼采如是生动地描画着雄狮精神。正如他所说“权力意志只有凭反抗来表现”，雄狮不服从神明、偶像、威权的律令，它奋起抗争。雄狮要自己命令自己，按照自我的意志行事，这是它自主自强的表现，是它的权力意志的表现。

雄狮蔑视威权、偶像、神明的勇猛抗争，对于骆驼来说自然是十分可怕的。在骆驼眼里，这完全是食肉猛兽的凶残猎杀。而它自己，只会在暴虐面前忍让，在威权面前低头，在艰辛面前却步，在羞辱面前偷生。

每一个希望开创新局面、成就大事业的人，都应当摒弃骆驼似的软弱性格，唤起自身的雄狮精神，勇猛无畏地去迎战前进道路上的一切拦路虎。

俗话说，“舍得一身剐，敢把皇帝拉下马”。一个人到了连死都不怕的地步，还有什么可怕的呢？

这里包含着一个极其深刻的哲理，即：只要不惜牺牲，就没有不敢做的事。反过来说，为了真理，可以牺牲一切，哪怕是宝贵的生命。这又不禁令人想起匈牙利诗人裴多菲的著名诗句：“生命诚可贵，爱情价更高；若为自由故，两者皆可抛。”尼采也是这样，为了他的学说，为了探索真理，不顾自己的病痛，不顾生活的孤独，把生命和爱情全都置之度外。

雄狮精神就是这样一种大无畏精神。它虽然只是一种破坏精神，一种打碎旧观念、旧事物的精神，但是，这对于创立新观念、新事物却是必要的，不可或缺的。尼采说得好：**“雄狮虽然不会创造新的价值，但是为了新的价值的创造而争得自由，却正需要雄狮的力量。”**

逢山开路，遇水搭桥；为新观念呐喊助威，为新事物鸣锣开道。雄狮精神可敬可佩。

面对神明、偶像、威权的镣铐，理应像雄狮一样奋起抗击，勇猛斗争。人们失去的只是禁锢思想的精神锁链，而得到的却是顺乎天理人情、合乎社会潮流的新观念新事物新世界。

自我超越

一切存在者都能把自己创造成比他们的种类更优越的新类。

超人，这是尼采人生哲学的精义。掌握自主权力，发扬雄师精神，都是为了超越自我，都是为了把自己和后人造化成超人。

超人是什么样的稀物？

尼采告诉我们，“**‘超人’，是用来形容一种至高卓绝的人的用语，这种人同‘现代人’‘善良人’基督徒和其他虚无主义者完全相反**”。

他又说，“**要出现一种强者、高等种类的人，这种人的产生条件和保持条件不同于普通的现代人。众所周知，我对这种人的概念和比喻就是‘超人’一词**”。

“**人是非动物和超动物；更高等的人是非人和超人，这样就联起来了。**”这就是尼采心目中的超人。

尼采心目中的超人并不是什么神奇的怪物，也不是科学幻想电影《超人》里那种来无踪去无影的现代神仙。超人是地地道道的土生土长的地球人，不过不是现在人，而是未来人。

“**我在为一种尚未出世的人写作：‘地球的主人’。**”

超人脚踏大地，跨越彩虹（通向“永恒重现”的虹桥）。他不只是一般意义上的自主、自立、自信、自强的新人，而是完全超越了现今人类的一个全新的种属。

尼采认为，人类是要被超越的。他说，**“人类并不代表一种趋向于我们今天所了解的意义上所谓更好或更强或更高的东西的发展”**。今人，现代人类，是从猿人发展演化而来的。今人也是一个流动的过程，在尼采看来，他们将向着超人发展演化而去。他说，**“人类是一根系在野兽和超人之间的索桥”**。他认为，人类的伟大之处，正在于他是一座桥，而不是一个目的地；人类的可爱之处，正在于他是一个过程，一个既是衰退同时又是跨越索桥向着超人提升的过程。

尼采的这个观点，这种理论，我们可以作这样的标示：猿人——今人——超人。

对于今人来说，猿人是一个可怜、可笑、可羞的陈迹；对于超人来说，今人同样也是一个可怜、可笑、可羞的陈迹。

就个体而言，超人是摆脱了现代人类的劣根性的新人；就群体而言，超人是高出于现代人类的新种属。

超人抛卸了现代人类的精神重负，走出了几千年来的历史迷宫。他没有现代人类所背负的愚氓、屈从、平庸、怠惰、贪婪和伪善。他削去了奴籍，抛却了奴性。他自主地支配自我的命运，肯定自我的价值。他为自我而生存，为自我而奋斗，为自我而发展。

超人是肉体的骄傲，超人是生命的奇峰。他不是天国的骄子，不是彼岸的游魂，也不是来世的娇客。

“超人具有大地的意义”。尼采说。

这大地就是人们赖以生存的现实世界。精神，意识，思维，或者如常人所说的灵魂，它是肉体的大脑的产物。它由大脑所生，大脑所养。脱离大脑的、漂游于肉体之外的灵魂是不存在的；天国，彼岸，来世，全是欺世谎言。

超人是自我的主宰，而不是众生的救主。他不要任何人的怜悯，也不怜悯任何人。**“最高级的人生活在统治者的彼岸，没有任何羁绊。因为，他们认为统治者乃是自己的工具。”**在这里，统治已经成为管理，统治已经成为服务。

有些研究者认为，尼采眼里的超人和叱咤风云的政治领袖是风马牛不相及的，和率领千军万马征战疆场的军事统帅也互不相干。尼采对拿破仑、恺撒等人不无称道，例如他说“拿破仑。应该认为他是高等的人和可怕的人的必然配属。再造的‘男子汉’”。在一些研究者看来，这不过是尼采对他们的开阔心胸和自主自强、英勇刚毅的个人品质的赞许，而不是把他们看作超人的模特儿。

这种见解，未必没有道理。因为尼采确实说过，超人那是可望而不可即的未来的人。也许在尼采眼里，拿破仑等等可以看作通向超人的阶梯吧。可是尼采也说过，他的确发现过超人。

“个人方面成功的例子，在各种广泛场合和文化领域内，是经常可以碰到的；这里，我们确实发现了一种更高类型的人，对整个人类而言，这个类型是一种超人（Overman）。这种伟大成功事件，在以往常常是可能的，在将来或许也永远可能。甚至所有家庭、宗族或民族，有时候也可能代表这一种中心目标。”尼采在《反基督徒》中如是说。

照此说来，似乎作为族类和作为种属而言超人是未来人，就个体就个别人而言，超人可能个别存在于现实世界。不过尼采又说了，不要把超人看成是一种高等的“理想主义”典型，看成是什么半“圣徒”、半“天才”之类的人，也不要把他的超人说混同于英国作家卡莱尔的“英雄崇拜”。

或许我们可以认为，尼采本人就是上述那种类型的超人？他的确是一位睿智的哲人，可惜他智力虽强，但是体力不济，身体素质太差，仅仅就这一点来说，便实在不敢恭维了。

有一点无疑是可以肯定的，即：超人和查拉图斯特拉的形象相一致。因为尼采明确地反对人们按照与查拉图斯特拉的形象相对立的价值含义来理解超人。

根据上述对于超人的分析，我们便可以洞察到尼采所说的通向超人的道路。那就是自我奋斗，自我创造，自我完善，自我超越。

那是一条充满艰难险阻的道路，因为如尼采所说，它要舍弃各种现代美德的和煦南风，去“越过北方、冰雪和死亡”，去寻觅那片“极北净土”。

那也是一条十分漫长的道路，如果一代人还达不到目的，就一代一代地继续下去，犹如愚公移山，子子孙孙矢志不移。

尼采有一个疏忽，甚至可以说是有意的忽视，即忽视了群体的协进，忽视了社会的合力。他把他孤军奋战的治学之道，也移植到了他的自我超越理论中来，成了他所鼓吹的人生社会行为的指导原则。

个人的意志力当然是重要的，超越自我当然需要创造性的生命意志，自主力意志和自强力意志。但是，尼采只看到了自我意志的作用。他指出的是一条个人主义、自我奋斗的孤独之路，是一条唯意志主义的虚渺之路。

尼采也过分看轻了环境的作用。他奚落进化论，说它过分看重了环境对生物进化的影响。在尼采那里，环境对任何生命的影响是相同的，众多生命所以开出不同的生命之花，是因为不同生命的意志各有差异。

尼采的挑剔无疑有点过分。他没有想到，环境对不同生命的恩赐并不都是相同的。例如洪水，对一些水生动物可能并无大害，而对陆生动物却是灭顶之灾。又如当地球洪荒导致食物匮乏的时候，需求不大的小动物还可以挨得过去，而每日进食以吨计的庞然大物却不免遭受致命的打击。有的学派就是这样解释恐龙灭绝的。

有道是，时势造英雄。天时，地利，人和，这一切都是培植成功者的土壤，都是获取成功的有利条件。良好的演艺者也需要良好的舞台。正所谓“海阔凭鱼跃，天高任鸟飞”。池子里的鱼，笼子里的鸟，能有什么大作为！我们前面讲到过的“可怜松”便是一例。

这并不是否定主观努力的重要。比如人的身高，虽然受遗传基因的控制，但是，也在一定程度上受后天汲取营养和体育锻炼的影响。遗传限定了某些性状的范围，在这个范围内，后天的努力和环境的影响决定其具体程度。先天条件和客观环境是不以自己的主观意志为转移的，而主观努力却是由自己的意志所支配的。从这个意义上来说，在相同的客观条件下，主观努力决定一个人的前途、命运。

尼采的超人学说，至今人们对它仍是仁者见仁，智者见智。然而，不管怎么说，尼采的超人学说对于处在精神奴役下的帝国国民，无异于惊雷霹雳，振聋发聩。虽然可惜得很，由于种种原因，它的第一声霹雳没有打响，成了一声闷雷。

谁曾料到，历史开了一个大玩笑。在大约半个世纪之后，超人学说竟然被纳粹衍作了德意志种族主义，窃作了帝国的精神支柱。尤其令人嗤之以鼻的是，他们挑出一批精壮男女，试图通过强制择优配种的办法，去制造什么精选的优良族类。

这是对尼采及其超人学说的运用和发扬光大吗？抑或是莫大的亵渎和肆意践踏呢？

孩提王国

永恒重现——人类所能达到的最高肯定方式。

“用永恒重现学说取代‘形而上学’和宗教。（这个学说乃是教化和选择的手段。）”

1881年8月，尼采游历于西尔瓦普拉那湖，脑海中骤然泛起一个观念——永恒重现。他眼前呈现出一派壮丽景象：一个远远高出现实人间生活的新世界，一个超人的世界。尼采用诗的语言描述说，这里“高出人类和时间六千英尺”。

这不是天国，不是彼岸，不是来世，而是人类挣脱苦难、重负和屈辱后的新的辉煌。

这里没有上帝，没有偶像，没有威权，总而言之没有身外的主宰；这里只有超人，由宇宙间的“力”最新组合的、超越现代人类的超人。他们凭借着自主权力，可以充分肯定自我，展现个性，自由自在，无拘无束，按照自我的意志施展自我的聪明才智，发挥自我的创造力。我们不妨将这个回归精神初始状态的美妙世界称之为“孩提王国”。

几千年的屈辱一泄无遗。

几千年的精神重压冰消冻解。

尼采告诉读者说，黑格尔会讲这是否定的否定。用尼采自己的话说，这是神圣的肯定。

这就是尼采梦寐以求的那方“极北净土”吧!

欢乐和痛苦,幸福和苦难,总是相伴相随的。战胜痛苦和苦难,便是欢乐和幸福。地球上的先民,早期的人类,由于蒙昧、幼稚、无知,对于恶劣的生存环境不得其解,无能为力,便设想有什么凶神恶煞在冥冥中作怪,便畏敬神明,企图借助神明来增强自己的力量和勇气,以征服自然,摆脱灾难。

神是人们按照自己的想象捏造出来并赋予它一种超凡力量的,它是人的本质力量(在尼采那里就是作为人的创造性本能的权力)的对象化。人的本质力量一旦外化于神这个对象,它便反过来成为一个独立于人之外的异己的力量,转而来统治人。人的本质力量异化了,神成了人的精神主宰,上帝成了精神统治的偶像,成了异己的权力的化身。

特别是在阶级社会里,在经济剥削、政治压迫、精神奴役下,劳动者固有的本质力量全面丧失,被否定了,异己化了。人成了非人,被异己的力量统治着,被他自己的异化于对象的力量统治着。当人们还不明白这种异化的阶级实质,而面对这种表面现象百思不得其解的时候,也是把它归之为神意的。

顺便一提,依照我们的理解,人的本质力量就是人的自由创造力。过去不少人用“社会关系的总和”来解释它,我们想这是误解了马克思所说“人的本质是一切社会关系的总和”这句话,把“人的本质力量”和“人的本质”混为一谈了。

人性泯灭了,神性统治着人间。所以,一些有识之士大声疾呼“人性复归”。

尼采有他自己独到的见地。他唤起人们的自主意识、权力意志和雄狮精神,激励人们用自己的力量去挣脱枷锁,迈向人类未来所能达到的最高肯定。这就是:重新肯定自己,重新肯定生命的价值;回归天真烂漫的、充满朝气和生机的自在王国,没有贪欲和权势的、没有主宰和臣服的自由王国。

“万物绝对而永远循环的重现”,“这‘一致而同己’的生命重新再来”,“又回到‘家’——回到原来的状态”。尼采将这种循环、往复、回归比作一个自转的轮子,如今应当回归初始,再重新开始,启动最初的运转。

人类是怎样回归原来的家的呢？从种属来说，通过尼采的教化，达到人类的超升。然而人类分成几十亿个个体，他们不可能同时到达。那么，各个个体如何达到？尼采没有正面明确地回答这个问题。不过他说过，万物都绝对重现，生命重新再来。这就是“力”的重新组合。

据欧洲一位宗教史家的调查，许多宗教以及一般世俗众生，都相信人的灵魂可以在人死之后继续存留，有人还煞有介事地说可以继续存留三千年。他们说，人的人间肉体在死亡的时候虽然崩溃瓦解了，但是那些组成要素会逐渐转移到某些动物和植物身上，三千年间不断地转移，待到这一时期了结的时候，它便足以将这些原来构成它的人间肉体的物质颗粒从其转移过程中重新聚合起来，构成一个新的生命，转生而为人身。

这种说法比起轮回转世说来，少了一点神秘色彩，却多了一件骗人的“科学”外衣。

尼采当然不会相信宗教，更不见得会从迷信轮回说中得到什么启示。或许这只是一种巧合。也许尼采的领悟来自于他那偏执下的幻觉，得益于他后来所患精神分裂症的早期先兆的朦胧神智，也未可知。

尼采的这种理论无疑是错误的。宇宙万物不可能重复再现，同一个人不可能在不同的时间由宇宙的“力”再重新组合出来。有人还从科学上用或然率的方法计算过，证明这种可能性是微乎其微的，无限小的，可以说事实上是不能出现的。

不过从人类的回归来看，尼采所描述的那个“高出人类和时间六千英尺”的新的世界，倒可以给人一种新年伊始万象更新的感觉，给人带来一种新生的希望。

所以不管怎么说，这终归是一种引人超脱现实的人间苦难的理想。这倒让我们联想到共产主义社会。共产主义社会和原始共产主义社会看上去有不少相同之处，从原始共产主义社会到共产主义社会，表面上看也很像是一种“回归”，但是，这绝不是简单的“回归”，不是返回到原来的地方。这是一个螺旋式的上升，是发展到最高级的社会，这就是几千年来人们梦寐以求的大同世界。尼采是不是也在朦胧中摸着了一点儿边际？

说起理想，还有一段插曲。尼采反对一些思想家们提出“理想”，他把这种“理想”也视为偶像。

尼采所反对的那种理想，是在思辨哲学里编织出来的，是理想家恩赐的，并没有现实的根基。那种理想越是诱人，就越是使人沉醉于它的梦境以求得安逸，而忘乎自己所处的现实境遇，放弃自己的斗争。这也是一种精神鸦片。它和天国、彼岸、来世的蛊惑异曲同工。

人们循着尼采的自我超越说，假定真的会有那么一个“永恒重现”的境界，人们能够到达那里吗？

不能。因为任何社会的变革，历史的变迁，都不是孤立的个人的行为，都不是意志的成果。精神的力量再强，个人的力量再大，也不可能消除现实社会的积弊，更不可能创造出一个全新的世界。正如马克思所说：“批判的武器不能代替武器的批判，物质力量只能用物质力量去摧毁；理论一旦武装了群众，就会形成巨大的物质力量。”（“理论一旦武装了群众”中的“武装”二字以前通常译作“掌握”，后来此句改作“理论一旦被群众掌握”。这里是笔者改译的。）

话再说回来。尼采横扫精神垃圾，荡涤陈腐观念，这毕竟是值得称道的。凡事从我做起，自律自强，这也是可取的。比起只说不做的空谈家，高出百倍。

生命壮歌

《圣经》向世人宣称，人是上帝造的，尽管前后说法不一。一般是说先造了个男的，后来可怜他一个人太孤独，便又从他身上取出一根骨头造了个女的。这种说法荒唐无稽。

“上帝又是谁造的？”教廷回答不了这个问题，于是订出教规，不允许人们提出这种问题。

因此，人们心中的疑团难以释怀。尼采超人哲学的全部问题，就是围绕人类生命和生命的价值这一中心问题展开的。

哲人们早已朝上帝造人的谎言开火。尼采发起了更猛烈的进击。重估生命的价值，张扬生命的价值，讨还生命的价值，这便是尼采这个生命守护神给自己确定的毕生为之奋斗的崇高使命。

生命是什么？在尼采看来，生命是自然界的物质力量的一种存在形式。

生命由何而来？在尼采看来，生命是大自然的骄子，是大地所生，大地所养。

生命属于谁？在尼采看来，生命不属于什么神明，不属于什么上帝，不属于教廷和教会，也不属于其他任何别的什么东西，人们的生命只属于人们自己。

珍重你的生命吧！千万莫要玷污了它，辱没了它，务必让它高歌壮行于天下。

珍惜你的生命吧！千万莫要贻误了它，枉费了它，务必让它发出璀璨的光华。

生命——力的组合

生命由力在生成演化中形成。

人是什么东西？生命是什么东西？生命是怎样形成的？

人们常说人为万物之灵，这并非科学的界定。现今一般认为，人是最高级的生命体，是能够制造工具并借以从事物质生产的高等动物。

生命的定义很难下，现在还没有一致公认的定义。因为各个门类的专家都倾向于用自己的术语来下定义，所以便有了生物学定义、新陈代谢定义、生物化学定义、遗传学定义、热力学定义。这些定义各有各的长处，也各有各的局限。

如果勉为其难地综合各家的意见，我们只能说这样一个大概的意思，即：生命是由活性蛋白质构成的，能通过新陈代谢作用同周围环境实行物质交换，具有生长、发育、繁殖等能力的物体，通过基因复制、突变和自然选择而进化的系统。这是到目前为止科学所能给我们提供的回答。

尼采关于人和生命的观点，前文已粗略涉及。从主观上讲，他是试图用科学的观点来解释的。他说：“**宇宙间有很多的‘力’，彼此相互联结，相互影响，我们称之为‘生命’。**”又说，“**生命的定义应该这样来下，即它是力的确定过程的永久形式**”。“**生命乃是权力增长形式的表现**”。他还说：“**精神只是一种方法、方式或工具，为丰富生命的内涵服务。**”照此说，人就是由力组合成的有精神的内涵最丰富的生命了。

尼采肯定人的现实性，用人的“大地的意义”去对抗基督教的“天国”“神造”说。然而，这只是一个简单的、朴素的哲学回答，尼采没有再作进一步的探讨和论述。我们只知道，他是得益于现代物理学，是本着他所名之的“力本论”的，至于这个“力”到底是什么，又如何组成生命，我们无从得知。

纵观其内容，它显然不只是物理学所讲的功能、作用意义上的力，因为这种力并不能组合成有形的物体，更不用说生命体了。他所说的是“权力”。

我们也许从佛教哲学中能够得到一点消息？佛教是依据“最高权力”（Supreme Power）或者“宇宙法则”（Universal Law）讲“因果律”的，其基础就是“业力”（Karma）或者“业”。就生命的形成而言，它是使得某一物体得以生成和发育的动因，所以佛语有“种瓜得瓜，种豆得豆”之说。不过，这终归有牵强附会之嫌。因为这与其说是构成生命的诸多“力”的因子，倒不如说是类似决定生命性状的遗传基因。

中国古代哲学倒有一种理论同尼采的观点相类似，或者说相接近，那就是“气生万物”说。“气”和“力”虽然不是等同概念，但是在古代哲学里，确实纠结紧密，因而对于理解尼采或许不无裨益。

早在春秋时期，道家学派的创始人老子就有“万物负阴而抱阳，冲气以为和”之说。庄子进一步提出：“人之生，气之聚也；聚则为生，散则为死。”这里明确地讲到生命是由“气”聚合而成的。到了稷下黄老学派，更有这样的论述：“精也者，气之精也，气道乃生，生乃思，思乃知，知乃止矣。”“思之思之，又重思之，思之而不通，鬼神将通之，非鬼神之力也，精气之极也。”他们又提出了精、气、神相互关联的观点，阐明了气的作用。用阴阳刚柔解释《易经》的《易传》也讲，“天地絪縕，万物化醇；男女构精，万物化生”。絪縕同氤氲。这也是说，万物都由天地间阴阳精气相互交感化育而成。

上述理论也影响到了传统医学。中国传统医学最早的经典《黄帝内经》里有说：“在天为气，在地为形，形气相感而生化万物矣。”此后，医家均本此说。宋代名著《圣济总录》讲“万物壮老，由气盛衰”。明代张景岳说，“夫生化之道，以气为本，天地万物，莫不由之”，“人之有生，全赖此气”。

中国传统医学历来讲精、气、神，谓之人身三宝。李东垣在《脾胃论·省言箴》里写道：“气乃神之祖，精乃气之子，气者精神之根蒂也。大矣哉！积气以成精，积精以全神，必清必静，御之以道，可以为天人矣。”

将气、精、神比作祖、子、孙，多么生动形象啊！中医常讲益气、养精、调神，以致延年益寿。还有讲气、血、精、神的，或者讲气、精、神、津、血的，大凡都不外乎此理。

西方医学史上也有过类似的理论：pneumatism，中译“精气论”。据《简明不列颠百科全书》介绍，约公元前300年，亚历山大利亚的解剖学家及生理学家埃拉西斯特拉图斯详细阐述了这种理论。他认为，人体的健康、疾病乃至生命的本质都和精气密切相关。他说，精气和吸入的空气类似，可分为两种：一是空气在心脏里形成的，称为“生命之精”，由动脉运送至全身；二是“活力之精”，由“生命之精”在脑中转化而来，由神经运送至全身，是为运动的原动力。如果精气运行不畅，那就势必导致这种或那种疾病。

中国哲学和传统医学关于生命的各家学说，尽管在某些具体说法上有时候不完全一致，有时候甚至互有抵触，但是原本同根，大同小异。综合各家学说，大致有以下一些基本内容。

宇宙之始，混元一气，整个宇宙是一个巨大的气场。除了气之外，什么生物都还不存在，什么生命都还没有生成。

气分阴阳。阴阳二气相交，在对立中相互吸引，相互渗透，相互制约，相互转化，由是生精。

精之气继续运动，便造成生命。精是生命之源，生命是精的高级存在形态。生命要存续，要发展，就需要不断从外界获得补给，攫取营养。这营养物质也是精气。所以，人们把前一种精叫作先天之精，把后一种精叫作后天之精。先天之精由前辈所给，是生命的基础，贮存着包含生命发展信息的遗传密码；后天之精依照这些信息的指示去滋养生命，壮大生命，及至生殖繁衍新的生命。

“心之官则思。”在中国，古人曾经误把心当作是思维的器官，所以凡谓精神现象均从“心”。人的心理活动的器官，实为大脑。大脑这个心理活动的器官是高级生命的高级组织，当然也就是精气运动的最高产物。大脑的活动所产生的功能，在埃拉西斯特拉图斯那里便是“活力之精”了。“精”一旦产生“活力”，也就成了“精”之“神”吧。不晓得人们通常所说的“精神”是不是由此演化而来的，也许不无关系。

这就是古代哲学和传统医学对人类生命生成和发展的基本观点和基本理论。

南怀瑾在《道家、密宗、东方神秘学》的《王羲之写上药三品》一文里，将精、气、神及其关系作了一个他谦称“勉强”的比喻。他说：所谓气，是一种生命能；所谓精，是一种生命力；所谓神，是一种生命之光。这应该说是颇为形象生动的。

依据辩证法关于精神的反作用的原理，神一旦生成便又积极反作用于精和气，促进生命力的发展。气功把意念的作用可说是发挥到了极致，它以意念导气运行周天，这就是依神调气的一种养生之道。

随着中国传统医学理论的发展，“气”的含义也进一步丰富了。它除了指上面所说的构成生命的极细微的物质以及呼吸之气而外，也指人体及其五脏六腑和经络的功能，所以又有了元气、宗气、营气、卫气之说，还有肾气、心气、肺气、脾气、胃气等等，各主其事。

佛教典籍《中阴得度》（相传为公元8世纪藏传佛教祖师莲华生所著）中，也有这方面的论说，也讲到生命力或生命气（the Vital-forcer Vital-airs）的问题。

这部以英译本在欧美流传的典籍中有以下一些论说：生命力为能知的识神。识神转生的时候，以五藏（即色藏，生命藏，意藏，识藏，以及超意识实相的极乐藏）被裹；生命力驻在生命藏中，分为十种生命气，主使着整个生命。生命气主要的有五种，其中普拉那主吸气；乌坦那主上行的生命力，排气；阿巴那主下行的生命力，排尿，排屎，排精；萨玛那为气的集合力，主消化食物以供应全身营养；维耶那主一切新陈代谢作用的分布。另外五种生命气那伽、卡玛、克里卡拉、达瓦达塔、丹南伽耶，分别主管开眼闭眼、佐助消化、打哈欠，以及伸张膨胀。

这是立足于佛教密宗教义的。类似地，印度古代的瑜伽哲学中也有“生命之气”的概念，并将这一概念用于瑜伽术的修炼，正如中国把精、气、神的理论用之于内功的实践。

此外，瑜伽的著作也还讲到，人有十四条主要“气脉”和数千万条次要“气脉”，它们是生命气或生命力的通道。

尼采关于由宇宙间流动着的力组合成生命的观点，同古代东方的哲学和医学的观点有某些相似之处，只是它没有那么丰富，没有那么深入，没有那么系统。而且，他那个“力”也不及东方的“气”这样内涵丰盈。当然，像其他西方哲学一样，他更没有为他的理论提出一套行之有效的修炼方法，尽管他很赞赏东方的养生法。

有一点是相同的，他们讲气讲力，都是说生命是大自然的产儿。尼采否定了上帝造人的说教，维护了灵肉统一观，为驱除笼罩在生命之上的迷雾阴霾，作出了自己的贡献。

万物流变

生成衍化是永不满足的自我创造的世界。

宇宙万物都在不断地运动、变化、发展，就像东逝的滔滔江水，川流不息。

运动、变化、发展是由万物自身的矛盾所致。任何事物都是可分的，都有像上下、左右、前后、内外以及生生灭灭等相互依存又相互对立的阴阳两面。这就是哲学上所说的事物的内在矛盾。

矛盾的双方在对立斗争中相互影响，相互渗透，相互转化，由此产生新物质，变成新事物。事物内在矛盾运动的辩证规律就是如此。

以受精卵为例：卵子一旦和精子结合，便形成一对不可分割的矛盾，一个对立统一体，即受精卵。在内部对立双方的相互作用下，带着双方遗传基因的斗争、转化及其结果，受精卵不断分裂和分化，最终形成一个新的生命体。

这个新的生命又接着开始自己的矛盾运动过程，进入自己的生命发展历程。

这个新的生命，或雄或雌，或男或女，再同与其性别相反的生命结合成配偶，家庭。这对配偶，这个家庭，又将孕育出新的生命。

一个生命死灭了，许多生命又新生了。

这不是生命的简单的重复，而是繁衍、生殖、发展。生命就是这样生成衍化的。人类就是这样生成衍化的。对于这个问题，尼采是这样写的：

万物方来，万物方去；存在的轮子，永远地运转。

万物方生，万物方死；存在的时间，永远地飞旋。

万物冥灭，万物新生；存在的空间，永远地营建。

万物分离，万物相合；存在的圆环，永远地回还。

新的存在生成于每一瞬间。处处都是中心，“那个”星辰围绕“这个”旋转。永恒无垠，道路弯弯。

尼采的“永恒重现”就是这样推演出来的。他肯定万物的流变，肯定矛盾和斗争，肯定毁灭和生成。但是，他又不承认这种矛盾运动是永不重复的。尼采给这矛盾运动画了一个圆圈，定了一个万古不变的轨迹。他把这矛盾运动的轨迹简单化了，凝固化了，僵死化了。他扼杀了这种矛盾运动的生气。

在尼采看来，世界是一个巨大的能量流，它由许许多多的力组成。这些力不断地演变，像海洋那样永远浪涛汹涌。原先它们只具有一些简单的形状，后来在奋勇前进的过程中，渐渐形成越来越复杂的状态。从最宁静的、最冷的状态，慢慢变成最热的、最动荡的、最自我矛盾的状态。在这矛盾冲突中，在这动荡变异中，生成演化着生命，生成演化着人。这生成演化的原动力便是图强意志，权力意志。

在尼采看来，这种变化发展是循着圆形轨道运动的，每一个存在、每一个生命都围绕着自己的中心转圈。一圈又一圈，周而复始，永恒重现。

万物永久循环，我们和万物一道；我们已经生存了无数次，万物和我们同路。

有生才有死，有死才有生。这是不依人的意志为转移的必然规律。古往今来，多少人希求长生不老，包括像秦始皇那样权重财富的人物，都终究未能得逞。但是，人们也不能因此就消极悲观，坐以待毙，将世间最宝贵的人的生命付诸东逝的流水。

苏联作家奥斯特洛夫斯基在《钢铁是怎样炼成的》一书里，写下了一段脍炙人口的名言：“人最宝贵的东西是生命。生命属于每个人只有一次。人的一生应当这样度过：当回忆往事的时候，他不至于因为虚度年华而痛悔，也不至于因为过去的碌碌无为而羞愧，在临死的时候，他能够说：‘我的整个生命和全部精力，都已经献给了世界上最壮丽的事业——为人类的解放而斗争。’”这是小说里的主人公保尔在烈士墓前凭吊已故战友时的内心独白，这也是作者自己的人生信条。

正是因为生命短暂，所以更要加倍珍惜生命。一方面，要提高生命的质量，要积极地生活，有意义有价值地生活，而不要得过且过，消磨时光，白白浪费了宝贵的生命；另一方面，要采取有效措施，增强生命力，尽可能延长生命的时间，以创造更丰硕的生命之果。在这方面，不少身患重症或残障的人堪称楷模，如奥斯特洛夫斯基，如高士其，如张海迪，尼采也可以说是一个突出的范例。

尼采讲流动变化，讲生成衍化，讲一个生命是从无到有又从有到无的过程，这从发展论来看，不能说不对。但是，一讲到内容、动力，尼采便暴露出了自己的缺陷。其一，他的生命发展圆圈只是有限的运动、流变，最终还是回归到原出发地。这是对永恒发展论的倒退。其二，他把生命的生成衍化错误地归因于它的精神、意志。这又背离了他的“大地”说。

就在《权力意志——重估一切价值的尝试》同一本书里，他一面说精神只是丰富生命内涵的工具，另一面又说权力意志是生成衍化的原动力。他甚至还说，“**作为生成衍化的这个世界就是权力意志，别无其他，而你们自己也是这个权力意志，别无其他**”。这就把物质世界、人类生命及其发展的动力，全部都归结为精神、意志了。

尼采自觉不自觉地又陷入了自相矛盾的境地。他虽然批驳了基督教的“天国”“永生”之说，但是他又告诉人们，人毕竟还是可以再生的。他那个生生死死、死死生生的圆圈，想必也是在给人一种类似宗教的慰藉。这“再生”论岂不是远离了科学，而同基督教的永生论却只有一纸之隔了么？

所不同的只是：基督教所谓的在天国里的再生，是永久的，是通过今生的忏悔、赎罪向上帝求取的；而尼采所谓的在尘世间的无数次再生，是往复的，是凭借自我意志的激发不断进取图强去创造的。如此而已，岂有他哉。

所以，这两者同样都只能是心造的幻影，同样都只能是自欺欺人。

时下又有一种奇谈怪论在悄悄地流传。它说人死之后，他的因子——分子、原子、质子或者其他什么“子”，四处漂流，然后可能附着到他的子孙后代的身上，由此将他的灵气代代相传。于是有人自认为其父辈以及祖辈的优秀因子都集中附着于他一身了，自视优越、非凡、超群了，因而不知天高地厚，傲视同群，目空一切，忘乎所以。这种人难免遭到人们的唾弃，到了终将跌得头破血流。

更有人编造了一种自我标榜为“最高科学”的什么大法，假借一些自然科学和唯物论哲学的名词，包装出一套妄言灵魂不死的“升天”说，愚弄百姓，以使人们拜倒在新偶像、现代神明的威权脚下，听任其摆布。这也是披着“科学”和“物质”外衣的唯灵论的变种。

反偶像反神明的尼采，岂能和此辈人物为伍！

灵魂和肉体

灵魂是肉体某一部分的名称。

灵魂和肉体，这是一个古老的话题了。

人的灵魂，用科学的术语来说，人的精神、意识、思想、情感、意志，即人的心理状态、心理活动，是哪里来的？它是肉体的产物，生理机制的产物，还是独立于肉体之外的附加在肉体身上的什么精灵、幽魂？

基督教，以及其他唯灵论者，都说灵魂是独立存在的。如果用哲学的语言来说，那就是肉体背后的某种精神实体。肉体只不过是它所驻足的一个形体外壳，是它来到人世间借以现相的一个有形躯壳。

中国神话《八仙过海》里讲述的铁拐李借尸还魂，可以作为这种观念的生动的文学表现。

铁拐李原来也是一个仪表堂堂的汉子，并且修得一身道骨仙风。一日打坐，对众弟子言明，他元神出窍，七日而还。待到第七日，众人见他这么多天一动不动，气息全无，便以为他不能生还，于是稀里糊涂地将他的肉身埋葬了。

事情错在他的弟子们不曾想到，日期虽临，而时辰未到。等时辰将至，李大仙的元神返回，已经找不到自己的肉身。他情急间见路旁有具瘸腿乞丐的遗尸，看看乞丐刚死不久，便只好将就着借这尸体还魂了。因此，他失去了原来的尊容，变成了又脏又丑的跛足大仙。

神话毕竟不是现实。现实中果真有这等事吗？宇宙间果真分为天堂、人间、地狱吗？果真有许多超然物质之外的灵魂在这三界中忽忽悠悠飘然游荡吗？现代科学已经明确地作出了回答：否。

神话是人类童年时代天真稚气的想象的产物，是在科学和生产力水平极其低下的时代，人类在想象中征服恶劣的自然环境的一种精神创造。在科学昌明的今天，还煞有介事地把迷信当作真理，把虚幻当作真实，相信灵魂出窍、灵魂不死，便是愚己愚人，冥顽不化了。

尼采说得好，人是大地的产儿。

人的衣、食、住、行，样样都取自大地。是大地养育了我们，而不是上帝养育了我们。上帝给了人们什么？什么都没有。基督教信徒偶尔象征性地从教堂得到一片“圣餐”，那只够填牙缝，岂能充饥！再说，这“圣餐”又不是上帝造的，用来购买“圣餐”的钱，也还是从教民们的口袋里掏去的。

人们不是常讲“大地母亲”吗？母亲的生养之恩必当终生牢记，万万不可忘怀。

灵魂是什么？如果说有灵魂的话，如前所说，无非就是人们的心理状态，心理活动，心理机能。它是人的肉体的产物，是大脑这个肉体的高级组织的产物。这已经是现代科学确证无疑的事实了。

尼采有力地抨击了唯灵论，这是正确的。但是，他接着往下走，便又陷入了歧途。他“欣然接受实验主义”。

如果这话是当真的（尼采有时候说俏皮话，说反话，似真似假，半真半假），那就是否认客观规律性、必然性。他也的确有过类似于此的说法，似乎承认因果关系，承认发展的规律性、必然性，也是一种偶像崇拜，也会导致极端的宿命论。但愿他是专指因果报应说而论的，不然，岂不同他那个循着圆环一再反复的“永恒重现”自相矛盾了吗？因为，那也是一个规律，也是一种必然。

尼采也奚落生物进化论，说进化论看重了环境对生物演化发展的影响，而忽视了生物自身的权力意志在生物超升中的决定作用。他甚至反对使用

“进化”这种字眼，而主张用“提升”或“超升”或“超越”。

他这一指责也是没有道理的。因为进化论讲的是无能主动改变生存环境的生物的进化，这种理论并未涵括人类社会的发展，倒是尼采错将人类所特有的“意志”给那些无意志的生物加了冕。虽然，尼采强调人的主观意志的作用，作为对当时风行的机械唯物主义的抨击，倒也不无积极意义。

尼采把个体生命的主观意志认作生命发展的原动力，认作人类社会发展的原动力，这就不免步叔本华的后尘，陷落到主观唯心主义的泥沼里了。所以，尽管他否定了叔本华的泛意志观，摒弃了他的悲观主义，他还是逃不脱唯意志主义的桎梏。

不承认客观规律是不行的。否则，不是实行鸵鸟政策，在不利条件下无所作为，束手待毙，便是满不在乎，不顾客观规律盲目蛮干。尼采反对了前一种极端，却走向了后一种极端。

在《偶像的黄昏》里，在“我的自由观”项下，尼采指出了自由主义组织的错误，说他们不是从付出方面看自由，而是从享有方面看自由，说这是“暗中损害强力意志”。他认为，自由是在战斗中实现的，自由“就是一个人有承担责任的意志”。但是，他接着又说：“**自由人有何等自由的精神，践踏着小商贩、基督徒、牝牛、女人、英国人和其他民主分子所梦想的可怜的舒适。自由人是战士。**”

把自由简单地看成为一种无拘无束的舒心适意的享受，这的确是错误的，尼采批评得很对。然而，自由也不是随心所欲地战斗，不是想斗谁就斗谁，想怎么斗就怎么斗。只凭主观意志胡战乱斗，势必碰得头破血流。那不是创造，而是毁灭。先秦宋国人拔苗助长的故事，便是典型的例子。

正确的办法是，积极探索客观规律，深刻认识客观规律，切实掌握客观规律，按照客观规律去改造客观世界。比如，人们掌握了电的规律，就可以架设避雷针避免遭受雷击，就可以利用火力、水力、风力、核能、地能、太阳能来发电，以供照明和提供工业动力，等等。今天，人们能够趋利避害，得心应手地将电用之于生产、工作、学习和生活的各个方面，这才是自由。

只有老老实实地承认客观规律，切切实实地驾驭客观规律、运用客观规律，才有真正的自由创造。

再回到我们的正题上来。

灵与肉是统一的，灵魂统一于肉体。灵魂依肉体而产生，以肉体为依托。没有肉体就没有灵魂。然而，灵魂又是伟大的，它能明察大千世界，洞悉其千变万化的内在规律，从而能促进其发展变化，以满足肉体生存生长的多种需要。

我们还是用尼采的话来作结吧："**我要对肉体的轻蔑者说几句话。我可以不要求他们改变他们的说教，我只要求他们离开他们的肉体来讲话——哑了吧。**"是的，离开了肉体，没有了发音器官，当然成了哑巴。

我们还可以补充一句：哑巴还有哑语，可以用口形和手势传话，表达思想，而他们那个离开肉体的灵魂却什么都没有，包括它自己。

痛苦和快乐

人以凯旋的高歌克服了任何苦痛。

“你们肯定曾经快乐吧？那么，你们也一定会有痛苦的。一切事物都互相联系着，纠结着，依恋着。”

“迄今为止的人——有几分像未来人的胚胎——他已经孕育着一切以创造未来人为目的的创造力了。由于这些力的无比巨大，所以现在的人就要受苦。他愈是要决定未来，也就愈要受到磨难。”

尼采把痛苦和快乐看作一个对立统一体，这是不错的。中国民间也有这样的歌诀：

痛快痛快，先痛后快；
有痛有快，不痛不快。

这里包含着深刻的人生哲理，包含着睿智的处世之道。

生命不能没有快乐，也不可能没有痛苦。快乐和痛苦就像一对孪生兄弟，与生俱来；又像一对恋人，难分难解；有时候更像一对母女，快乐从痛苦中脱胎。

《三国演义》有下面这样一段情节，颇为耐人寻味。

关羽领兵攻打樊城，正值连日秋雨。就在这时候，他得到了曹操的大将于禁率领七路大军屯扎在罾口川的消息。他大喜过望，心生一计，立即部署下去，照计而行。其结果便是水淹七军，大获全胜。接着，他领兵直抵樊城，立马扬鞭，大声叫阵，好不得意。

不幸的是，胜利的快慰和欢乐使他忘乎所以了。你看他，“身上止披掩心甲，斜袒着绿袍”，全然不把敌人放在眼里。他万万没有想到，因了他这个得意忘形之举，竟把自己的弱点暴露在敌人的眼里了。

曹仁在敌楼上看得真切，便急忙招呼五百弓弩手，一齐放箭。关羽情急间勒马回转，不料右臂中了一箭，跌下马来。亏得关平杀来相救，关羽才没有成为曹仁的虏获物、阶下囚。

关羽中的箭是抹有毒药的。这时候毒已入骨，右臂青肿，不能运动，疼痛不已。为了不至影响军心，他只好强打精神，与人下棋消遣。

这讲的是乐极生悲，欢快也可以带来苦痛。

一日，圣手华佗闻讯赶来为关羽疗毒。华佗握刀在手，对关羽说：“我就要下手了，君侯，您可不要惊恐怕痛。”关羽回答道：“你放心大胆地医治吧，我可不像那些凡夫俗子，哪能怕痛呢！”华佗这才下刀，割开皮肉，露出了已经青紫的骨头。华佗“用刀刮骨，悉悉有声”，不一会儿就血流满盆。别人看着都掩面失色，而关羽却“谈笑弈棋，全无痛苦之色”。

人都是肉做的，没有用麻药，就割开皮肉刮骨疗毒，眼见得血流如注，要说没有痛苦，那是假的。关云长所以“全无痛苦之色”，并不是他麻木不仁，感觉不到痛苦，只是没有表现出“痛苦之色”，而在“谈笑”中欣然忍受了这痛苦罢了。至于究竟是作为三军主帅的责任心，还是作为关夫子的虚荣心，何者做了他卸痛苦于谈笑的主要的支撑力，那就不得而知了，也许两者兼而有之吧。

华佗替关羽刮完毒，敷上药，用线缝好了伤口。这时候，关羽胳膊一伸，大笑而起，连呼“先生真是神医啊”，接着转身对众人说：“这胳膊活动自如，一点也不痛了。”其欢快之情溢于言表。

还不止这些。对于“先生真是神医啊”的称誉，华佗回赞了一声“君侯真是天神啊”，这又给关云长的虚荣心带来了多大的满足，并且因此而给他带来了多少的欢愉和快乐，谁能计算得出来呢？那关帝庙的千年香火，八成儿是敬“天神”而不是敬“君侯”的吧。

你看，苦痛又转化成了欢快。

由快乐导致痛苦，以快乐克制痛苦、消除痛苦，再达到快乐——生活就是这样复杂，曲折，丰富，多姿。而摆脱痛苦后的快乐，更是难以名状的。

可惜曹操，一代枭雄，未能参透这个辩证哲理。他原本也有机会得救于华佗而免遭厄运的，无奈他没有那么大的胆量，不敢忍受濒临死亡边缘的痛苦，拒绝华佗给他开颅疗疾，而且疑神疑鬼，以为华佗要加害于他，因而杀了华佗。结果恰好相反，他贻误了治疗，白白断送了自己一条性命，使自己永远沉沦于头颅疾患的痛苦之中了。

“人类的痛苦是深沉的痛苦。”但是，尼采又说，**“人以凯旋的高歌克服了任何痛苦。”**因为，在尼采看来，痛苦可以使权力意志得到强化，使自主力、自强力得到增长，可以起到刺激生命的作用，起到促进生命发展的作用。

“我的生命力最低下之日，也就是我不再当悲观主义者之时。”尼采现身说法，以他的亲身体验提请世人注意。

我们都知道，产妇是经过阵痛而分娩的。这是一个创造过程，是为创造一个新的生命而经历暂时痛苦的过程。所以，产妇虽然要经历创造的暂时痛苦，却也可以享受到创造的无比欢乐。做母亲的人必定都会有深刻体验的。

愿人们都像临盆的产妇对待分娩的阵痛那样，去勇敢地对待生活中的痛苦。

爱——生命的奉献

爱的意志：那就是预备死。

雄螳螂在交尾之后，便一动不动，老老实实地把自己供作雌螳螂的食物，雌螳螂便由此而获得足够的营养，孕育后代。有些种类的蜘蛛也是如此。

还有一种蜘蛛，母蜘蛛在孵化出小蜘蛛之后，便趴在窝里一动不动，或者就此死去，任由这些还没有能力张网捕食的幼崽子将自己吃掉。这些幼小的生命从而得以健壮成长。

羊，一贯被看作是最软弱的，然而为了保护它的小羊羔，它也会豁出老命去和豺狼一拼。兔子更是最弱小的了，但是如果它的子兔受到危害，正如俗话所说，兔子急了也会咬人。

为了后代的生存，种属的繁衍，羊和兔以至昆虫尚且如此，身为万物之灵的人类，更不待言了。自古有谓“先天下之忧而忧，后天下之乐而乐”，有谓“前人栽树，后人乘凉”，都是说的这个道理。所不同的是，羊、兔、昆虫的上述行为只是出于物种延续的本能，而人却是基于有意识的自觉的爱。

如今，舍生搭救落水儿童的事例屡见不鲜，忘死在飞速行进的火车前抢救不幸者的壮举时有所闻，大凡都是出于这种伟大无私的爱。

有的记者喜欢问英勇救人者“你当时是怎么想的”，我们觉得这种提问很是蹩脚。因为这是思想情感的长期积淀，而不是什么理论问题，不需要也来不及去做深入的思考。

再说，思考什么呢？据说有人主张算经济账，要做成本核算（尽管他们不是从个人出发，而是指社会的成本），说是“要看救这个人合不合算，不能赔了本儿”。这就尤其荒唐了。果真如此的话，那么，不但儿童，还有老年，以及比自己身体弱的、知识少的、地位低的、能力小的，都不该救。这岂不是没有可救的人了吗？即使经过一番调查计算，找出个把可救的人来，那也已经为时过晚，该救的人不得救，早就踏上黄泉路迈过奈何桥了。

所以尼采是对的，他这样写道：**“爱的意志：那就是预备死。”**爱，固然是一种生命的享受，同时也是而且首先应该是准备作生命的奉献。爱子女如此，爱亲人如此，爱友人、爱国人、爱人类也是如此，是为“老吾老以及人之老，幼吾幼以及人之幼”。这既是一种高尚的道德情操，也是一种伟大的人类情感。这种爱的情感是无价的，是为奉献价值。

尼采还有独特的见地。他说爱有两种，一种是奴隶式的爱，一种是神圣的爱。

什么是奴隶式的爱？他说，“**奴隶式的爱，委身的和谦让的爱——既是理想化的爱，又是受骗上当的爱**”。这是一种无原则的爱，是害人又害己的爱。

什么是神圣的爱？他说，“**神圣的爱——它既蔑视又钟爱其所爱，既改造了也提高了其所爱**”。这才是真诚的爱，才是真正的爱。他认为，这种神圣的爱，“**关键在于获取那种无比巨大的能力，通过教化和铲除千百万败类的手段去创造未来的人，而不被人们酿成的空前灾难所毁灭**”。

这“败类”，当然是个极而言之的说法，其意无非是指众多愚氓的百姓。我们理解这句话的意思就是，要以一种强力去教化愚氓众生，去“改进”愚氓众生，直到消除这一社会现象，铲除这一社会族类。换言之，即鞭策这些众生奋起改造自己，提高自己，及至向创造更高的人、未来的人、超人迈进。在尼采看来，这是对人的最神圣的爱，对人类的最神圣的爱。

尼采说，有些人也爱大地和大地上的一切，但是，他们的爱是带着羞耻的，甚至带着坏心肠的，就像月亮。月亮属于阴柔一类，自然是尼采所贬谪的。他略带几分俏皮地说，月亮从地平线上爬起来的时候，是那样的沉重、腹满，似乎要分娩出一个太阳，要创造出一个高出于自己的强者，但是，它只不过是假装着怀孕的样子骗人。

尼采指责道，月亮畏怯地、心怀鬼胎地悄悄越过房顶，窥视人间的美景。因为这月亮里的修道士满腔贪欲和妒忌，他们眼馋大地上的以及情侣们的一切人间欢乐。然而，他们却自诩是纯洁的，尘丝不染的。

尼采指出，那些行为酷似月亮的人是在撒谎。他们分明是精神受了驯化，使他们的精神蔑视大地的一切，可是他们的肠胃还没有被驯化，而肠胃比精神要实在得多，强健得多。它要吃，它要喝，它希求人间的欢乐，贪恋大地的荣华。

这就是说，他们对大地、对人间的所谓爱，是出于私心的，是出于一己之贪欲的。他们的这种爱绝不是真心真意的，一心一意的，而是假心假意的，三心二意的。拆穿了，他们只爱他们自己，爱他们自己所需要的一切，其他都是假的，都是骗人的。

“纯真在哪里？纯真在有创造性意志的地方。谁想培育出超越自己的灵魂，才能称得上是最纯洁的意志。”

“美在哪里？美在必须用整个意志去‘意志’的地方；全心全意地爱，用全部生命去爱，在愿爱愿死、使形象不仅仅是个形象的地方。”

人们都熟知《梁山伯与祝英台》的故事。梁山伯和祝英台的纯真的爱情被封建制度、吃人的礼教扼杀了，尽管他们作了顽强的抗争。在万般无奈的境况下，他们双双拼死殉情，化蝶超生。类似的还有白娘子和许仙的故事，七仙女和董永的故事，等等。外国文学作品中也不乏此类成例，如《罗密欧与朱莉叶》，如《巴黎圣母院》……

雨果在《巴黎圣母院》里塑造了一个外貌奇丑的敲钟人加西莫多，一个年轻英武的军官菲比思，一个冷漠得令人生畏的主教富洛娄。这三个人围绕着美貌动人的吉普赛少女埃斯梅拉达，演出了一场爱的悲剧。

埃斯梅拉达真心爱上了菲比思，而菲比思却放荡成性，不过是逢场作戏。富洛娄撕下伪善的面具，兽性大发，必欲占有埃斯梅拉达，否则必欲置其于死地而后快。他指使敲钟人去劫持少女，未果，便将敲钟人绑至广场让他当众受鞭挞、受戏弄。而唯一给敲钟人以同情的，给他送水解渴的，却是埃斯梅拉达。可怜的加西莫多生平第一次流下了眼泪。

富洛娄图穷匕首见，趁菲比思和少女幽会的时候刺杀菲比思，然后逃之夭夭，并嫁祸于埃斯梅拉达。埃斯梅拉达被宗教法庭诬控为凶手，判处绞刑。教堂前，埃斯梅拉达被推上绞刑架。正在千钧一发之际，加西莫多出其不意地出现，单枪匹马劫了法场。他把少女抱进了圣母院——不受法律管辖的“避难所”。他找到伤愈的菲比思，求他见见少女，却遭拒绝。

埃斯梅拉达的乞丐王国的朋友们来救她。混战中，富洛娄又设计将少女骗出，送往刑场。当他来到教堂顶楼，看见绞索套上埃斯梅拉达的脖子的时候，他发出一阵狰狞的狂笑。也就在此时此刻，那个由他收养被他主宰了一十六年的敲钟人将他推下了顶楼，了结了他罪恶的一生。

加西莫多失踪了。两年后，人们在埃斯梅拉达的墓穴里发现了他的骸骨。他是搂抱着她的遗体死去的。

三个男人，一个是兽性的肉欲，一个是虚情假意的玩弄，一个是纯真的爱心。这就是人心的模样。

艺术源于现实，现实生活本身就充满着深沉的爱。英王爱德华八世为了爱情而舍弃王位的故事，并不比以死相求的爱情悲剧逊色。他十六岁被立为王储，三十七岁上结识了辛普森夫人，渐渐地两人相爱至深。但是，英王是不得和平民结婚的。他们在精神上备受折磨。爱德华1936年1月继承王位后，和辛普森夫人的交往越发受到限制。同年11月，他向首相提出要和辛普森夫人结婚。他说，如果由于身为国王而达不到这个目的，他“宁可退位”。他如愿以偿，议会批准了他退位结婚的要求。他弟弟即位后，封他为温莎公爵。这就是一向为世人所称道被世人所传颂的温莎公爵爱情佳话。

男女间的性爱如此，其他的爱也无不如此。

爱人是如此，爱家园、爱故乡、爱民族、爱祖国也是如此。如屈原，如岳飞，如文天祥，如史可法，如林则徐，如秋瑾，如刘胡兰，他们都有一颗赤子之心。

当然，要警惕那些拿“为大众”“为民族”“为国家”等等做幌子来达到自己不可告人的目的的人，例如抗战时期的高唱“曲线救国”者流，又如这以后的高唱“戡乱建国”者流。当年，他们冠冕堂皇的“救国”“建国”口号的确蒙骗过一些善良的人。俾斯麦也是这号骗子。这正是尼采揭露和抨击德意志帝国的一个重要原因。

尼采说：**“爱和死自古以来就是成双捉对的。”**

这并不是提倡轻生，而是说，为了爱，最高洁的爱，最深沉的爱，时刻准备拼死奉献。

这死，是生命的光荣。

这死，是生命的伟大。

这死，是生命的升华

生命如泉流

不断清除自身行将死灭的东西。

生命是一个活的肌体，一个新陈代谢的过程。

尼采形象地写道：**“生命是湍流的泉水。”**

一个人活着，需要不断吸进氧气，呼出二氧化碳，是谓吐故纳新；还要吃喝，吸收足够的营养，维持生命，同时排除体内的废料，是谓新陈代谢。

代谢分为合成代谢和分解代谢。把从生存环境中摄取到的营养转化为自身的一部分，称为合成代谢，这是同化过程。把自身的物质氧化分解成水、二氧化碳等简单物质，从而释放出能量来维持生理活动，称为分解代谢，这是异化过程。人的生命就是这样一个不断废旧更新的过程。

一个人如果排泄不畅，饮食也要受到影响，那必定是要患病了。如果压根儿不再排泄，也不能进食，新陈代谢过程就受阻。当新陈代谢弱得不能再维持最起码的生理活动的时候，生命也就完结，走向死亡。

一个人要想永葆生命的活力，常新不衰，就要像欢乐的泉水那样，不断出新，不断驱除自身陈旧的东西。

尼采用泉水来形容这种生命活力。可以想象，清澈的泉水潺潺流淌，沿溪逝去，新的泉水又从泉内涓涓涌出，奏出欢快的乐章，如此川流不息，四时常新。这同中国成语里讲的“流水不腐”，如出一辙。

肌体的生命如此，精神的生命也是这个道理。人的思想、观念，只有随着科学的进步、时代的潮流不断更新，才能保持思想的活力，才能有充沛的朝气。

民国早年，有许多前清遗老遗少硬是抱着封建遗风不放，守着祖宗的传统观念不改，依然是长辫子、短马褂、瓜皮帽，依然是忠孝节义、三从四德。他们抱残守缺，同新思想、新潮流格格不入。这种人虽生犹死。

俗话说，冰冻三尺，非一日之寒。千年积垢，一朝一夕是难以清除的。

1915年兴起的新文化运动，如狂飙，如惊涛，对旧思想、旧道德展开了一次大扫荡，国人思想得以大解放，科学和民主的思想从此在中华大地落户生衍。

一个世纪过去了。世界发生了翻天覆地的变化，新知识新事物层出不穷。如果还是抱残守缺，不思进取，守着旧皇历度日，那岂不成了一具思想僵尸？

也有些人总是故步自封，盲目自满。他们不屑于学习，不读书不看报，不求观念的更新。他们把自己看作一朵花，行行都能的全才，百分之百的完人。须知，自以为全才的人，自以为完人的人，其实是最无知的浅薄之徒。“一瓶子不满半瓶子晃荡”，说的就是这种人。他越是草包，他就越是喜欢自我卖弄，其结果是丑态百出，而他却自丑不觉。

尼采提醒人们抛弃自身行将死灭的东西，增进新的生命活力。要摒弃奴性道德，以及由此而产生的麻木、自满和腐败、颓废等等病害。他形象地说，让一切陈旧的东西破灭，还有许多房屋有待建设。

如何做到不断抛弃自身行将死灭的东西呢？这里倒用得着曾子“吾日三省吾身”这句格言，加强自我修养。

要善于解剖自己，要勇于否定自己，要用尼采所倡导的狮子的勇猛战斗精神来净化自己。不要怕羞，不要怕疼，不要忍让，不要退缩。经过这种自我斗争，必定可以挣脱思想锁链，达到自我提高的目的。

不破不立，不止不行，不塞不流。辩证法就是如此。

话又说回来，生命毕竟不是永恒的，人总是要死的。没有永生的生命，也没有再生的人。生生死死，死死生生，不生不死，不死不生，这也是辩证法。所以人们说，寿终正寝是辩证法的胜利。

生命是可贵的，生命也是短暂的。正因为它短暂，所以更加可贵。

愿人们千万不要辜负这短暂的生命，让它像清泉一样，高奏生命的壮歌吧！

吃苦和享乐

贪求享乐清闲是可耻的，我们宁愿吃苦受罪。

高贵的人有这样一个信条：不坐享清福，凭自己的智慧和勤奋创造人生，享受人生。尼采持这种观点。

一个人活在世上，当然需要尽情地享受生活，这本来就是他的一种权利。不过，权利和义务是紧密联系的，不可分割的。从理论上讲，没有不尽义务的权利，也没有不享受权利的义务。从道义上讲，享受权利的人必须尽义务，尽了义务的人理应享受权利。在法治社会，这也是有法律规定的。

我们说从理论上讲是如此，从道义上讲是如此，那是因为实际上并非常常如此。所以，用这个尺度来衡量，就分出来高贵的心灵和卑贱的心灵。

提起高贵，人们往往可能想到高官显贵，富商大贾。这也并非没有道理。他们吃的是山珍海味，穿的是绫罗绸缎，出门车水马龙前呼后拥，入宅高楼大厦金碧辉煌，茶余饭后戏说千秋，酒醉酣畅歌舞升平。这生活，这排场，不可谓不高，不可谓不贵。不过，这只能表明他们的门第的高贵，而不能说明他们的人品的高贵。

拿《红楼梦》描写的贾府来说：这个钟鸣鼎食之家，山珍海味，奇禽异兽，用水牌写了轮着吃，大鱼大肉吃腻了，变着法儿将茄子晾干了再用鸡汁浸泡，如此三番五次地折腾之后，才烹调来吃；为迎接元妃贾迎春回娘家省亲，又是修缮大观园，又是下扬州采购女官教习演艺……那白花花的银子流水似地往外泻淌。富贵可谓是登峰造极了，然而人品却卑微得可怜。所以贾府老仆焦大痛骂他们这班老少男女，说是除了门前那对石头狮子，别说人，连猫儿狗儿都没有一个干净的。

人品的高低贵贱，不是用生活享受的好坏、多寡、厚薄来衡量的，而是以其精神境界的高下来评定的。人生的欢乐幸福也不是用物质占有的水平来做标尺的，而是以其人生价值实现的程度为依据的。王进喜所以高贵并非因为他生活优裕，恰恰相反，正在于他代表了大庆油田的艰苦创业精神。

尼采在给他姑妈的信里也这样说过：**“慰藉你心灵的，美化你生活的，是你内心的祝福，而不是外在的实惠。那些物质小利都是微不足道的，转瞬即逝的。”**

还是再看一段三国故事。当年，刘备战败于小沛，下邳也失守，关羽被曹操俘虏。曹操待关羽甚厚，不但答应他三个条件（只降汉帝，不降曹操；厚待刘备眷属，不许登门打扰；但知刘备去向，便当辞曹而去），而且三日一小宴，五日一大宴，又送美女，又送锦袍，直到将缴获吕布的日行千里的赤兔马也送给了他。可是关羽不把这荣华富贵放在眼里，最后还是千里走单骑，护卫着刘备的甘、糜两位夫人偷偷地溜了。

关云长把一己的私利抛诸脑后，不羡慕非义之财，不贪图个人的物质享受，终遂桃园之志，结拜之愿，义薄云天，所以后世立庙敬仰。

尼采也反对贪图享乐和清闲。他说，只有下流坯才乐意坐享清福。

尼采认为，**“当自己没有做出贡献的时候，就不应当企求享乐”**。他主张人的生活应当自给。他说：**“生命所需求的，自己尽力去满足它。”**

当今的欧美青年很早便自立了，尤其是中产阶级家庭的子女。即使家庭富有，他们也乐于靠自己的劳动去挣零花钱和上大学的费用。这是一种高贵的品质，是避免步入纨绔膏粱之流的可悲下场的千金要方，比起那些啃老族确实高贵多了。

古话说：“君子之泽，五世而斩。”开国者经过艰难的创业过程，深深地懂得一切来之不易，所以能够继续艰苦守业。后来者坐享其成，饱食终日，无所事事，于是日益贪图享乐，日渐堕落腐化，一代不如一代。可祖先的泽被毕竟是有限的，因此他们终究免不了败落衰亡的命运。翻一翻各朝的历史，几乎都是如此。治国是这样，治家也是这样。所以尼采概而言之，**“贪求享乐是极为可耻的”**。

尼采当然不是完全否定享乐，他并不是苦行者。相反，他认为生命应该是欢乐的，人生应该是幸福的。只是他同时认为，人们享有的人生欢乐和幸福，应该是自己创造的，是自己给予自己的。为此目的，宁肯吃苦受累，决不坐享其成。即使再苦再累，也在所不辞，决不畏惧退缩。

“我已经很久不再企求幸福，我只企求工作。”

“幸福是什么？幸福是人们力量增强、阻力被克服时的感受。”

尼采如是说。

男女之间

人分男女，一阳一阴。男女各占半边天。没有男女不成世界。有男有女，男女结合，才成为家庭，才有由家庭细胞组成的社会，才有人类的存在，才有人类的繁衍。

然而几千年来，天下是男人的天下，世界是男人的世界。女人，那只不过是供男人泄欲的工具，供男人消遣的玩物，供男人驱使的奴隶，为男人生儿育女传宗接代的机器。

《圣经》还有一种不同于前述的说法，说夏娃是上帝从亚当（希伯来语原意为“人”，男人，泛指人类）身上抽出一块骨头做成的，是为了解除亚当的孤独而制造出来的，而且规定她要受男人的管制。这就是说，上帝早就确定了男女不平等的准则，女子应从属于男人，没有独立人格，只是作为男人的一部分而存在，为满足男人的需要而存在。

令人费解的是，尼采这位基督教的激烈反对者，在如何看待女性这个问题上，竟然也和基督教走到了一起。在歧视女性这一点上，二者不谋而合，殊途同归。

女性既然占了人口的一半，要是没有女性的权力意志，还谈什么人类的权力意志！要是没有女子的超升，又哪来人类的超升？难道可以把女人全部扔在这个尘世，男人们自己超升而去？尼采那个超人世界，总不至于全是男人吧。或者，总不至于那里只需一半超人（男性），而另一半却可以是已成历史陈迹的今人（女性）吧。要是果真那样的话，那可是：超人伴着今女过日子——如同今男伴着雌猿过日子一样。

那岂不是要令人笑掉大牙了吗！

女人和牝牛

你要到女人身边去吗？别忘了带鞭子！

两千五百年前，我们的大成至圣先师文宣王孔老夫子曾经教导众弟子：唯女子与小人难养。于是，后人立了不少规矩来管束女性。例如“女子无才便是德”，“在家从父，出嫁从夫，夫死从子”，又编了一套贞操节烈的教条，教导女子要“从一而终”，以至“嫁鸡随鸡，嫁狗随狗，嫁根扁担扛着走”，等等。

不仅生前如此，连死后也摆脱不了这种从属关系，一如鲁迅在《祝福》里所揭露的那样，人们散播说嫁过两个丈夫的女人到阴曹地府后将被劈成两半，分别被她的两个男人拿走，吓得祥林嫂不知如何是好。奇了怪了，男人可以妻妾成群，去阎王那儿报到之后，怎么就不把他剁成肉酱分给众妻妾呢？不平啊，女人不但做人难，连做鬼也难！

总而言之，女人非人，是人外的东西，是男人的财产和顺从的玩偶，是生育的机器。

但是，也有不信邪的。当今解放时代的女性自不必说，单说那古代便有花木兰（全民理想人物）、梁红玉等，近现代便有秋瑾等。尤其是一代女皇武则天，男人能做的，她也要做，她也能做，而且做得相当不错，比不少男人做得还好。无奈女人当权本来就不合道统，武则天又做得那么彻底，于是不可避免地遭到历代道德男士的口诛笔伐，在北京的历代帝王庙里，连一块牌位都立不上，以至现今在海外也还是众说纷纭，莫衷一是。至于近代史上赫赫有名的慈禧太后，也称得上是位女杰，她愣是把龙凤的位置颠倒过来了，不但把龙在上凤在下的龙凤图改成了龙在下凤在上，而且她事实上主掌了朝政大权，皇帝也得听她的。恨只恨她祸国殃民，逆历史潮流而动，成了永遭唾骂的千古罪人。

这并不是说，女性一定要做英雄豪杰，一定要做男人做的事才算得上是有价值。当然不是的。相反，如果女人个个都变得像男子汉一样，都成了“铁姑娘”或者“铁大嫂”或者“铁婆婆”，那倒未必就是社会的进步。女性味道十足的女人难道就没有价值了吗？例如，温柔、体贴是女性性别角色的重要内容，妇女解放运动绝不是也不应该抹煞这些特色。

妇女的解放是提倡妇女掌握文化知识，练就健康的体魄，大胆地追求爱情，积极地参与社会活动，树立自主、自强、自信、自爱的品格，要求社会尊重妇女，不再把妇女看作愚蠢的和理应顺从的玩物、工具、奴隶、机器，反对男人统治女人，争取男女平权，等等。总而言之，实现男女的完全平等。

尼采是反对妇女解放的。他曾经不无愤恨地说，**“从根本上说，解放了的女人是‘永恒女人’世界的无政府主义者，是败类，她们最低下的本能就是复仇……一整套恶毒阴险到极点的‘理想主义’的种类”**。

说到这里，可见尼采所讲的人类的权力意志、自主权力，都是要大打折扣的，不是八折九折，七折六折，而是五折，对半折。他那个自主哲学的意义到这里也就减去了一半，何况他那只占人类半数的超人还要主宰另一半女人呢。这是尼采无法自圆其说的。

他甚至还荒唐地把这种攻击延伸到一些男子身上，殃及一些为女权运动奔走呼号的男子。他竟然说，**“这种‘理想主义’有时也表现在男人身上，譬如，在易卜生这个老处女式的典型那里”**。这显然是存心挖苦易卜生，嘲笑他是个怪僻的女人味十足的男人。这就不仅是失之偏颇，而且有悖于尼采自诩的“不作人身攻击”的原则了。

尼采戴着有色眼镜看妇女，就像一句歇后语所说的，“门缝里看人——把人看扁了”。尽管尼采也感到和女人在一起“是那么惬意”，尽管他发现女人

“远比男人聪明”，但他还是把女人骂作“危险的小肉食动物”，说什么她们不知比男人邪恶多少倍，说什么“假如一个完美的女人爱你，她会把你撕碎的”。

在19世纪下半叶，在工业发达科学昌明的欧洲，尼采竟然在《查拉图斯特拉如是说》里借一个老妇之口，说什么“到女人身边去别忘了带鞭子”，有意无意暗示用鞭子对待女人。这种大男子主义，这种有失文明的近乎野蛮的观念，在当时就引起了社会舆论的哗然和抨击。

“女人的一切都是谜，对这一切都只有一个答案，那就是：生育。”在尼采看来，女人是为了传宗接代、繁衍种属才来到这个世界上的，生儿育女是她的人生目的。在这个意义上，男人也“只是她的一个器具”。他该不是因为不愿做女人的“器具”，所以才满腔怒火抄起鞭子朝他们打去的吧。

尼采如此看待女性，不是没有根由的。

一方面，这是从他的哲学观点推导出来的。他把太阳、雄狮、勇猛、坚强等阳刚的物事和特性看作是肯定生命的，因而予以赞颂；把月亮、母牛、怯懦、软弱等阴柔的物事和特性看作是否定生命的，因而予以贬斥。男女两性既然被划归了这阳正阴反两途，女人属阴，于是女人遭贬，势在难免了。

另一方面，尼采不善于和女人相处，不讨女人喜欢，追求女人的企图每每失败，以致他终生未娶，加之又被一些妖艳的妓女纠缠过，这大概也使得他痛恨女人。如果他有一位他爱的并且也爱他的妻子，如果他有一个美满的婚姻和幸福的家庭，他是不是还会性虐待狂似的朝女人举起鞭子呢？

尼采认为，女人应该依附男人，好比铁片依附于磁铁。磁铁的吸附力越强，铁片就依附得越紧。否则它会懊恼的：“我最恨你，你吸我而又不使劲吸，不让我紧紧地贴着你。”

尼采认为，男女的幸福感各不相同。他说，男人满足的是“我要”，女人满足的是“他要”。男人从满足了“我”的需要中得到幸福，女人从满足了“他”的需要中得到幸福。

原来在他看来，女人总是这样被动地承受。她们没有独立的只属于自己的幸福，她们总是把男人的幸福当作自己的幸福，把给男人以幸福当作自己的幸福。正如他在《快乐的科学》里所说，**“女人所了解的爱，显而易见，就是灵与肉的完全奉献（并不只是付出而已），这种奉献不问动机，毫无保留”**。一句话，女人生来就是献身，供男人消遣，满足男人的需求。

尼采说，真正的男子需要两件事：冒险，作乐。为此，他们需要女人。因为女人不但可以供男人作乐，而且她们所提供的是一种冒险的作乐。他说，女人爱起你来的时候可以牺牲一切，恨起你来的时候却十分狠毒。所以，**“最甜蜜的女人也带有几分苦涩”**。女人的这双重特性，正好适合了男人的冒险和作乐的双重需要。

女人既然是为男人而存在的，她就该成为男人称心如意的玩物。所以尼采认为，女人应当是猫，是鸟，是牝牛；她应当去发现、去了解男人胸怀中那颗贪玩的孩童之心，去满足他的玩乐的欲求。牝，读pìn，第四声。牝牛，在这里不是指一般的母牛，而是指专司交媾生育的母牛。

啊，女人们，遵照查拉图斯特拉的指示，做个纯洁纤巧的如同钻石一样放射着美德光芒的玩偶吧！不然，你看看尼采，他正拿着鞭子站在暗处窥测着你呢!

如果没吃过葡萄却说葡萄是酸的，那是自我安慰，是心存嫉妒。如果吃了几个酸葡萄就说天下葡萄都是酸的，那是以偏概全，是心理学讲的主观概率。尼采至少犯了这两种错误中的一种。

世间的事竟如此错综复杂。反对基督教文化的尼采，在这里居然又和基督教沆瀣一气，和基督教的论调异曲同工。

《圣经》有这样的说教：一个女子，如果她丈夫死了，她只能嫁给死者的弟弟，以便给死者生一个儿子，替死者传宗接代。如果她第二个丈夫又死了，她就得再嫁给第二个丈夫的弟弟。再如果……那就依次照办。《圣经》里还举了一个例子，某户人家有兄弟七人，这七个兄弟又依次相继死去，那长兄的妻子就挨个地嫁了这七个兄弟，供他们泄欲，为他们生儿育女。这不也是把女人视如工具、牝牛吗?

世间的事又是如此的千奇百怪。尼采的鞭打牝牛说在欧洲问世的时候，在“唯女子难养”论的发祥地，“三从四德”教义的故乡，一部足以为女性张目的巨著——《红楼梦》，在步入人间二百年后，正以破竹之势遍传神州大地。

人们买回一套挂历，被卷成了筒状之后再打开，就不平直了，要想让它重新平直，必须将它反过来卷一卷，才能达到目的。有些事情就是这样，为了矫枉不妨过正，不过正不足以矫枉。据此，姑且借《红楼梦》主人公贾宝玉的一句耐人寻味的名言，来结束我们这个话题。

“女儿是水做的骨肉，男人是泥做的骨肉。我见了女人便清爽，见了男人便觉浊臭逼人。”

伟大的结婚

结婚是一对人的意志去创造一个高出于他俩的人，创造一个创造者。

结婚，这是一对男女结合成合法的公认的夫妻。“男大当婚，女大当嫁”，自古以来天经地义。但是，如何婚嫁却大不相同。有自由结合的，有父母包办的，有金钱买卖的，有倚仗权势胁迫欺压而霸占的，现时又还有为房为车的，以至为了获得“绿卡”去国外定居的。

理想的合乎人性的婚嫁，应该是男女当事人双方自由自愿的结合。“有情人终成眷属”，这是恋爱的完成形式，是夫妻共同生活的开始。这是热恋着的男女双方梦寐以求的好事，是有情人向往的“三生有幸”“百年好合”的梦圆。“比翼燕双飞，极目晓天游弋。前世夙缘相守，禧蝶花濡蜜。神州人杰古来多，风流数今日。还抱俊才童子，续先贤丰绩。”这首调寄《好事近》的词，为笔者庆贺友人新婚的旧作，今重新改过，姑且拿来祝福所有步入新婚殿堂的少男少女，祝他们白头偕老，永结同心。说明，是祝福双双对对的新人联姻，非似尼采只认男子娶妻。

毋庸置疑，生儿育女是结婚的一个目的。所谓“不孝有三，无后为大”，可见生育的重要。这不只是从家族延续的出发点而言，从人类的繁衍出发来说也是同样的。

但是，结婚并不仅仅是为了繁衍后代，衍续种属。因为那只是一种自然本性，动物性的本能。在现代，结婚是组成一个家庭——社会细胞，过家庭的生活，享天伦的欢乐，同时尽社会的职责，赡养老者，抚育后代，成员间生老病死相帮相扶。家庭作为一个社会经济生活的单位，有利于夫妻及其父母和子女安居，有利于社会的稳定繁荣。

尼采也十分看重年轻人结婚生孩子的渴望。不过，他又教导年轻人说：**“结婚是一对人的意志去创造一个高出于他俩的人，创造一个创造者。”**这高出于自己的创造者，是年轻人为自己的胜利和解放而建造的“**有生命的纪念碑**”。

尼采不愧是个思想家，不愧是个哲坛怪才，说出话来就是和常人不一样。我们都说孩子是爱情的结晶，他却教诲说应该是创造者的纪念碑。不消说这就是迈向超人的一个纪念碑。如何养育孩子，如何造就孩子，似乎也可以从中窥测到一点什么。

尼采厌恶一切庸俗的人，卑贱的人，怯懦的人，伪善的人，恶人，懒人……他希求“超人”，希求年轻人生育出超越他们自己的新一代，由此一代一代向超人迈进。

为了这个目的，他希望年轻人牢牢掌握自主权力，从单纯的生育和性满足的兽性中，从片面的排遣孤独的愚氓中，彻底地解脱出来。他谆谆诱导说：

“年轻人，你是不是一个胜利者，自我克制者？你能不能做你的热情的主宰和美德的主使？”

“你的希求不应该是兽性的，愚昧的。不应该只是为了解除孤独和惶惑，不应该只是为了动物性的本能，自我排遣。”

尼采认为，为了生育超越自己的人，应该先把自己建造得完完美美，从灵魂到肉体都完完美美。这种意志和这种婚姻才是神圣的、伟大的。

不幸的是，尼采发现，有许多人的婚姻却是愚昧的。在尼采看来，他们的婚姻只能说是兽性的苟合，肉欲的自满。尼采称之为“一对灵魂的匮乏”，“一对灵魂的污秽”。他指的是那种“过剩的人”“多余的人”的婚姻。他们不能给自己的子女造成高超的灵魂和体魄。他说，他们的子女最有理由哭诉他们，怨恨他们。

尼采的爱情经历是不幸的。尤其是最后那位莎洛美小姐，竟然使尼采感到她试图把他当作玩物（至少尼采是这么看的）。这使得他对女性失望到了极点。他心目中理想女性的形象破灭了。所以，他以挑剔的眼光看待世间的婚姻，其实是男人娶妻，由此发出一连串的感慨：

> 这个男人是可敬重的、成熟的，不愧为大地的骄子。但是，一当我看见他的妻子，我便觉得他简直是个疯子，这世界就像是个疯人院。
>
> 那个男人结婚了，可是他英雄似地出发去寻找真理，而找回来的只是一个乔装打扮的谎言。
>
> 又一个男人寻求具有天使美德的婢女，不料，他自己倒变成了这个女人的“婢女”。
>
> 又一个男人和一只雌鹅媾合！我恨不得立即爆发一场大地震，天塌地陷。

尼采借查拉图斯特拉之口如是说。在这里，他用了“雌鹅”这个词，他认为那女人只配被称作雌鹅。

想必他还不知道中国人的骂法。中国乡间骂起女人来，绝无他这样幽默含蓄，温文尔雅，如诗如歌。那要粗暴得多，凶狠得多。例如“丧门星”“白虎星”“狐狸精”，例如“泼妇”“骚货”“贱婢”，例如“克夫”“克子”“克公婆”，等等等等，无所不用其极。总之，女人就是“祸水”，一言一行都能招祸的。所以，在旧时代的家庭里，常见墙壁上贴有用来避邪的纸条，上面写着“童言妇语，百无禁忌”。尼采要是知道这些，当会自叹弗如的。

基于以上看法，尼采对短促的、轻率的婚姻选择发出了警告。他说，在短促的热恋中，足以使人狂热到发疯的程度，使人在昏眩中作出匆促的选择。如果不加慎重的理智的考虑，“最精明的买主，也难免盲目地买下一个妻子”，其结果便是，他们都以结婚来结束他们短促的狂欢，而代之以一个漫长的浑噩的梦。好一个“买”字，就像买一块蛋糕，买一瓶啤酒，或者随便买一个什么物件。

所有这些，尼采自然都是对男人们说的。因为在他眼里，女人是不应该有婚姻的自主权力的。

尽管尼采把婚姻看作只是男人的事，而对女性大不恭，但是他劝人不要盲目、轻率，以免用短促的狂欢去换来一个漫长的浑噩的梦，这倒是值得认真思索的。

不过反过来再仔细思索，这里似乎又埋伏着一种危机。

依照我们的理解，尼采是在训导人们，准确地说是训导男人们，叫男人们不要把爱情看得太重，不要过分追求爱情，而应当把生养培育迈向“超人”的人，把创造那个迈向“超人”的里程碑，放在最首要的位置。如果真是如此的话，那岂不是就有可能成为恩格斯所指责的“没有爱情的婚姻”，因而陷入“不道德”的泥潭吗!

后来纳粹搞择优配种，恐怕也曾受过这一驯化。

婚姻的破裂

婚姻的破裂好过于婚姻的屈从和婚姻的欺骗。

婚姻，在尼采看来，须是适合于男人的战斗，适合于女人的生育，同时，给双方带来欢乐的。美满的婚姻不但可以驱动男子汉前进，而且可以驱动他们升华，从而去创造超越他们自己的新人。然而现实却与此南辕北辙。

尼采对人们尊崇的古老的婚姻制度展开了猛烈抨击。他认为，这种传统的所谓婚姻实在“是一种具体化的悖论”，“扼杀个性，并使自由陷于瘫痪”。他慨叹人类太庸俗，无能清除这种婚姻制度。他说，**“就连最解放的作家也一无例外地虔敬地叙说着婚姻”**。

古老的婚姻制度确实是可诅咒的。它的基本特征是否定爱情，它的基本前提是门当户对，它的基本原则是媒妁之言和父母之命，在西方还要加上教会的认可。

事实上，在王族和官宦世家，婚姻不过是一种政治势力黏合剂，甚至是一种政治交易。恩格斯将这种婚姻称为“政治联姻”。

古代欧洲的各个王国，王室贵族的通婚范围仅限于王室贵族之间，而且往往是各国王室之间互相结亲。即使到了近代，仍然不允许国王和平民通婚。在亚洲，一般说也是如此。这固然是由血统观念、门第观念所使然，不过最重要的还是由政治利益所决定。其目的是以婚姻和血缘关系为纽带，在国内强化统治集团的凝聚力，在国际上维系和增进国与国之间的政治、军事联合，以保护和巩固自己的统治地位，加强共同防御或对外扩张的能力。

政治联姻在中国历史上也很盛行，传为千古佳话的西汉宫女王昭君北嫁匈奴单于，唐朝文成公主西嫁吐蕃王，这种“和亲”便是政治联姻的典型。至于一般朝臣官宦以至地方士绅，更是借联姻来维系他们的财势组合，形成有如《红楼梦》里贾史王薛四大家族那种“一损俱损，一荣俱荣”的政治联盟。

还有一种也是出于政治目的的联姻，例如西施嫁吴王，貂蝉就吕布，那便是另一码事了。那是一方为了制服另一方而使出的招数，是反过来的政治“联盟”，反向政治联姻，同前者恰好背道而驰。

政治联姻在政治上有时候也许是可歌可泣的，而在婚姻上却未必都是可取的。由此酿成的悲剧，所在多有。

此外，还有买卖婚姻和租赁“婚姻”。这种婚姻多为穷苦的百姓之家把女儿卖给别人家作媳妇，有的还是童养媳，或者将妻子租给别人家为其生子传宗。至于有些女子为了图享受、攀高枝，自己把自己当作商品卖出去，这就另当别论，因为她们这种所谓的“婚姻”行为同卖淫已相去无几了。

为了反抗这种压抑人性的婚姻，追求婚姻自主自由，民间流传了许多美好的爱情故事。梁山伯与祝英台，董永和七仙女，许仙和白娘子，崔莺莺和张君瑞，王金龙和玉堂春，等等，都表达了人们对自由和爱情的向往。然而，不幸得很，这些故事不少都有一个悲剧性的结尾，这也反映了现实的严酷。

没有爱情的婚姻当然是不美满的，当然很难维持。

可是，婚姻的破裂在传统观念中是不允许的，这在中国尤为严重，而且主要是针对女性的。男人可以休妻，女子必须从一而终。至于那些抱着“丈夫”的灵牌拜堂（也有的地方是抱一只作为“丈夫”的代表的公鸡），同死鬼“结婚”的，也得一辈子守寡，不可坏了“贞操”，否则便要遭受沉塘、沉河的严惩。其实，“贞操”又何尝不是一种严惩？君不见那一座座“贞节牌坊”，其实也是埋着活人的坟墓，是埋着“贞女”的活人坟墓。这类精神枷锁禁锢了女性千百年，多少人被这种精神重负压倒了，压垮了，压死了。

恩格斯曾经指出“没有爱情的婚姻是不道德的”，继他之后尼采又从另一角度指出，**“婚姻的破裂好过于婚姻的屈从和婚姻的欺骗”**。

婚姻的屈从和婚姻的欺骗，多数是违背婚姻当事人的意愿的，它首先破坏了或者扭曲了当事人的自主权力和自由意志。这种婚姻的继续维持还有什么意义，还有什么价值？俗话说得好，强扭的瓜不甜。怨偶们所可能有的，不是不断地积蓄仇恨，就是麻木混世和苟且偷生。所以，这种婚姻的破裂、解除，是理所当然的。

有些人片面理解恩格斯的话，以为他只是赞赏和提倡解除没有爱情的婚姻，这也不对。殊不知恩格斯说这话，其矛头首先是直指统治阶级的，其主旨是反对和防范违背当事人意愿的没有爱情的政治联姻、金钱联姻。对于已经掌握了婚姻自主权力的人来说，从中应该获得的教益是，首先要从积极方面预前，防范那种没有爱情的婚姻于未然，不要干那种不道德的事，其次才是从消极方面善后，妥善结束那种已经不道德地结下的没有爱情的婚姻。所以，恩格斯的这句名言，并不能成为朝秦暮楚者逃避道德审判的挡箭牌。

尼采还从对于未来的超人的爱的角度出发，忠告人们做如下尝试：检查一下你们的婚约是不是一个错误，如果不是，那就应当注意如何维护和持续你们的爱，否则，就不要屈从；创造一些条件，试试一种“小结婚”，看看你们是不是适合于伟大的结婚，如果不是，那就切莫勉强凑合。

这大概就是现在有些人所提倡的“试婚”吧。“试婚”在中国也是早已有之的，不过没有现在这个洋名称，那时候人们把它戏称之为“先行交易，择吉开张”。当如今离婚率不断上升的时候，试一试“试婚”，就像种试验田似的，也未尝不是好事。但是，如果男女双方能够更严肃一点、认真一点、耐心一点，更信任对方一点也更自信一点，让自己的婚姻大事一步到位，岂不更是好事吗？何必要采取那种法外行动呢！

当然，一个国家，一个社会，离婚的事件总是难免的。这不仅因为在亿万人中难免有人在婚前选择上出现失误，也因为在几十年的感情生活中保不准有人会出现差错。所以，婚姻观念还是要实事求是，不能一条路走到黑。

婚姻观念的改变虽然不是一天两天的事，但是，它终究是一定要改变的。易卜生的话剧《玩偶之家》刚刚搬上舞台的时候，在欧洲掀起了轩然大波，有的国家甚至禁演。然而如今，离婚已成为常见现象，许多人不再指责离婚的妇女是不道德的了。这说明社会的道德观念变化了，发展了，它还将继续发展下去。

然而离婚毕竟又是不得已而为之的事。为了自己少一点痛苦，为了社会多一点安定，如刚才所说，还是防患于未然为上。所以，少男少女们还是要在婚前慎重抉择，千万不要草率，更不要轻率，切莫把自己的婚姻办成“不道德”的。与其事后用离婚的无奈之举去改变“不道德”的婚姻，何不事先就不要去操办那种“不道德”的婚事呢?

细心的读者可能会注意到，尼采在这里肯定了“婚姻的破裂”，主张离异，似乎和他的反女性主义出现了矛盾。从表面上看来，的确如此。但是，我们要知道，尼采并没有改变他的男尊女卑的观念，这一切都是从他的“男子汉”的角度出发的，他并不认为女人也享有同样平等的权利，并不认为女人也有离婚的自主权力。他所说的“婚姻的破裂”，其实就是“休妻”。这是可诅咒的。

色欲和淫欲

保持生命本性的无邪。

查拉图斯特拉不喜欢都市生活。其原因之一就是，他认为都市里沉迷于色情肉欲的人太多了，荒淫无耻的人太多了。他婉叹那些色迷心窍的男子，说他们泡在女人的温柔乡里作乐，不知道世上还有比这更重要的事情。

尼采反对偷鸡摸狗、卖淫嫖娼，反对性乱。他认为这种不洁净的性行为在精神上和肉体上都会给男人带来不幸。

由此，他怨恨那些妖艳的荡妇，说要是落到她们手里，比落到谋杀者的手里还可怕。中国也有这样的说法：“女人腰悬一把刀，杀人夺命不出鞘。”明清小说里还有这类打油诗：“二八佳人体似酥，腰间杖剑斩愚夫。虽然不见人头落，暗里教君骨髓枯。”

尼采的观点与此如出一辙。这种观点显然有欠公允，有失偏颇。说句公道话，这偷鸡摸狗、卖淫嫖娼的勾当不能全怪女人，而且应该说主要罪责还在男人。事实上，男子才是滥淫的罪魁。尼采自己不就说过女人是猫，是鸟，是牝牛，是男人的玩物吗？这无疑是男人的看法，而绝不会是女人的看法。如果男人都尊重女人，不去千方百计地把女人拿来玩弄，恐怕不会有几个女人甘愿充当被玩之物的。

就拿妓女来说，据西方史料记载，最早她们是在神庙圣殿附近为朝觐者献身的。她们既不是为了金钱而卖淫，也不是为了肉欲而淫荡，她们是为了完成一种近乎神圣的使命。即便到了后来，她们除少数是被生计所迫不得已而为之者外，多数是被他人的权势所迫，而且主要是被男子的权势所迫。

淫妇荡妇也是有的，她们和淫夫色鬼一起都在剿灭之列。这些男女连禽兽都不如，因为禽兽还有天性，只是按天性生殖后代而已，决无滥淫。

诚然，人类的性生活已经不同于动物的雌雄交配。它不只是一种生殖行为，甚至不再以生殖为主要目的，它在很大程度上独立为一种生命的欢乐和享受。这种欢乐和享受不只是属于男子一方，而是男女双方共同享有的，平等分享的。

性欢乐、性享受也不能过度。纵情嗜欲，淫乐无度，不洁的性行为，绝不是好事。中国养生学历来主张性生活适度，有的还规定了不同年龄段的人应当遵守的性交频率，反对滥淫。《金瓶梅词话》以淫棍西门庆的下场活生生地告诉人们，滥淫绝不是什么生命的欢乐、享受，而是对生命的摧残、杀戮。明代著名文人李渔更以小说《肉蒲团》展示因果报应，来警诫那班沉醉于荒淫无度的孽障。

尼采在反对滥淫的同时，也不赞成禁欲，因为那也是压抑生命、损毁生命的。

“我是忠告你们扑灭本性吗？不，我只是忠告你们要保持本性的无邪。”尼采说得十分在理。性行为是人的一种本性，一种无邪的本性，人不需要也不应该扑灭它，只是不要玷污它，不要把它引上邪路。

他认为，禁欲对于一部分人来说可能是一种道德，而对于另外许多人来说却几乎是一种罪恶。在通常情况下，这许多人凭借着他们的理智，是能够自制的。但是，他们的内心并不那么自在。那肉欲总是蠢蠢欲动，甚至不时地从他们的行为里流露出来。即使是在那些道德君子的冷静的灵魂里，这肉欲之犬的吠叫之声也时隐时现，让这些君子们难以安生。

按照尼采的说法，这肉欲之犬如果得不到一块肉，哪怕一块骨头，它必定会饥辘难耐，会因“忍不住”而摇尾乞怜地向主人讨好以求赏赐些恩典。这时候，理智对肉欲的怜悯，对肉欲这个垂涎三尺的乞讨者的怜悯，往往会冲垮禁区的防线。这些君子们的淫乐之欲，往往就是在这种自我怜悯之下“忍不住”决堤而出的。

既知今日，何必当初。与其犯禁破戒，何不抛却禁规，堂堂皇皇地享受人间欢乐呢?

尼采指出，这种人不在少数。他用一个比喻给这种人画了一幅像，“想驱逐魔鬼而入于猪道”。用中国成语来说，大概该叫作“画虎不成反类犬”吧。

禁欲的痛苦也是对生命的压抑、摧残，甚至也会成为通向地狱之路——导致灵魂的不洁，这就违背了禁欲的初衷，走向了禁欲的反面，得到的是负效应了。

因禁欲不成反而堕入灾难之中，那不也是一种罪过吗?

“禁欲如果引起痛苦，那就应当摒弃。”

我们的圣哲孔夫子说，“饮食男女，人之大欲存焉”。孟夫子也认可告子所言“食色，性也”。食欲和色欲，这都是人的本性。

食和色是人类生活的两件大事，维持人类个体生存和种属生存的两件大事。这都是高洁的事，没有什么可非议可指责的，更不可像旧时女人束胸、缠脚、守寡一样，违背自我，违背自然，无端地去压抑它。人类生命的苦难已经够多的了，为什么还要自己跟自己过不去，自己给自己制造苦痛呢?

在圣徒们看来，这话有失文明圣洁。那是他们的浅薄，也是他们的虚伪。“食色，性也”既然是颠扑不破的真理，为什么“食”可以大谈特谈，可以大食特食，美食城比比皆是，美食家备受推崇，而对于“色”却另眼相看，必须讳莫如深、噤若寒蝉呢?

有些老夫子，自命先哲的门徒，却对先哲的教诲置若罔闻。有这样一个故事：一位私塾先生给学生们出了一个对联题，他说出的上联是“大鱼吃小鱼，小鱼吃虾，虾吃水，水急虾跳”，要学生对出下联，有个孩子应口对曰“师爷压师娘，师娘压床，床压地，地动床摇”。这下可惹恼了先生，大骂这孩子下作、可耻、有辱斯文。

其实大可不必。我们固然反对满嘴喷粪，说脏话吐淫词，但是，也不要把“食色，性也”之类都扫进粪坑里去。学生所对下联虽然难登大雅之堂，却也算不上是什么淫词秽语，无非是涉“色”涉“性”而已。这够不上什么大罪过。

没有必要谈“性”性急，谈“色”色变，尤其不应该把涉“性”、涉“色”一概视为污言秽行。尼采说得好：**“任何对性生活的蔑视，任何用‘不洁’这个概念玷污性生活，都是对生命的犯罪——都是违背生命这个神圣精神的重大罪行。”**

不过，从历史上看，常有一些名门望族的正人君子，于道貌岸然之下，偷偷干那名副其实的“不洁的勾当”，演贼喊捉贼的把戏。当今揭露出来的受到严惩的那些贪官污吏，也几乎无一不是在岸然道貌之下养情妇包二奶的。那才是：又要当婊子，又要立牌坊！

前面我们讲到食和色不可偏废，甚至还用了一些极而言之的话语，这并不是说色和食就没有区别了，可以等同了。非也。如像暗地里的“美色城”之类和“美色家”之流，就不能容许其存在；如像黄色的、淫秽的、下流的东西，就必须坚决反对，尤其不允许它们在大众媒体、公共场合出现。否则，不但会导致纵欲、滥淫等恶劣习性的孳生，污染洁净的心灵，而且会诱发性乱、性犯罪、性病泛滥等等诸多严重的社会问题。按照尼采的观点，这种戕害人类特别是青少年身心的丑行，势必影响乃至危及人类的提升——单个人的提升，整个种属的提升。

人本应是纯贞的。人本不应纵欲，也不宜禁欲。因为这两者都是违背人性的，都是生命的自残。

罪恶的瘟神

如果你们对生命有一点崇敬，你们就不会因一念之差而自绝。

“你应当自杀！”世界上充斥着这样的喧哗，“你应当摆脱痛苦的人生，去寻求永生！”一些活得不耐烦的人互相传颂着他们的这些道德教训。

尼采说，这些死亡的蛊惑者是一些极端的悲观主义者。他们不懂得生命的价值，尤其不懂得如何给自己的生命增值。因为他们的内在价值低下，所以他们感到“生命只是痛苦”。他们想要而又不敢去品尝生命的欢乐和甜美，于是他们把自己禁锢起来，以至向着生命的本性开了杀戒。

在两性生活上，他们最是如此这般。他们了解自己的心魔，自知没有禁锢它的能力，害怕如前面所说的“入于猪道”，所以快刀斩乱麻，以绝后患。

尼采对这种人好有一比：他们刚刚向糖果伸出手去，便又耻笑自己孩子气。实际上，他们也是把性爱视为淫乐，因而在他们眼里这“性”便是下作，便是耻辱。

我国战国时代，楚国人宋玉著有《登徒子好色赋》，其中虚构了一个名叫登徒子的人。在宋玉笔下，登徒子的妻子长相丑陋，而登徒子居然子女成群，这表明他连这种容貌不佳的色都贪恋无度，所以说他好色贪淫。宋玉用他来嘲讽贪图色欲淫乐之徒。这其实是冤哉枉也！

好色并不等于贪淫，这是其一。譬如，《红楼梦》里的贾宝玉可谓好色，但是他并不贪淫。子女的多少，这并不是衡量好色贪淫与否的砝码，这是其二。譬如，《金瓶梅》里的大色鬼大淫棍西门庆，且不说奸淫奴婢等人，仅妻妾就娶了五房，却寡有子女，只是大老婆生了一个女儿。再说，登徒子远远比不上宋玉那么风流倜傥，若说好色，宋玉倒是应拔头筹。登徒子只是爱他的妻子，不嫌妻子丑陋，何罪之有，何耻之有！

不想这种海内奇谈，竟也是古今中外尽皆有之，概莫能外。怪不得在尼采笔下，那些死亡的鼓吹者叫嚷“活着的人都是疯子”，也怪不得尼采把这些鼓吹者叫作“活着的棺尸”。

“活着的棺尸”一说，颇为精当。我国典籍中也有关于活着的死人的描写。何典？清人张南庄的俚语小说《何典》。

《何典》里写的都是活着的死人，有名叫“活死人”的，有名叫“活鬼”的，等等。不过他们不是像“活着的棺尸”那样虽生尤死，而是相反，都虽死犹生。就说那“活死人”吧，他虽然是鬼母所生，生下来就是鬼，却也是机敏过人。他不但娶鬼妻，生鬼子，满怀一腔鬼情味，而且善读圣贤书，还能在阎罗王麾下为官为宦，统兵挂帅，征战沙场。看来，他倒也“死”得潇洒，“死”得体面。“活死人”的母亲“雌鬼”，在丈夫亡故之后，竟也鬼欲难耐，忍不住打倒贴，赔钱养汉，还偷偷地去庙里跟和尚干些男女的勾当，正所谓做鬼也风流。

尼采抨击的那些用“永生”作钓饵的死亡的蛊惑者，“活着的棺尸”，可就不同了。

“他们是灵魂的痨病鬼：刚刚呱呱落地，便已经开始了死亡，他们企求的是厌世和轻生的学说。”

“他们当中的最残忍的，包藏着一颗嗜血的心。除了醉生梦死、自我摧残而外，他们就没有什么可做的。而醉生梦死也是自我摧残。”

前面说过，从相辅相成、相倚相伏的辩证哲学来看，有生必有死，有死才有生；人从出生的那一刻开始，便同时在向死亡走去。所以有人指出，生命的旅程同时也就是死亡的历程。

然而，年轻的生命毕竟是向上的。即使人到暮年，岁届黄昏，也还有许多人依照“老骥伏枥，志在千里”的格言，奋斗不已。这是因为，人毕竟不是为了死亡才降生的。人应该让自己的生命存在得富有意义，富有价值，而没有任何理由糟蹋自己的生命，残害自己的生命。

像蜻蜓那样，能把尾巴卷到嘴里自己吃自己的，便是在动物界也罕见，何况乎人呢！

生者该死，未生者当然也就不该生。何必来人世吃苦受罪呢？再说，生育也是一件劳累痛苦的事，何必自讨苦吃、自找罪受呢？——这是死亡的蛊惑者的又一发明创造，是性罪恶说教的又一奇谈怪论。

他们自己不欲生，还不许别人生，依此当然也就不许人们的后代存在，不许他们到人世上来。说穿了，这就是不允许人类存续下去。如若依了他们，尼采日夜期盼的超人从何而来？岂不将要成为画饼？罪过，罪过！毁灭人类未来所赖以生存的土壤和籽种，毁灭“超人”的根基，这实在是罪大恶极了。

他们是灭绝人类的瘟神！他们是扼杀人类未来的“奥利金”！——尼采忍无可忍，愤懑地诅咒着。

奥利金是何许人？历史上有几个时期，有些基督徒自动阉割，用毁掉性器官的残酷方法来抵御性诱惑，避免性罪恶。基督教神学家奥利金便是其中一个最著名的代表。

奥利金是早期最有影响的神学家和《圣经》学者，曾经在亚历山大任教理学校的校长。他的学问可不小。他不仅注释过全部《圣经》，校勘过希腊文《旧约全书》，还著有《论原理》等书，广泛而系统地介绍和阐释了基督教教义。他青年时期便自阉了，为的是在辅导新入教的妇女的时候，能够做到不为女色所乱。看来，也真够凄惨的。

按理而论，像奥利金这样的基督教圣徒，应该说是可以无视“色”的诱惑的，应该说是能够做到坐怀不乱的。遗憾的是，实际情况并非如此。就像考琳·麦卡洛在《荆棘鸟》里所描写的那样，那个一心侍奉上帝的天主教神父竟然犯了色戒，用尼采的话来说，还“创造”了一个新生命。

奥利金同样做不到这一条，起码是他没有这个自制力，缺乏这个自信心。奥利金自己心里明白，他固有的人类“色”性未泯，肉欲不灭，他害怕这个心魔。因此，他不得不在偶像权力的淫威下，操起了灭绝人性的屠刀，充当了屠戮人性的刽子手。

形形色色的劝人即死而他们自己也正要自行了断的人，以及大大小小的奥利金们，“愿他们快些走”。

友情之道

人都需要朋友。没有朋友的人是不幸的。

朋友不同于一般的熟人。朋友之所以为朋友，在于他们相互之间存在一种交情，一种友谊。这种情和谊的厚薄深浅，便是测度朋友交厚关系的准绳、尺度。

有心腹之交，彼此可以推心置腹。他们有共同的思想、语言和共同的情趣、爱好，以至于共同的事业、共同的追求。他们能够互相帮助，互相启发，取长补短，共同提高。这种情谊可以持之以恒，是经得起长期考验的，是有生命力的。这种朋友是谓“缓急可共，生死可托”的“密友”。

另一种是“酒友”，即酒肉朋友。彼此一道吃吃喝喝，拉拉扯扯；虽然讲点哥儿们义气，乃至为朋友“两肋插刀”，但是没有准星儿，没有原则，有时候还难免给朋友添乱，帮倒忙。

又有一种是“贼友”。这种人虚情假意，心怀叵测，古人以“利则相攘，患则相倾”一语道破其贼心。怀裹这种贼心的人，无情无义，其实算不上朋友。

还有一种朋友，予人的帮助最大，教益最多。他们不是人人愿交的，也不是人人能交的，然而却又是不可不交的。那就是历来被人们嘉许为“道义相砥，过失相规”的“诤友”，也有人称之为“畏友”。

朋友之间是平起平坐的，掺不得半点君临臣服。所以尼采说，暴君和奴隶都不可成为朋友。

自己采摘果实

一切至爱都高于怜悯。

友爱也应该是一种高贵的爱——至爱，如同夫妻之爱、父母子女之爱、兄弟姐妹之爱一样的至爱。

至者，极也。至爱，不是一般的爱。不是仁爱、慈爱、怜爱，也不是宠爱、溺爱、偏爱，它是人与人之间的最高洁、最伟大的爱，最深沉、最真挚的爱。

为了便于说清如何对待朋友，如何爱护朋友、帮助朋友，我们不妨先从自己身边说起，从父母之爱说起。

毋庸置疑，普天下的父母都爱自己的孩子，不过爱法各有不同罢了。真正懂得爱孩子的父母，他们并不是拿他（她）当作掌上明珠，一味把玩；并不是把他（她）顶在头上，一味娇惯；也不是任由他（她）为其所为，撒手不管。爱孩子，如人们通常所说，是对他（她）爱护备至、帮扶有加，谆谆教诲、循循善诱，严格以求、绝不迁就。这种爱集中到一点，就是老话常说的“望子成器”，“望子成才”，“望子成龙”。当然，因此有时候，即所望难成的时候，也就会表现为“恨铁不成钢”。

望子成器、成才、成龙，就是精心培育以图他们成为有志气、有抱负、勤奋学习、努力上进的人，成为有用的、有出息的人，以致成为出人头地的人，成为强者，成为人杰。这是一种熔个人之爱、家族之爱、种属之爱于一炉的至上的爱。这无疑是尼采所期望的。

恨铁不成钢，那是对不求上进的不肖子孙的一种爱恨，是指望他力求长进，臻至质的飞跃，超脱旧我，升华为新我，是这样一种甚为复杂的心境。

长江后浪推前浪，一代更比一代强。做父母的都怀揣着这种心愿。用尼采的话说，这叫作自我超越，即使下一代不能到达最终目的——超人，那也是构筑未来超人的桥梁和阶梯，他们的爱之骄子。

尼采告诉我们，至爱是一种付出，一种给予。对子女是如此，对朋友也是如此。有人说，怜悯也是一种给予。这话不错。但是，这是两种完全不同的给予。给予至爱，这是崇高的奉献。给予怜悯，那是羞辱的施舍。

尼采告诉我们，至爱是排斥宽恕的，它决不姑息养奸。是的，心疼孩子的父母是绝不会容忍孩子的错误行为的，不会听任他继续错误下去的。他们一定会苦口婆心地教导孩子，务必帮他改正过来。

这并不意味着要打骂体罚。所谓“不打君王教不成，鞭子底下出好人”，认为鞭打才是有效的教育手段，那是以错误的方法对待错误，其结果往往适得其反。

再说，宽恕也是一种怜悯、施舍，也是对被宽恕者的羞辱。一个真正有出息的人，要强的人，是不愿意被轻饶的。因为这无异于小看他，轻蔑他，耻笑他。

尼采提出，至爱有自己的准则：让饥渴者“自己采摘我树上的果实”。例如，善于教育孩子的父母总是耐心诱导，启发孩子的自觉性，他们既不强迫命令，也不包办代替。这就是尊重他们，承认他们的自主权力，肯定他们的创造能力，鼓励他们自我奋斗，自我发展，自我图强。

大家知道，孩子乞怜于父母是不好的。例如，孩子学走路难免跌跤，他摔倒了便哭着求父母搀扶他，这时候做父母的切不可迁就他。真正爱孩子的父母这时候应该做的，就是鼓励孩子不哭，不怕疼，自己爬起来。

依据这个原则，“乞丐是应当被铲除的”。乞讨者不以接受施舍为耻，反而以乞得一碗残羹剩饭为幸。一般人还会因为人格、尊严受到侮辱而脸红，乞丐却自己把自己的人格、尊严扔进垃圾堆里，让它们在那里发霉腐烂。他们自甘屈辱，他们无视自己的权利和力量，或者懒于使用自己的权利和力量，而乐于躺在怜悯的地毯上仰人鼻息，在慈善家、救世主的恩赐下忍辱偷生，苟且混世。对于这种人，难道不应该大吼一声，猛击一拳，给他们当头棒喝，令他们清醒头脑吗？这类寄生虫难道不应该被灭除吗？

尼采对这类人真是恨之入骨，恨得咬牙切齿。然而，这是一种恨铁不成钢的恨。尼采并不是说要从肉体上消灭他们，而是要从思想上消灭他们，也就是"教化"他们（如果说的是气话，用"驯化"一词来刺激一下，也未尝不可），使他们变为新人。

对待朋友也是这个道理。依赖友人，靠友人的接济过活，那是不光彩的。你大可不必时时周济他，而应当教化他，帮助他，直到他能够自食其力。

教化教化，一"教"一"化"。然而，教不教在你，化不化却在他。有的人一点即化，有的人却是任你怎么教也难化，因为他缺乏那个悟性。

这让人联想到"佛度有缘人"这句话。它的意思是遇到条件成熟的人就度化，而对于那些条件还不足具的人，则不必去勉强他。

"师傅领进门，修行在个人。"师傅把有缘的人领进门，给以教化，但修行的结果如何还要看各人的资质和修为。这很像是让他们"自己采摘树上的果实"。说不定尼采就是受了佛的启发的，也未可知呢。

佛教把布施分为三等。与人财物为下等，与人安宁为中等，与人智慧为上等。而不论是人们所企求的，还是人们所能够得到的，却总是以财物为多，安宁其次，智慧最少。这也反映了世人的一般心态。

智慧不像财物，不是你想给他他就能得到的。这里还是有那个根基的问题。

20世纪30年代，一位藏传佛教大师来到汉地传授密法。他让前来学法者回去打坐，观想大师盘坐在自己头上。一个老太太跟大师学法之后不几天，就来找他，说："您上次教我打坐的时候，让我观想您坐在我头顶上，可是这样我怎么也坐不安稳，总是怕您万一在上面阿屎阿尿。"

大师虽然觉得可笑，倒也不以为怪，说："那么你观想你坐在我的头顶上。"

过了几天，老太太又来了。这回她说：“我还是坐不安稳。您的头光溜溜的，我怕打滑摔下去。”

大师无可奈何。

和这个道理相同，尼采认为他已经给人们以点拨，只待入门者细心领悟了。

朋友之间的相帮相助也是如此。虽说是“帮人帮到底”，但也莫要一切包办代替。果实已然挂满枝头，难道还要别人把果实送到他嘴里不成！

朋友是第三者

他们希求一个朋友，时时引导他们上升。

著名的心理学家弗洛伊德把“我”一分为三，也就是三重人格：本我，自我，超我。

本我是自然的我，是人的自然本性；自我是现实的我，是人的生活实在；超我是道德的我，体现着文明人类的高贵品性。本我贮存着各种野性的本能和欲望，常常同代表社会文明和个人理想的超我发生矛盾、冲撞，自我就是夹在这两者之间的现实，常常也是它们的润滑油、调节剂。

研究者们认为，弗洛伊德的这一思想，追其根溯其源，当是引发自尼采。尼采的“本能”说和“自我超越”说，对弗洛伊德恐怕是影响至深的，而尼采关于自己和自己对话以及需要第三者介入、仲裁的观点，无疑又给了他莫大的启示。

尼采的这一观点可以这样来叙述：一个勤于思考的人，常常处在自己和自己的对话之中，自己给自己出难题，自己同自己辩论；有时候争论得难分难解，翻过来覆过去苦思冥想，钻牛角尖，进死胡同，找不到出路，甚至于陷入错误的泥潭，难以自拔；这时候，迫切需要朋友的介入、帮助、评判，朋友可以成为**“阻止内心中两个对话人沉入深渊的浮木”**。这朋友，尼采把他叫作“第三者”。

读者当然已经注意到，这并不是人们通常所说的那种爱情纠葛、婚姻纠葛中的第三者。这两种第三者是不可混同的。

“酒逢知己千杯少，话不投机半句多。”朋友应当是有共同思想、共同语言的知己。他们可以在思想交流中互相帮助，解决难题，共同提高。

可惜尼采本人没有得到过这种帮助。因为他的思想和一般人相去太远，难以寻得知己。他明知“**孤独像条鲸鱼，吞噬着我**”，但是他仍要坚持到底，就像查拉图斯特拉所说，“**我仍要重归孤独，独向青朗的天空，孤临开阔的海洋**”。他胸怀信念，“**我的时间尚未来到，有些人要在死后才出生**”。他相信他的思想是超前的。他寄希望于未来。

真的被他自己言中，尼采真可谓是死后才出世的，至少是在他身患精神病，失去常人的生活能力以后才出世的。自那以后，他的思想才开始得以传播，才开始有了越来越多的共鸣。到20世纪中叶，尼采在存在主义的产生和发展中得到了巨大的反响。如果没有尼采，那么海德格尔、雅斯贝尔斯、萨特等人的存在主义哲学的出现就是不可思议的。这隔世的朋友虽然未能同他一道切磋学术，探讨问题，但是在替他洗清冤屈上，在克服他的理论的病弱上，却也堪称侠肝义胆了。

尼采说，人是有缺陷的，正因为如此人才应当被超越。所以你不要为朋友的缺陷而懊丧。你必须为朋友作战，向朋友身上的敌人开战，向他的弱点和错误开战。

中国历来倡导交结益友、诤友、畏友。三国时期，有个叫徐原的人，才智过人，因他的好友吕岱的极力举荐，他当上了侍御史。而对待吕岱这位好友，徐原一如既往，毫不客气地批评他的过失，即使在公众场合，也从不留情面，有时甚至叫他下不了台。吕岱呢，却也十分敬重徐原。徐原过世，吕岱非常哀伤，痛惜再也没有人像徐原那样来指责自己的过错了。做朋友就要像徐原这样，这真堪称至交好友、良师益友。

尼采告诫，朋友的缺陷也是你自己的一面镜子，镜子里面反映出来的也就是你自己的尊容。

这就是说，朋友的缺点和过失，就是自己的前车之鉴。朋友有了缺点、错误，不要瞧不起他，说不定自己正患着同样的或者类似的毛病呢。所以，正确的做法应该是，热心地和他一道去总结经验教训，并且把这些经验教训当作宝贵的财富，和他共同享有，以避免重蹈覆辙。

朋友的批评建议也是一面镜子。唐太宗李世民很赞赏宰相魏徵敢于指明他的失当和过错，他以此作为镜子。魏徵病重，他登门探望，并将女儿衡山公主许给魏徵的儿子为妻；魏徵去世，他十分惋惜，亲自为之撰文立碑。他对侍臣们说："人以铜为镜，可以正衣冠，以古为镜，可以见兴替，以人为镜，可以知得失；魏徵没，朕亡一镜矣！"唐太宗善于以人为镜，所以是个明白人，被后世尊崇为"明君"；魏徵不畏惧皇权，敢于直谏，是为忠良，所以被后世尊誉为"贤臣"。

然而人孰无过，魏徵也不例外，可是唐太宗却死也饶不过他。魏徵犯了一个不顾皇上脸面却给自己长脸的错误，他不该背地里辑录他给唐太宗的批评意见传给别人看。加之，他曾经向唐太宗举荐过杜正伦和侯君集，说他们有宰相之才，而后来他们一个因将太宗对太子承乾的不满泄漏给太子而获罪，一个因协同太子谋反而被诛。李世民由此便怀疑他阿附太子一党。于是，他收回了嫁衡山公主给魏家的许诺，推倒了他给魏徵制立的墓碑。这就委实过分了。

虽说"君子之过，如日月之蚀"，瑕不掩瑜，可终究还是信守"闻过则喜""过而能改善莫大焉"的格言为好。所以，人们应当像唐太宗和吕岱那样，善于以人为镜，做个明白人；也应当像魏徵和徐原那样，最贴近朋友的心，去了解他们的所思所想，了解他们的为人，帮他们权衡利弊得失，和他们同呼吸共命运。但是，又切莫像魏徵那样，让人产生以批评别人来显耀自己的感觉；也切莫像唐太宗那样，不问就里，不念旧情，一棍子将人打死。

若是为了友谊，如尼采所说，你还必须"掩饰自己"。如果我们理解得不错，这就是我们常讲的，批评朋友的缺点、错误必须注意方式，讲究分寸。尼采打了一个生动形象的比喻：你能在朋友面前赤身裸体地坦荡相见吗？那样，你岂不是成了无耻之尤？你的朋友会咒骂你着了魔了。因为大家都是人而不是神。只有神才被塑造得完美无缺，才不需要遮掩；只有神才会为裸体而骄傲，为穿着衣裤而害羞。(这说的是古希腊的神，中国的神可不是这样。)

所以尼采提出，即使是对于朋友的同情，你也应当暂且隐藏着，而不要轻易地溢于言表。你要先弄清你的朋友是不是愿意接受你的同情，千万不要刺伤了朋友的自尊心、自信心。

尼采提出，要给朋友以真诚的帮助，为他提供他所需要的精神的新鲜空气、食品和药物。有些人虽然不能拯救自己，却能为朋友两肋插刀，助朋友一臂之力。一些人虽然不能自救，却能够在朋友的帮助下走向新生。

他之所以这样提出问题，中心点是为了帮助朋友踏上奔赴超人之路。所以，他不要习惯于屈从别人的奴隶做朋友。所以，他也不要习惯于主宰别人的暴君做朋友。

可有一条却是莫名其妙的。尼采认为女人只了解爱情，不了解友谊，因而不能做朋友。因为女人既是奴隶又是暴君。

他认为，女人对她所爱的和她不爱的，往往带有偏见，不是屈意迎合、顺从、忍受，就是肆意骄横、武断、撒泼。

他认为，即使在女人的自主自由的爱情里，也会有难以预测的暴变。

他认为，女人永远只是像猫儿、鸟儿一样的玩物，充其量像牝牛那样做一个性交奴隶和生育奴隶。

这又是尼采歧视女性的一条罪状了。

化敌为友

不敌视他人，而且以友谊化解敌视。

中国有一则农夫和蛇的寓言故事，讲的是：有个农夫，某日，路见一条冻僵了的蛇。他出于慈心善意，将它拾起来，揣入怀抱中，用自己的身体温暖它，给它解了冻，使它得以复活。不料这条蛇恢复活力之后，非但不感激农夫，反而以怨报德，用毒牙回敬它的救命恩人。好心不得好报，农夫救蛇反被蛇咬，白白送了自己一条性命。

这个故事告诉人们，切不可怜惜恶人，也不要放过恶人。同时，它也从反面启示人们，要以德报德，而不应恩将仇报；否则，蛇蝎也。

尼采也讲了一个蛇咬人的故事，其立意又别是一番哲理。

某日，查拉图斯特拉止在一棵无花果树下熟睡，一条蛇游了过来，在他脖子上咬了一口。他大喊一声，痛醒了。蛇认出了查拉图斯特拉，便扭着身躯逃窜。

“不要走，我还没谢你呢！”查拉图斯特拉见蛇不解地望着他，便解释道：“我前面的路还很远，你把我惊醒得正是时候。”

蛇不无悲伤地说：“只怕你走不多远了！我的毒是致命的。”

“什么时候听说过一条龙被一条蛇毒死了呢？收回你的毒液吧，你并不宽裕得可以分送给我一份。”

于是，蛇舔回了它的毒液。

这个故事要说的是：如果你有一个仇敌，如果它伤害了你，那么，你既不应该像基督教对待异教徒所做的那样施行残酷的报复，也不要以德报怨，或者像基督徒对待教友所做的那样宽容、忍让，否则他会觉得受了侮辱。一个人被打了右脸，再把左脸送过去，还要以上帝的名义为打人者祝福，这岂不是一副伪善的嘴脸吗？这岂不是陷对方于不义的难堪境地吗？

“一个小小的回击也比不回击更近乎人情。”一定要回击，哪怕是一个小小的回击。尼采认为，最好的做法应该是，要让对手得知他的所为对你是有好处的：你咬醒了我，我好及时赶路，以免误了行程。这一个不是嘲弄而又近乎嘲弄的幽默的还击，不卑不亢。

尼采曾经涉猎过心理学和养生学，他深知没有任何东西比气恼和怨恨情绪更容易消耗人的精力的了。他深有体会地指出，**“怨恨生于弱者，其害罹及弱者自身”**。这个道理古今中外都是相通的。

中国古代医学宝典《黄帝内经》里，就有“怒伤肝”的说法。到了清朝末年，光绪皇帝被慈禧太后所制，怨怒难耐，相传珍妃便作《不气歌》相赠，劝他消气。虽然谈不上什么文学性，没有什么诗意，但是其情其理都说出来了。传抄本如此歌曰：

他人气你你莫气，你若生气他中意。
自古气病治不易，气出病来无人替。
气之为病真可惧，切莫因病把命弃。
诚哉斯言须谨记，千万莫气保自己。

依据同样的道理，尼采很赞赏佛陀的主张，不敌视他人，而且以友谊化解仇敌。他很赞赏佛陀的大度，无怨无恨，认为这是一种很好的摄生法。所以，他时时提醒自己，以此作为养生之道。

按照佛的教义，在除恶的时候，对于作恶者，不要出于愤怒、仇恨，而是心怀慈悲，除恶不仅是为了保护受到作恶者迫害的受害者，也是为了阻止作恶者造下更多的恶业从而在未来受到更惨重的恶报。

这符合现代文明提倡的人道主义，对于已被法庭宣判有罪的罪犯，也尽可能给予人道的对待，不侮辱和虐待囚犯。死刑用注射代替枪毙。很多国家还取消了死刑。

南非前总统曼德拉为废除种族隔离制度奋斗了一生。在他被监禁在狱中的日子，他观察了那些看守们之后，认识到不仅是被压迫者需要得到解放，那些压迫者也需要得到解放。曼德拉完善了他的思想，确立了他领导的非洲人国民大会的宗旨不是要在仇恨中报复白人，把白人赶到海里，建立一个黑人的国度，而是实现种族和解，建立一个“彩虹的国家”，让各种族的人平等、和睦地相处。这种超越了以牙还牙的种族仇恨的宽容态度，使得曼德拉和非洲人国民大会得到了包括南非白人在内的世界人民的支持，最终在南非实现了种族和解。

是啊！古训有云：冤家宜解不宜结，得饶人处且饶人。否则，冤冤相报何时了！

话虽如此，可是也不能绝对化了。夫子说过，“来而不往非礼也”。善应当善报，恶也应当恶报。那些恶人，坏人，战争贩子，杀人魔王，必得“老鼠过街，人人喊打”，该谴责的谴责，该法办的法办。决不能姑息养奸。不然的话，社会公理何存？社会良知何存？

跨越障碍

不要迁就你的同伙！人是要被超越的一种东西。

尼采用个人主义的眼光看待世界，看待人生，因而视人生完全如同竞技。无论是谁，亲朋好友也罢，街坊邻里也罢，旅途同伴也罢，在尼采看来，他们都如同竞技伙伴，都是人生道路上的竞争对手。

大凡人们都看过乒乓球比赛，有时候对手是两个同窗密友，甚至是双打搭档，他们一旦对打起来，竟是那么认真，分毫必争。这是为什么？

大凡人们都看过跑车拉力赛，那竞争之激烈程度，扣人心弦。那里决无姑息、谦让，有的只是拼命的追逐，恨不得从前者的头顶上飞跃过去。同赛的对手抛锚了，翻车了，着火了，受伤了，甚至死亡了，这一切他都全然不顾。他不会退出赛事去救护，仍然飞驰着向前奔去。这又是为什么？

因为这是竞技者的一种敬业精神。他们的职责就是点燃自己生命的火把，升起自己生命的光焰，以此去创造人类的辉煌业绩。这就是他们对于人类应尽的义务和应有的贡献。至于不幸的同伴，自然另有专人去履行他们的救死扶伤的职责。

因为这也是竞技者的一种职业道德。他的任何谦让，都会被看作是对于竞争对手的轻视、藐视，乃至于蔑视和鄙视，那便成了侮辱了。武侠小说里的武侠义士，就不乏这类描写。其他各类竞技，亦复如此，只有棋类游戏中的高手和初学者对弈才有让子儿一说。

有诗云：“有花堪摘直须摘，莫待无花空摘枝。”又道是：“过了这个村，没有这个店。”凡是自己有能力办到的事情，务必要竭尽全力去办好，切莫因为迁就他人而坐失良机，贻误大事。不然，势必愧对自己，愧对亲友，愧对社会，饮憾终生。

《查拉图斯特拉如是说》序篇有这样一段走钢丝表演的描写：

> 一条钢丝系在两座塔架之间，一个表演者正走在钢丝上颤颤悠悠地前行。他走到钢丝中段的时候，又一个身着彩衣的丑角似的少年出现了。这少年迈开雄健的步伐，跟随着第一个表演者前进。
>
> “快点吧，瘸子。”少年用可怕的声音喊叫着，“快走啊！懒骨头，泡蘑菇，不害羞！”
>
> “你来钢丝上干吗？你应该龟缩在塔里。你阻挡了本领高强的人。”少年每说一句便逼近一步。
>
> 这丑角走到同前者只有一步距离的时候，鬼也似地大吼一声，从碍着他的进路的表演者头上一跃而过。
>
> 先前那个表演者被对手跨过去，顿时慌乱起来。他一脚踩空，平衡杆从手中滑了出去。他慌恐间一阵手足乱舞，终究无济于事，一头栽了下来。

这表演者虽然死去了，但他是恪尽职守的，是勇于冒险的，他没有躲在塔里当懦夫。少年丑角有一点也值得称道，即他尽了自己的努力，没有因为姑息迁就同伴而耽误了表演的进程。虽然，他的话很不文明，很不友好，很不可取。

尼采告诉人们，走钢丝表演如此，人生道路也是如此。他打了这样一个比喻：人类就像是一根系在兽类和超人之间的钢索，一架悬在深谷上的索桥；人生就好比是走钢索，过索桥。从这头走过那头去是危险的，停留在半道上是危险的，频频回首张望也是危险的，战栗不前甚或退缩更是危险的。

如前面曾经说过的，尼采认为人类的伟大之处，正在于它是一座桥而不是一个目的地。他认为人类的可爱之处，正在于它是一个过程，一个自我衰蜕和自我更新、自我超升的过程。尼采爱那些只知道为更新而生活的人。因为他们是甘冒危险的过桥客，是向超人跨进的尽职者。

尼采的偏颇是显而易见的。竞技固然是人生的一部分，竞争固然是人际关系的一方面，但是绝非全部。除此之外还有更加必不可少的亲情、爱情、友情以及其他种种人情，人之常情。你看，运动员一结束比赛便握手寄情，一离开赛场便是知交好友，甚至是莫逆之交。

尼采给人生涂上个人主义的重彩，抹去了人性的光辉，由此走向了极端。为此，必须驱散这个人主义阴霾。如此，其精神便不无可取，不妨以为借鉴。

所以，对于人世社会的一切弊端，决不要迁就姑息。

所以，对于你周围的一切颓败堕落的人和事，决不要迁就姑息。

所以，对于你的伙伴的衰弱，决不要迁就姑息。

跨越障碍物，继续过你的索桥吧！

友和敌和我

你可能遇见的最危险的敌人，是你自己。

一个真理的探索者，新道德的创立者，一个自我图强、自我“提升”、自我更新者，务必分清敌人和朋友，务必正确地对待敌、我、友。

没有朋友的支持和帮助，没有朋友的鼓励和慰藉，独自奋斗，那是很痛苦的、很哀伤的。尼采一生最抱憾的，恐怕也就是这一宗了。

朋友，最好是志同道合的，就像前面我们讲过的马克思和恩格斯那样。志同道合，才能推心置腹，肝胆相照，同舟共济，荣辱与共。不然，各打各的小算盘，同床异梦，那势必互存戒心，乃至各自心怀鬼胎。君不见可以同生死共患难而不能同荣华共富贵者，大有人在么！君不见连同床共枕的夫妻，打得不可开交，最后离异了事的，也大有人在么！

志同道合，就不是一般伙伴，不只是同路人。这里最重要的是“志同”。有道是，志不同则道不合。志不同的人，航向、目标、原则、方针不一致的人，即使暂时同路，终究还是要分道扬镳的。尼采和瓦格纳的友情的破裂，就是一个例证。

当然，这里讲的是挚友，至交。若从群体的角度来说，这当属“自己人”，属于“我”的范畴，而“朋友”则要宽泛得多。从这个意义上说，朋友应该是越多越好。有人相伴同路，互相照应，互相帮助，总比孤身一人好。

敌人就和朋友不同了。

有那“正义之士”在蔑视你，把“不义”的罪名掷给你；有那“道德君子”在鄙视你，把“缺德”的恶名甩给你。他们惯于把那些更新道德标准的人钉在十字架上，作为对于标新立异的叛教者以及异教徒的惩罚。

还有一些人，他们会向你表示出热情，但是，你千万不要把你的友谊之手伸得太快。有的人是不值得你伸手的，他们表面上和你握手言欢，脚底下又在给你使绊子。对这种人**“你应当伸脚，而且最好是带爪的”**。尼采如是说。

尼采写完这些，用个“但是”笔锋一转，又说，**“如果你想做发光的星球，你还得不念旧恶，用你的光辉去照耀他们”**。他是说应该用自己的思想去教化这些人。

不要树敌太多，要把争取和团结的对象范围，扩大到敌人的脚跟下。即使对待敌人，也要做到有理、有利、有节，要做到仁至义尽，力求化干戈为玉帛，就像前面所讲的查拉图斯特拉对待咬他而终将毒液舔回的毒蛇那样。这兴许不只是尼采的一种愿望，而且已经是我们中国人的一种传统的美德善行吧。看看我们是如何对待战犯的，就不难明白了。

接着，尼采更进一步宣告：**“你可能遇到的最危险的敌人，还是你自己。”**

“你遵循着自我的道路向前迈进！这路上要经过你自己的七个魔鬼！”

所谓自己的七个魔鬼，尼采是这样说的：**“你会成为你自己的异教徒，巫婆，卜卦人，疯子，迷幻师，恶棍，亵渎者。”**

事物的变化、发展，其内因是决定的因素，外因是它的条件。这是辩证法的一个重要观点。看来尼采在这里也是认同这一观点的，虽然，他是唯心的。所以，他坚持认为不要看重外在环境对生物发展的影响，而应当重视生物自身内在的自主意志、自强意志的作用。强调正视自身的弱点、缺点和不良品质，强调把自身的弱点、缺点和不良品质看成为自我超越的主要危险，坚决加以克服，便是这一观点的具体发挥了。

的确如尼采所说，有的人一旦被削去了奴籍，便丧失了最后的价值。他不能自立，不知道怎样走路，不会行使自己的自主权力。他受旧观念、旧道德的禁锢太久，中毒害太深，以致他的头脑和他的双腿都麻木了，别说运用自如，恐怕连动弹都有困难了；他习惯于听命，服从，按照“一——二——一”的口令机械地迈步；他习惯于循规蹈矩，习惯于“非礼勿听，非礼勿视”，非“礼”不敢越雷池一步。于是他举步维艰，寸步难行。

这时候，他最需要朋友的激励和鞭策，最需要朋友来帮一帮，最需要朋友和他一道来战胜他自己这七个敌人。

无论是战胜敌人还是战胜自己，你都可以而且应该和必须指望朋友——第三者——的相助。但是，千万不要忘记，最重要的还是依靠你自己。你要像雄狮一样去征战，去搏击。因为，朋友的帮助毕竟是外因，朋友毕竟是处于内在矛盾双方之外的第三者，他们可以帮助你，但是不能替代你。

既然削去了奴籍，就是一个自主的人，一个具有自我支配力的人，握有自主权力的人。你已经是这种人了吗？如果是的，那你就高举起你的自由火把，去点燃你的生命的圣火，铲除你的“旧我”，把你的“旧我”烧成灰烬！

至交需是远客

你应当爱你朋友身上的超人，以此作为你存在的要素。

查拉图斯特拉对世间一般人的交友很不理解，甚至很不以为然。在他看来，交朋友最应当交的是“远客”，而不应当囿于“近邻”。

人们常说，远亲不近邻。街坊邻里，经常相处在一起，互相关照，互相帮助，这是人之常情。虽然从血统亲缘关系上说，他们相互之间可能八竿子打不着，但是因为朝夕相处，过从甚密，所以情谊笃深者大有人在。而有些人虽然是至亲，例如兄弟姐妹，甥舅叔侄，但是远在千里之遥，当你遇有危难之际，他们心急如焚必欲相帮，却是爱莫能助。

远亲尚且如此，远客就更不消说了。

尼采连这个普通的道理都不懂吗？当然不是的。他所说的“远客”“近邻”，自有他所说的特定的含义。他在《查拉图斯特拉如是说》一书的《爱邻居》里，有几段话可以引导我们去意会它。且看他是如何写的。

“爱远客，爱来者，高于爱近邻；我认为对来者及其幖象的爱，高于对人类的爱。”

“我的兄弟，这走在你前面的幖象，比你美好；你为什么不把你的骨肉心血给它呢？可是，你害怕了，你逃到邻居家去了。”

“让将来和最远的物事成为你今天所作所为的动机吧：你应当爱你朋友身上的超人，以此作为你存在的要素。”

可见，这里所讲的“近邻”就是和自己不相上下的、半斤对八两的常人，而“远客”则是高于自己的、具有某种近乎超人素质的人，也就是能够带领自己“提升”的人，引导自己走近“超越”的人。

中国素有“良师益友”之说，至交好友，互相学习，取长补短，既是朋友，也是老师。尼采之说与此似乎有某些相通之处，但又不很相同。中国素来讲的是“三人行，必有吾师”，尼采却是强调要结交强于自己、胜于自己的人。

尼采劝人们善于交朋友，交好朋友，这无疑是正确的。人都是互相影响的，“近朱者赤，近墨者黑”，所以古人有“近贤者，远小人”之诫，有孟母三迁之举。倘若常常和赌棍厮混，那就难免被拉下水变成赌徒，要是不幸和毒贩为朋，那就有堕落为瘾君子的危险。近些年来，这类事件的发生不在少数。

所以，选择什么样的人交好委实至关紧要。这不仅反映了择友者的人生走向，而且在相当程度上制约着他的人生道路。这个问题切切不可等闲视之。

但是，尼采认为结交“近邻”是一种“错误的自爱”，是想把亲近左邻右舍当作一种道德，以示自己的“利他”。这种贬低结交“近邻”的观点，却不敢苟同。

如果一个人真心实意地结交他的邻人，这有什么不好呢？这样的“利他”又有什么不好呢？这其实是一种美德。

我们中国，千百年前就倡导“前人栽树，后人乘凉”，倡导“老吾老以及人之老，幼吾幼以及人之幼”，而不鼓励“各人自扫门前雪，莫管他人瓦上霜”。我帮你，你帮我，我为人人，人人为我，这已经成为一个民族繁荣昌盛的重要律条。

再说，如果人人都只结交“远客”，那他们就永远也交不到朋友。由于每个人都以自己为坐标，都要求结交强于自己、高于自己的人，都不屑于和自己旗鼓相当的乃至弱于自己、低于自己的人做朋友，因此，谁也交不上朋友。你要结交“远客”，可人家看你是“近邻”，不与你结交。

尼采还批评结交近邻者，说道：**“这个人之所以去邻居家，是为了寻找自我；那个人之所以去邻居家，是为了忘却自我。”**

所谓寻找自我，无非是为了摆脱空虚的无聊；所谓忘却自我，无非是为了摆脱梗塞的无奈。总之，都是为了自己摆脱孤独。

从盛赞孤独出发，尼采认为，无论是寻找自我还是忘却自我，都是“错误的自爱”。他说，这两种人都把“孤独”看成为一种“牢狱”，他们忍受不了孤独，离群独处对他们来说是一种痛苦。

尼采的看法很怪，总是跟别人不一样。

“看吧，这痛苦就是从那群体意识里产生出来的，而这意识的最后微光，在你的痛苦里闪烁着。”尼采在《查拉图斯特拉如是说》一书的《创造者的道路》篇里如是说。

尼采在这里是有点强词夺理了，甚至是颠倒黑白、混淆是非了。孤独的痛苦怎么能说是从群体意识里产生出来的呢？它分明是从脱离群体的孤独中产生出来的！难道离群体越远就越少痛苦，把群体意识、集体主义的光芒完全熄灭，就可以彻底摆脱痛苦吗？

“但是，你愿意遵循你的痛苦之路，换句话说，你的走向自我之路吗？如果是的，那么，表现出你的意志和力量吧！”

原来，尼采是在自欺欺人。他把孤独的痛苦分为两种，一种是出自群体意识的，一种是出自自我奋斗的。后一种就是尼采所选择的道路。这里虽然也有孤独、痛苦，但是也有欢快、幸福。这分明是尼采在给自己寻找安慰，看来颇有一点阿Q精神的味道。

尼采把人类“提升”“超升”的希望，完全寄托在各个人的孤自奋斗上，把它同社会群体绝对对立起来，同有组织的群体活动绝对对立起来，这注定是一种不切实际的幻想。

话又说回来，尼采批评有些人交友不是互相帮助，而是互相利用，或显美自己，或谋求某种不可告人的私利，这却是针砭时弊的。不是吗？你看，有的人想赞誉自己，抬高自己，以便达到某种不可告人的目的，却又不便启齿，于是以交友为名，物色几个代言喉舌，招来几个吹鼓手，借他们的口或笔为自己树碑立传。于是便有那宵小鼠辈乘隙而入，来为他抬轿子、吹喇叭，连吹带捧，无所不用其极。

可这只不过是一种交易，一桩买卖。前者给钱，利用后者图名；后者效力，利用前者图利。他们一旦利用完毕，就可能毫不客气地过河拆桥，以至卸磨杀驴。这里能有什么友爱，能有什么真情真谊？

交友，不应该是利用，也不应该仅仅是学人之长。交友，是一种双方相向而行的互学互助，互相奉献。所以人们才有“为朋友两肋插刀”之说。

我们中国，古人把交友的全部涵义浓缩在一个字里，那就是：

“义”。

人间万象

人虽然是地球上最高级的生命，但是人们的生存空间，无论是自然环境还是社会环境，并非都如人所愿，并非都像摇篮襁褓那样温暖亲和。

人们赖以生存的自然环境，是非常非常冷酷的。火山，地震，风暴，海啸，洪涝，干旱，还有疾病瘟疫……天灾不断。

人们借以生存的社会环境，也是非常非常冷酷的。几千年来，战争，掠夺，偷盗，抢劫，盘剥，奸淫，欺诈，勒索，以至谋财害命……人祸连绵。

尤其是到了尼采所生活的那个时代，尤其是在德国，封建陈迹尚未完全消除，资本主义的社会弊端又已显露于世，人们被扭曲的群像历历在目。

面对这严峻的生存空间，各色人等采取了各不相同的生存姿态和处世之道，或进击，或混世……各有各的活法。由于这种原因，也就产生了各不相同的定位，或英雄，或懦夫……各有各的结局。

尼采对他所接触到的社会弊端痛恨切齿，对被这个社会扭曲的众生群像看不顺眼。他怀着沉重的心情，从他的超人哲学的视角，用他特有的眼光和手法，描绘了几幅图画，勾勒出几张脸谱，把映入他眼帘的社会丑态集中展览于世间，曝光于天下。

“沉舟侧畔千帆过，病树前头万木春。”祈愿这病树统统化作春泥，化为滋润那欣欣向荣的万树千花的沃土。

冷酷的恶魔

国家是给大众埋设的陷阱。

国家是什么？尼采认为，国家是给大众埋设的陷阱，是一切冷酷的恶魔中最冷酷的恶魔。这直接所指就是他的故国，普鲁士王国。

尼采生长在铁血宰相俾斯麦当权的时代。这时，普鲁士王国日益强盛。它相继兼并了几个小公国，在赢得普法战争的胜利之后，形成了一个强大的德意志帝国。然而，这个帝国是一个怪胎，是新兴资产阶级和容克地主妥协的怪胎。在这里，到处仍然飘荡着中世纪的尘垢，漫布着封建文化的垃圾，又加上了时兴的追逐铜臭和饕餮的物欲。

德意志帝国窒息了人们的自由呼吸，抑郁着人们对个性解放的渴求。

尼采年轻的时候也曾一度对俾斯麦统一德意志的政绩表示赞赏，对统一的德意志也曾有过某种幻想。但是，他一开始就不满于俾斯麦的“邪恶的手段”。普法战争后，尼采便逐渐看清了德意志帝国的伪善面目，指出它是“一切文明国度的非常危险的势力”。

自从尼采赴瑞士教书以后，他便长期漂泊异国他乡，然而故国的命运依旧牵动着他的游子之心。他对德意志帝国彻底失望后，曾经申请加入瑞士国籍，而德意志政府却横加干涉，致使瑞士政府没有批准他的申请（另有他已加入瑞士国籍一说）。

“国家是所有的人，包括好人和坏人，都被毒化的地方，都失去了自我

的地方，都在慢性自杀——却被称为‘生活’的地方。”这是尼采对国家主义和德意志帝国的无情的揭露和鞭挞。

尼采指出，国家是个骗子，是条伪善的犬。什么“朕即国家，朕即民族”，那是骗人的。从它口中爬出来的都是谎言，颠倒是非善恶的谎言。

尼采指出，国家是个窃贼，它的一切都是偷来的，连它咬人的牙齿都是偷来的。为了掩饰它的丑恶嘴脸，它还恬不知耻地自称是上帝发号施令的号手。

尼采指出，国家是个偶像，它是为多余的人而设立的。那些“大耳朵”“小眼睛”的庸众，那些无能之辈、贪婪之徒，如今都在它的卵翼之下互相攀缠、互相纽结、互相推搡、互相踩踏，以谋取最大的利益、最多的金钱。

尼采对帝国的抨击是猛烈的，无情的。他渴望改变这种现实，铲除这个冷酷的恶魔。

“**我们都在幼年时期呼吸过50年代的潮湿空气，对于‘德意志’这个观念，不能抱以期望；我们除了革命之外，别无他途——我们决不能容忍伪善者所把持的权柄。**”尼采指望以反抗的雄狮精神将革命武装起来，以此来铲除帝国权力，实现自己以及国人的权力意志。

尼采说的这些，都是从经验出发的，凭激愤写出来的。他没能对国家给以科学的历史的剖析。他不加区别地否定一切国家。他寻求国家消失的地方，但是他不知道这种地方在哪里，也不知道如何到达那里。他所梦寐以求的“彩虹和超人之桥的那边”，“极北净土”，那只是一派虚无飘渺的海市蜃楼。

值得一提的是，和尼采同时代的另外两个“无祖国”的德意志人——马克思和恩格斯，倒是对国家做了一番科学的考察，并且用“精细的分析和严格的推理”作了一番论述。

他们在研究了婚姻、家庭、私有制和国家的起源以及法国革命的经验之后，得出的结论是：国家是阶级压迫和阶级统治的工具；它是私有制社会阶级斗争的产物，随阶级斗争的发展而变化其形式。我们知道，在历史上最初出现的是奴隶制国家，继而是封建制国家，现代有资产阶级民主国家和帝国主义国家，到上世纪中后期亚洲、非洲、拉丁美洲的许多殖民地人民挣得解放成立了民族独立国家和人民民主国家。当无产阶级在具备自身经济解放的物质条件的时候，将通过适当手段“以社会的名义占有生产资料”，阶级和阶级斗争将消失，国家将“自行消亡”。按照马克思主义的观点，社会主义国家已经不是原来意义上的国家，或者按照列宁在《国家与革命》里所说，是消亡过程中的“半国家”。

无产阶级解放的物质条件是自身的强大成熟和社会生产力的高度发展。《共产党宣言》指出：“无产阶级在普遍激动的时代、在推翻封建社会的时期直接实现自己阶级利益的最初尝试，都不可避免地遭到了失败，这是由于当时无产阶级本身还不够发展，由于无产阶级解放的物质条件还没有具备，这些条件只是资产阶级时代的产物。”苏联就是无产阶级获得解放的第一步即政治解放后，未经人民民主阶段，便在封建农奴制沙俄帝国的废墟上建立“社会主义”国家，是个超前的历史早产儿，必得借强权政治来维持，同“半国家”背道而驰，失败在所难免。

尼采同马克思、恩格斯的根本区别在于，他不是用阶级的观点去审视国家，而是从生命价值、个人权力的个人主义立场去否定国家。所以，罗素曾经批评尼采说，他的观点和拜伦一样“是一种贵族无政府主义”。

尼采的理论也是前后自相矛盾的。他的笔记里，就有主张“贵族政体”，由“新贵族”当权的记述（后面还要讲到）。他还说过：**“维护军事国家乃是最高和最后的手段，对最高的种类和最健壮的种类来说，不论是创立还是确定伟大的传统，都少不了它。”**

由此看来，他又不是完全否定国家。他是主张以“新贵族”军事国家为手段，夺取伪善者把持的权柄。

尼采以自己单个的生命同强大的国家抗衡，这已经注定将出现的是悲壮的一幕。再加上他这种蕴涵着漏洞的模棱两可的理论——我们姑且称之为“模糊哲学”吧——他就势难逃脱悲剧的命运了。

在他去世约30年后，悲剧果然上演了。他的学说竟然被他所深恶痛绝的国家所利用。他的著作成了德意志帝国士兵的必读书，他用以表述人类未来的“超人”概念成了这时德意志民族的傲称，他的学说成了德意志帝国的思想旗帜，他自己也不明不白地成了纳粹的先驱。

这是尼采做梦都不可能想到过的。如果他泉下有知，真不晓得会作何感想。

尽管尼采的国家观不够科学，有局限，有错误，但是，这个德意志帝国的叛逆者毕竟无情地揭穿了帝国的恶劣品质。

下面这句话，更应该被看作警世名言。

“毁灭者给大众埋设陷阱，却名之为国家：他们高悬着利剑和利欲。”

高悬着“利剑”——这个恶魔是地道的屠夫，它是以鲜血为饮料的嗜血魔王。

高悬着“利欲”——这个恶魔吞噬一切社会财富，同时也剔取一点牙惠用来收买和腐蚀庸众。

还有一个尼采没见过的新发明：

高悬着“利用”——这个恶魔还是挖掘陷阱的老手，他已经把陷阱挖到了尼采的脚下，塌陷在尼采的脚下。

人有高低

人是不平等的。他们也不应该平等。

登山，越野，种种赛事，都有前有后，有高有低。因为人们的体力不同，技能不同，战术不同，所以，赛事结束，有的可以获奖，有的不能授奖。得奖者也分为几等，有冠军，有亚军，还有第三名屈居季军。

同理，人们的能力有大有小，他们所创造的价值也就不可能相等，因此所享有的回报也不可能相等。所以，公务人员有等级之分，教学人员有等级之分，各类技术人员也都有等级之分，他们的工资福利也都相应地有不同的待遇。

尼采用他的超人哲学来观察世界，看到的是熙熙攘攘的人群走在千万座通向“超人”的桥梁上和阶梯上，匆匆往前奔去，往上登去。他们争着，斗着，赛着，拉开的距离越来越远。还有那踏步不前的，坐着不动的，就更不用说了。这就分出来了先后高下，分出来了等级。

从这种情况出发，尼采推而广之，把它套用于社会政治领域，因而断言，凡有差异的地方，有冲突的地方，有争斗的地方，就不会有平等，就应该有等级制。

依据这种理论，尼采认为，善和恶，贵和贱，高和低，以及一切道德范畴，它们都是斗争着的，变动着的，都标示着生命的自我超越或者自我衰退的不同的价值。

尼采还以美做例子，打了一个比方。美里也有争斗和不平衡，有主导和配合的对立，有中心和陪衬的对立。拿建筑物来说，在人们常见的和谐统一的地方，尼采看到的却是圆顶、甬道、拱门在庄严的对比中争持着，还有它们的明亮处和阴影处在强烈的反差中争持着。

尼采认为，“平等的意志”是反对等级制的，是反抗一切支配强力的，即反对“权力意志”的。因此，平等以及平等的倡导者遭到尼采的猛烈攻击。

在尼采看来，一个人应该有自我支配的权力，而“高贵的人”更应该有支配他人、教化他人的权力；如果讲求平等，那就是放弃权力，就会降身以从，就会陷入平庸性的统治，最终受制于乌合之众。

起先，尼采也许是从反基督教的角度提出问题的，是对抗“上帝面前人人平等”说的。

尼采写道：“**‘上帝面前人人平等’这个概念为害最深；人们会禁止本来属于强者特权的那些思想和行动——仿佛强者就不配做人似的。人们破坏了强者的名声，因为人们把最弱者的护身符（也是矛头指着弱者自身的）树为价值标准了。**”

所以，他认为争取平等权的斗争是一种病症。

后来，他感到对平等权利、权力平等的要求是同个人主义的东西对立的，是不利于高贵的人的，是反“贵族政体”的，于是，他进而反对在法律面前人人平等，反对人权平等，反对民主主义。

他认为民主制实际上是“自然化的基督教”，说什么服从多数也是一种偶像崇拜。

他在《权力意志》里甚至写道：“**‘权力、远见和领导天赋等等，是在少数人那里’，还是‘在多数人手里’；建立寡头政治，还是建立民主政权——这是民情的分野。**”

他把自己分在哪一类呢？看看他在笔记里写的下面几行文字，就明白了。

君主政体，体现了对超凡的人、元首、救星、半神的信仰。

贵族政体，体现了对少数精英、高贵者的信仰。

民主政体，则体现了对一切伟人和精英的怀疑。因为它代表“人人平等”。“质而言之，我们大家都是自私的畜生和庸众”。

尼采虽然不赞成君主政体，但是崇尚“贵族政体”，而且激烈地反对民主，鼓吹寡头政治。他认为：**“一切纵容包庇和让‘人民’或‘女性’出人头地的作法，都等于赞成普遍选举权，即赞成劣等人的统治。”**他主张：**“取消普遍选举权：即取消最低级天性借以为高级天性立法的体系。——消灭平庸及其影响。”**由此我们也可以看出，尼采为什么会受到希特勒的推崇和利用了。

尼采有一点还算可取，那就是他有话直说，不隐讳自己反对民主主义、民主政权的观点。他不像后来有些所谓的“民主主义”者那样，虽然实际上和尼采一样把个人权力捧到高于一切的地位，实际上主张精英政治，却偏要挂个“民主”幌子，拿“民主”来做遮羞布。

有一点是被人误解了。这里所说的“贵族”，并不等同于社会阶级意义上的贵族；这个“贵族”就是“高贵族”，即高贵者一族，也就是“精英族”。从《德国人缺少什么》可以看出，尼采所说“高贵”是同“中庸”相对应的，由此也可见精英是同庸人相对应的。这“族”犹之于“工薪族”“追星族”的族，是指一类人群。高贵族就是尼采心目中极富创造力的人群。

这个人群既不是高举利剑的屠夫，也不是编造政治谎言的骗子，也不是他十分厌恶的“从垃圾堆里也要榨出最后一点利润”的资产阶级老爷。这个人群想必就是睿智的哲人们，正如柏拉图所说的，哲学家是最高层次的人。

基于这种理论，尼采往往把人看走了样。不过在当时，这对于识别那些打着平等的幌子来欺骗百姓的资产阶级政客来说，却也一针见血。

尼采说，鼓吹平等的人是一帮无能者。**“你们这些平等的鼓吹者，从你们要求平等的呼声中显露出来的是没有性能力的疯狂暴君”**。

他认为，他们在图强的角逐中受挫，甚至败北，因而发出暴戾的、疯狂的呼号。受挫后或者失败后的羞辱，压抑下的嫉妒，变成报复的火焰，从无能者的胸中爆发出来。他说，他们的怨诉都是报复的叫喊，他们即使歌颂功德那也只是恶作剧。

尼采还特别告诫人们说：**“当心那些有强烈惩罚本能的人吧。”**是的，他们只是要求别人对他们平等，而他们从来都不会平等地对待别人。

尼采说，鼓吹平等的人也是一帮伪善者。他认为，他们用道德的语言掩藏着他们内心深处穷凶极恶的欲望。这些以“善良者”“正直者”自诩的伪君子，他们一朝权力在握，“就会成为法利赛人”。这也正可谓是当时欧洲政坛的一个写照。

法利赛是古代犹太教的一个派别，盛行于第二圣殿时代。他们强调维护犹太教传统和严守律法教规，仇视信奉异教的人们，排斥异己。

尼采最痛恨那些打着所谓生命学说的旗号鼓吹平等的人。他骂这类人蛊惑人们的灵魂，口头上赞颂生命，而所作所为却远离生命。他说，他们是想毒害别人，想毒害有创造力的人。

反对平等，尼采是吃了秤砣铁了心了。他让查拉图斯特拉斩钉截铁地说：**“人类是不平等的。他们也不应该平等。如若我不这样说，那么，我对超人的爱何以存在？”**

很明显，尼采认为具备超越创造力的人是高人一等的人，是人上人，是治人的人。他在《权力意志》里一再提到的“贵族政体”，想必就是由此推演而来的。他这种观点，对于熟知中国先哲所说“劳心者治人，劳力者治于人”的人来说，当会有似曾相识之感。

很明显，尼采把人的知识的多少、能力的大小同他应当享有的权力完全混为一谈了。似乎人的任何权力都是大小不等的，而不等的程度是由他的智力和能力的大小来决定的。

这里有个似是而非的问题。社会委以某人某种权力，这固然和他的智力、能力相关，但是，难道人的智力和能力可以成为换取任何权力的筹码吗?

尼采的结论是从他的超人理论出发，逻辑地推导出来的，未免片面、武断。他的平等概念没有逻辑的和历史的分析，不懂得平等包括政治的平等、经济的平等、社会的（含文化、教育、其他社会事务和社会福利的）平等，也不懂得平等是一个历史的过程，当然更不可能预见未来。

我们知道，马克思和恩格斯最早从逻辑和历史的结合上，对平等和平等说作了科学的分析，其后的马克思主义者进一步发展了他们的思想。

马克思主义揭露和抨击了人类社会的不平等，指出了人类社会的不平等从根本上说就是阶级压迫和剥削。因此，被压迫被剥削者首先必须争得政治上的平等权利，并据此去获得生产资料以及文化、教育等各方面的平等的社会权利，进而获得以劳动为尺度的分配上的平等权利，即通常所说的按劳分配，最后达到事实上的平等——按需分配。

马克思主义对资产阶级的平等说做了历史的分析，既肯定了它在资产阶级革命时期反封建、争人权的进步性，又指明了它的局限性和虚伪性、欺骗性。马克思主义也反对小资产阶级平均主义的平等观。

马克思主义把平等解释为阶级的消灭。至于各人的趣味和需要的满足，就像住在阿尔卑斯山上和住在莱茵河畔的人的消费水平存在差异一样，在任何时候都不可能是均等或者说“平等”的。人类社会一旦实现按需分配，达到事实上的平等，一如我们的先哲所憧憬的大同世界，那也就不再存在什么平等和不平等了。

其实尼采也是自相矛盾的，招前不顾后的。

前面说过，尼采既反对和暴君做朋友，又反对和奴隶做朋友。这就是说，朋友之间不应该有君臣、主仆那样的不平等关系。这就表明，他事实上也是主张朋友平等的。

再说，就人格尊严而言，他实际上也是在反对不平等。他不是指望消除庸人，“改进”人类，直到整个族类都提升为超人吗？那时节，不也是世界大同了，人人平等了吗？如果说还有什么不平等的话，那就只有男人统治女人，男女不平等了。可是尼采在讲平等问题的时候，女性是被排斥在外的，就像印度的公共厕所男人可以免费使用而女人必须付费那样。他根本就没有把女性放在眼里，就没有把女性当人看。

至于他所谓“我所意志的事，他们没有意志的权利”这类关于不平等的论证，那不过是强调各色人等自强力水平的不同等，强调人们在自我创造、自我超越上能力大小和行进程度的不同等，强调强者和庸人的事实上的差异。这是不能和社会平等问题混为一谈的。

尼采所说的不平等，原初无非是对基督教所谓“在上帝面前人人平等”的抗衡和反拨，是为“高贵的族类”即哲学精英们的“教化”权力鸣锣开道。遗憾的是，他犯了形而上学的错误，不是具体问题具体分析，而是笼而统之地一概否定社会平等。他这种观点缺乏科学性，缺乏理论的严肃性和严密性，而且走向了极端。

高贵的人

你们应当成为未来世界的创造者，播种者，培植者。

“我教导说：人有高低贵贱之分。”尼采把人分为两类：**“比较高级的人和群畜之人。”**高贵的人是“标新立异者”，是具有“创造精神”的人。

以往，有些人把有权有势的人看作高贵的人，把财大气粗的人看作高贵的人。这是错误的。

高贵是一种文化内涵，一种崇高的道德价值。

高贵是不能用权势攫取得来的。俾斯麦，铁血宰相，东征西讨，北侵南掠，其权不可谓不重，其势不可谓不大。然而，他高贵吗？不。他不但不高贵，反而已经成为历史的罪人，记录在案。殷纣王，统领八方诸侯，权倾华夏，威慑四海，其权不可谓不重，其势不可谓不大。然而，他高贵吗？不。他不但不高贵，反而被正义者葬身火海，遗臭万年。

高贵也休想用金钱买得。有那种暴发户，原本不学无术，可是凭着手中的钱财，在享受荣华富贵之余，竟也购置些古玩字画，装点门面，附庸风雅。这就能使自己变得高贵吗？不能。这只能令人嗤之以鼻。至于有的人雇人写书作画，替自己扬名，那更是欺世盗名，人格扫地。

这种“高贵”者，欺人不成，自欺而已。

“凡有卖价的，都没有价值。”尼采这句话虽有偏颇，但是暂且撇开经济学不说，就人格、品行而言，却是掷地有声的至理名言。何况，这是针对当初不学无术的资产者、商人来说的。他认为，那班资产者、商人只晓得忙于赚钱，丝毫没有文化品位。在资本的原始积累时期，大概的确是如此的。从历史上看，还有不少是靠海盗发家的呢！

买来的名声、荣誉，就像我国晚清时期的买官捐官，一钱不值。名为“高贵”，实则低贱，令人作呕的低贱。

高贵不是拣来的、讨来的、买来的，而是从自己的所作所为中创造出来的，从自己的言行和建树中创造出来的。谁有作为，有建树，而且待人以真诚宽厚，在人前享有名望声誉，他就高贵。

“你们的荣耀不在于你们从哪里来，而在于你们往何处去。”万变不离其宗。在尼采看来，这种作为、这个建树就是创造未来的崇高斗争，为未来播种，为未来浇灌，为未来收获，而这也就是对于超人的真诚的爱心。

所以，高贵是反对中庸的，反对平庸的，高贵者和低贱的庸人是不相容的。

有些人喜欢炫耀过去。那又怎样！尼采讥讽说，那好比他们拥戴过王子，为巩固王子的地位立下过汗马功劳。可如今王子又算得了什么？

的确如此。过去的功劳已经是历史。一个人不能永远躺在历史的功劳簿上过日子，吃老本。创造是没有止境的。人们应该创造，创造，再创造！前进，前进，永远前进！

前面提到过的《红楼梦》里那个名叫焦大的家人，他虽然曾经救过贾老太爷的命，功劳可谓不小，可是他无能进取，到了儿还是个马夫。他自恃有功，对看不惯的事情不免都要唠叨几句，然而事与愿违，他不仅遭到唾骂，甚至被灌了马粪。退一步说，即使因为他救主有功而比起其他下人来，算得上是“高贵”，那么，当贾府被抄捡而衰败下来的时候，他的脸面不也有如覆巢之卵，“高贵”扫地了吗？

也有些人沉湎于自己家族的体面。那又怎么样！尼采不无嘲弄地说，那充其量不过是个彬彬有礼的朝臣，穿戴着华丽的服饰，好像一身银白的丹顶鹤站在浅沼里一样，毕恭毕敬地站班伺候，还把这当作特殊的恩典。至于被允许坐下，那也只是他们死后才能享有的幸福。

还有些人更是自以为自己的祖先已超升天国而自诩高贵，那就近乎滑稽可笑了。天国有什么值得赞美？尼采十分厌恶地说，由于那个地方“只有可恶的木头——十字架”，因而没有什么可赞美的东西。

高贵，它从不向后流盼。高贵，它只是向前瞻望。

从父母之邦和祖先之国跳出来，不要再抱着发霉的老皇历自鸣得意。

凭自己的意志，用自己的双手，去开拓自己最心爱的孩子们的国土吧！

那是在最遥远的天之涯海之角的未经勘察的净土。

高贵属于勇敢的开拓者。

低贱的人

生命里需要有低贱的庸人吗?

尼采是一个自诩高洁的人，愤世嫉俗。他痛恨教士、学究、懒汉、乞丐、白痴、恶棍、卫道者、慈善家，也咒骂玩弄权术的政客、趋炎附势的小人、寻欢作乐的市侩等一班低贱的庸人。他愤愤然骂他们是“群畜之人”。

“我教导你们说：群畜试图保存一种基本类型，并且阻止两种倾向，即防范各种蜕化变质分子（罪犯等等），防范标新立异者。群畜倾向维持现状，它们心里没有丝毫的创造精神。”尼采在《权力意志》里如是说。

他诅咒这种介乎蜕化变质分子和创造者之间的庸人，骂他们不配有生命。

他把生命比作欢乐的泉水，他说如果让卑贱的庸人张着贪婪的血口来吸饮生命之泉，那就会把神圣的泉水毒化了。他们走到哪里，那里就会被毒化。他们走近火，火也会发出恶臭；他们走近树，树就会干枯，果实会生出蛆虫，腐烂；他们发出龌龊的梦呓，连语言都会被玷污。

尼采是这样向世人提出问题的：

“生命里需要有低贱的庸人吗?”

“在生命的面包里，被毒化的泉水散发出恶臭的火焰，龌龊的梦呓，蠕动的蛆虫，这些都是应有的吗?”

不言而喻，他的回答是否定的。

尼采对低贱的庸人感到厌恶。他认为无论过去还是现在，高尚的人都得躲着这班庸人。他装聋作哑，像残疾人似的生活着：他捂着鼻子，为的是不愿闻到庸人们的臭气；他堵住耳朵，为的是不愿听见庸人们和当权者做权势交易的讨价还价的刺耳鼓噪。他忍受不了这种庸俗化的空气。

由此，他也厌恶这类凭借权势做交易的当权者，厌恶他们做交易的时候吐露出来的污言秽语。

骂得痛快！骂得狗血喷头，骂得淋漓尽致！不这样，不足以泄尼采的心头之恨。不这样，不足以惊世骇俗，振聋发聩。

尼采虽然主张奋斗、自强，倡导积极的人生，却也赞叹那些高洁之士。那是一些愤世而至于弃世者。他们为了彻底和卑贱的庸人决绝，不再和这班混世魔王混杂在一起经受荼毒煎熬，宁愿舍弃这人间的繁华，抛却自己宝贵的生命。尼采激忿地而又不无惋惜地说，为了生命的圣洁，不妨需要有这类憎恶者、牺牲者和殉道者的十字架。

无怪乎有些天真稚气的年少朋友，在读过了尼采的著作之后，竟然厌弃人世，不惜了结自己宝贵的生命。据报道，台湾地区便曾经有此等事件发生。

1994年，美国著名的涅槃乐队（Nirvana）的年轻的主唱科贝恩（Cobain）自杀，不知是否也和尼采的著作有关。他生前创作的歌曲既有对纯朴的追求，又有厌世的愤怒，内涵颇深，有相当的震撼力。他在舞台上演出的时候，经常砸琴，砸音箱，反身仰面摔入台下的人群之中。他“涅槃”之后，竟有一些青年也随他而去。倘若尼采在天有知，也许会称赞科贝恩和他的音乐，甚至于会超过对前期瓦格纳和他的音乐的称赞。

尼采最赞赏的当然还是另一种人，他们是攻击者。这种人要做毁坏者，要“做毁坏庄稼的冰雹”，把卑贱的庸人踩踏在脚下，掐住他们的喉咙。

需要再次指出，尼采所说的对低贱庸人的毁坏，从他的思想的总体来看，并不是指肉体的消灭。尼采讲得很清楚，是“掐断他们的精神意志”。这是对清除他们的庸人习气的一种尖酸刻薄的极而言之的说法。

再者，尽管尼采把大多数人都视为奴性十足的群氓，但是这里所说的低贱的庸人，却主要是指那些玩弄权术的、趋炎附势的、寻欢作乐的政客、小人和市侩。

还有，尼采只是依据人们的现实表现来圈划和判定庸人，他并不是依据门第、地位、民族、种族来划分。

遗憾的是，尼采的理论一度被某些人歪曲得面目全非。

有人曾说尼采是在蔑视、仇视劳动人民。这不对，不能像俚语所说“见到封皮就是信”。尼采痛恨和咒骂的是庸人以及庸人习气，这不能说是什么罪过。当年鲁迅写《阿Q正传》，鞭挞精神胜利法，就是在批判国人的国民性，这并没有被认为是在蔑视、仇视中国人。如今又有《丑陋的日本人》《丑陋的中国人》《丑陋的美国人》等书出版，专一揭露人们丑陋的一面，也不见得就是蔑视、仇视世界人民。何况，尼采还把“众多被专制的雇工和被摧残的人性”看作是文化的最大苦难。

希特勒则把尼采的思想作了严重歪曲，然后加以利用。他狂称在世界上日耳曼民族是最优等的民族，于是把其他民族置于他们的铁蹄之下。尤其是对犹太人的杀戮，惨绝人寰。然而其可耻下场，却也从反面应了尼采所说“生命需要憎恶、牺牲和殉道者的十字架”这句话。

希特勒背负着十字架殉道了。不过，那不是尼采所称颂的那种殉道。希特勒是被他自己憎恶、仇杀的“劣等人”，是被他侵略的民族和被他压迫的民众，把他踩踏在脚下，掐断喉管，钉在历史的耻辱柱上。

卑鄙小人

卑鄙心计是最坏的。恶行比卑鄙心计倒还要好些。

人们常说，疾恶如仇，除恶务尽。恶行也罢，卑鄙心计也罢，都是丑恶勾当，都应鼎力灭除，务必不使其危害人间。

“恶棍和恶谋也应当被灭除。”尼采在诅咒乞丐的同时，这样愤懑地抨击恶棍和恶谋。他是疾恶如仇的。

但是，他接着又说：**“朋友们，相信我吧：悔恨会使唾骂乱咬乱刺。”**

作恶多端必自毙，这不假。不过所谓自毙者，无非是说他们自蹈绝路，自绝于社会，自绝于人民。尼采过于相信那个莫名其妙的“悔恨”了。

恶棍是社会的渣滓，人类的戕贼，为害作恶是他们的本性。江山易改，本性难移。要想他们自动放下屠刀，立地成佛，那岂不是侈望太阳从西边升起！有多少黑帮、窃贼、毒贩、强奸犯、杀人越货者是自行天良发现，金盆洗手，改恶从善的？

扫帚不到，灰尘照例不会自己跑掉。只有狠狠地打击，才有可能割除这类社会赘瘤。对恶棍是不可以存有半点幻想的。

尼采对怀抱卑鄙心计者的剖析，就要比他对恶棍的看法透彻得多，现实得多。

卑鄙心计比恶行还要坏。恶行好比是一个疮疖，它叫人感觉得到痛痒，它让人看得见发炎溃烂。它不用隐瞒自己的恶行，它明白地昭示人们，“我是一种病”。所以，尼采风趣地说，这也算是它的“坦白”“诚实”。

卑鄙心计就大不相同了。它好比是一种有害的细菌，一种病毒。它疯狂地蠢动着，危害人们的健康，却又奸诈地隐匿着，叫人难以发现。人们看不见它，捉不着它。所以，尼采深恶痛绝地写道：“卑鄙心计是最坏的。”

尼采所说的这个卑鄙心计，想来也就是我们常讲的阴谋诡计吧。搞阴谋诡计的人着实可恶，他们躲在阴暗的角落里算计人，向人放暗箭打冷枪，叫人防不胜防。

譬如，有的人利用他自己所处的某种地位，通过手中握有的那部分权力，假公济私，给正直的人冠以莫须有的罪名，或者打击报复，给小鞋穿。可明里却装得道貌岸然，手脚做得冠冕堂皇，叫你哑巴吃黄连，有苦说不出。

又如，有的人两面三刀，阴一套，阳一套；当面是人，背后是鬼；人前夸你是朵花，背后骂你豆腐渣；上司跟前编派你的不是，同事里头搬弄你的是非，陷你于莫名的苦海，无穷的忧烦。而你，还被蒙在鼓里，把他当作好人一个。

再如，有的人搞非法竞争。他们或则侵犯他人的权利，假冒他人的名牌以行销自己的劣质赝品；或则暗地里散布流言蜚语，恶意中伤，败坏他人产品的声誉，以利于自己的产品扩展市场，乃至独霸市场。

据报载，某地有两家啤酒厂。A厂的酒好，而且他们善于经营，因而生意兴隆。B厂经营无方，日见衰微。B厂管理者并没有学习人家的经验，认真检讨自己的过失，汲取教训，改善经营管理，急起直追，奋发图强。反之，他们不走正道，偏入邪门。他们使出一招毒计，派人四下散播谣言，说A厂的发酵池里发现了死尸，已经腐烂，面目难辨。客户们虽然觉得这事怪诞离奇，难以置信，但是，大家还是“宁可信其有，不可信其无”，以免吃亏。于是，纷纷改用B厂的产品。A厂人员有口难辩，诉讼无凭，只有恨落牙齿往肚里吞。

俗话说，明枪易躲，暗箭难防。

相对地说，“诚实”的恶棍还比较好对付；卑鄙的小人，阴谋家，伪善者，地沟里的老鼠，偷偷摸摸的蚊子，防范不易，害人至深。

虽然说防范不易，但是，防还是务必要防的。漫说是现今社会发展阶段，就是到了物质极大丰富、人的思想觉悟极大提高的共产主义社会，如列宁所说，还可能有小偷呢。所以，我们还是相信古人说的，“害人之心不可有，防人之心不可无”。越是不容易防范的，就越是应当加强防范，以免不测。

当然最为要紧的，上策中的上策，还是采取积极的办法，主动出击，以攻为守。必得掘地三尺，使其阴谋败露于光天化日之下，竭力灭除之。

多余的人

许多人死得太迟，有些人却又死得太早。

人应该死得其时。尼采认为这是一条为人的准则。他叹惜这条准则竟被人视为怪异。这也难怪，人们常谓“死得其所”，这“死得其时”的确新奇、耳生。

人什么时候生，人们自己是无法自主选择的。至于什么时候死，人们的确是可能自主决定的。那么，什么时候死才算死得其时呢？尼采给我们作了如下回答。

其一，当一个人完成了自己的人生使命，高奏生命凯歌的时候，胜利地死去。这是最合时宜的死。这时候，景仰者围在他的身边，举行盛大的哀典，荣耀至极。用我们中国的话来说，这该叫作死有重于泰山吧。

尼采惋惜有些人不明白这个道理。那些人对于真理来说都太老了，老掉了牙的嘴已经无权品尝真理了。然而，他们却还是像纺绳工匠似的，粗制滥造地捻长着手中的绳子，一步一步地往后退，牵着真理不肯放手。

他认为，这些人应当“适时地向荣誉告别”。他说，若想流芳百世，就要在最走红、最吃香的时候离去。如若不然，就可能像树上已经熟透了的苹果，当心被人吃了。

他又说，也有许多是酸苹果，不能不等到秋天的末日，然而那时候他们也就不值钱了。可不是吗？到那时候大家就不买他们的账了，甚至要骂他们

“老不死的东西”了。不过尼采承认也有例外，所谓迟到的青春是持久的。其实不只是例外，我们中国就素有“大器晚成”和“老当益壮”之说，至于曹操“老骥伏枥，志在千里”的名句，如今已成为普遍流行的格言了。

他还说，有许多人是未老先衰，这些人也都是生不如死的。可不是吗？总有那么一些人，他们年龄不大，竟然老气横秋，他们的精神、思想、意志先老了，被暮气吞噬了。

其二，当一个人为了探求真理，或者为了真理的胜利，而死在战斗中，死在战场上，这是为真理洒尽满腔热血的壮烈牺牲，死得光荣，死得伟大。这也是死得其时。

这种人大有人在。天安门广场矗立的英雄纪念碑就是为他们而建的。他们虽死犹生，永远活在人们心里。

在尼采的笔下，看来有许多人是应该速死的。这就是那些实在无益于人类“超升”的人。他们或是生虫的苹果，虫已经蛀噬了他们的心，而他们却仍旧贪婪地留在生命之树上；或是变了种的苹果，永远也长不甜，又苦又涩；或是变了质的苹果，已经发霉腐烂，却依然厚颜无耻地摇曳于枝头。

尼采惊叹这种人太多了。他称他们为“多余的人”，“过剩的人”，“从未生得其时的人”。这跟我们中国人骂“没出息的东西”“没用的东西”“造粪机”“饭桶”“酒囊饭袋”差不多，不过他不是指对于家庭、家族无用，也不是指对于民族、国家无用，而是指对于创造未来的超人无益。

“从未生得其时的人，如何死得其时呢？他从来没出生过就好了！”而已经出生的人，那就只有速死了。所以尼采主张：**“赋予医生一种新的责任，凡是生命，上升生命的最高利益要求无情排斥和扼杀衰败生命的场合，都要他负责任——例如决定生育权、出生权、生存权。”**这就是说，凡是不符合人类超升要求的生命，医生有责任决定终止他们的存续。**“当不再能骄傲地活着时，就骄傲地死去。”**

来宣传速死吧！刮起摇撼生命之树的狂风吧！尼采愤愤然吐出胸中的积郁。但是，自古以来，寻求长生的多，寻求短命的恐怕少有。蝼蚁尚且求生呢！即使对于解除病入膏肓者的痛苦、减少活人负担的“安乐死”，至今也仍是意见纷纭，争论不休，直闹得满世界沸沸扬扬的。

求生是人的一种本能，尼采本人就是一个证明。他生命的最后十年，是在极度痛苦的病患中度过的。他什么事情也不能做，可他还是硬撑着活下来。他妹妹虽然早已和他分道扬镳，还是从南美回来照顾他；他的医生也是尽心尽责，千方百计为他治疗。难道说他这十年就活得不应该吗？

人们历来反对的只是“贪生”，“偷生”。为了爱，为了人民的、民族的、国家的、人类的利益，自应舍生取义，否则，贪生怕死，苟且偷生，那就是可耻的。

至于死得太早的，虽然不敢说大有人在，恐怕也不会是凤毛麟角。尼采举了一个最突出的例子：那个被“永生”的鼓吹者们敬仰的希伯来人耶稣。尼采说，**“他的早死，对于后世是致命的不幸”**。

耶稣死得太早了。而今，他的那些背离他的原旨的门徒和门徒的门徒们，以及这些门徒和门徒的门徒们所造成的许多怯懦的、平庸的、多余的、过剩的人，却又死得太迟。对尼采来说，这只是一种无可奈何的慨叹了。

尼采疾施他的笔锋，驱使查拉图斯特拉痛切地侃侃叙说。他衷心地希望，能够唤醒人们的良知：

“让你们的死不是对于人类和大地的一个亵渎吧：我请求你们从你们灵魂的蜜里，赐予这个恩惠。”

“让你们的精神和道德在痛苦中放射一线最后微光，像彤红的落日照耀地球吧：不然，你们的死会成为人生的败笔。”

这与其说是请求，不如说是劝诫，忠告。

生不如死的人

用鞭子教会他们重用双脚站立行走。

尼采一面指责遁世者、弃世者，指给他们振作、图强之路，另一方面，也鞭挞那些倦世的怠惰者和玩世者。尼采痛切地指出，他们枉为生灵，生不如死。

倦世者和那些勇敢走向虚无、“永生”的人不同，他们虽然对生活怀有厌倦之意，但是他们还贪恋大地，还不想从大地引退，还没有勇气登上死亡之船。

尼采绘形绘影地描写道：**“你们垂涎欲滴的嘴，仍然露出一种渺小的尘世的愿望；你们的眼睛，仍然浮现出不可忘却的世俗的欲求的云影。”**

这是一个不可救药的懒汉族。他们也懂得生命的意义，知道生命的价值，也企求生命的欢乐。可是，他们只图享受生命的欢乐，却不愿为此而付出任何艰辛和代价，不愿为此而承担任何苦痛和磨难。时至今日，也还有这种人。有报道称，有个年轻人，什么都不愿干，在父母亡故后，宁可饿着也不做饭，最后竟饿死了。

要知道，苦痛和磨难是生命的欢乐泉水的源头，是创造生命欢愉的手段。

大地是可爱的，人世是可爱的。这里摆列着许多吃的、喝的、穿的、用的，以及供人们享受玩乐的各种物件，琳琅满目。懒汉族两眼闪烁着贪婪的目光，垂涎欲滴，可就是那两条腿作怪，不肯合作。那两条没出息的腿不但迈不开步，连站都懒得站起来。

难道还需要别人用鞭子来教训你们，策动你们，教会你们怎样让两条腿站立起来迈步行走吗？鞭策，这个说法是多么的精妙！没想到中国和外国都有这个说法，它用在这里，更加生动，更加形象化了。

所以尼采诅咒，除了残疾、耄老和不幸者而外，如果他们不愿意吃苦耐劳，只图坐享其成，那他们就活该死灭。是啊，“不劳动者不得食”，饿死活该。

“人们不必为病入膏肓的人求医，因为他们生不如死！”尼采通过查拉图斯特拉之口如是说。他把那些懒惰成性的人看作是不可救药的病入膏肓者。

这类酒囊饭袋，行尸走肉，除了造粪还多少可用于农业生产而外，只是白白浪费粮食酒肉，给社会增加负担，的确是生不如死。但是，要把生命了结却不像写篇诗文那样轻而易举，那需要视死如归的极大勇气。

话语虽重，但是语重心长。尼采既不是杀人魔王，也不是催命判官。他当然不是真的叫那些人去上吊，去投河，去服毒，去跳楼。不是的。

在中国乡俚，长辈们教训子孙的时候，骂起人来是很厉害的，所以谓之痛骂。如像“该死”“死了倒干净”之类的咒骂，几乎是家常便饭。更有由此而演绎出来的“挨刀的”“枪子儿穿心的”“没命见骚面的”，以及“河佬”“落水鬼”“短命鬼”“取债鬼”“吊死鬼”“剁头鬼”“无常鬼”等等，真可谓花样翻新，层出不穷。不过，这些都是讲的气话，是为了一泄胸中块垒。这是他们恨铁不成钢的心情的表露，断不是真的要咒死子孙，或者真的要被骂的子孙去挨杀，去自尽。

尼采，这位自我超越的鼓吹者，想必也是怀抱的这种心境吧。他无非是指望用响鞭把怠惰的人们惊醒过来，打掉他们的惰性，用中国的俗话来说，抽掉他们的“懒筋”，鞭策他们奔赴生命的征程。

中国还有一句俗话，叫作“响鼓要用重锤”。尼采这一声“生不如死”，岂不就犹如那千斤重锤吗？但愿能将那满布尘埃的懒鼓，敲得震天价响。

世人常说苦口良药，又说恶病需得恶治。尼采虽然口说不要为病入膏肓者求医，但是这千斤重锤，却无异于醒世良方。不然，他何苦耗精费神写这许多书。

事实也是如此。尼采嘴里说得这么凶恶，心里倒也并非那样狠毒。说不定他正像俗话所说，是“刀子嘴，豆腐心”。

在尼采的著作里，我们可以找到有关的证据。

据尼采自己说，他从来也没有激起过他人的恶感，即使那些令人讨厌的人，他也能博得他们的好感。**“我会驯化任何野兽，我还会化腐朽为神奇。”**他说，他在巴塞尔大学讲授高年级希腊文的七年中，从未借故惩罚过学生，而在他所主教的各个班级里，连最懒惰的学生也变得用功了。听来他说得如此的自信，如此的自豪，想必不会是假的。

尼采还十分得意地写道：**“不论是什么乐器，也不论它的声响多么不协调，譬如‘人’这种令人败兴的乐器——假如我真的不能用它弹奏出动听的乐章，那我想必是有病了。这些乐器经常告诉我，它们简直从未发出过这样好的声音。”**

看来，他是颇能教化人的，颇能引导人们自立自强的。

催人奋进，化腐朽为神奇——这，应该被理解为尼采的本意。

世态镜花

资本主义取代封建主义，不可否认，这是一个伟大的历史的进步。它推动了社会生产的发展，创造了前所未有的物质文明。但是，人们都在为钱财而费尽心机、疲于奔命，因而精神上却是相对的匮乏——精神空虚。

尼采彻底卧床之前，世纪末的悲凉之雾，已经开始在大西洋东岸悄悄升起。

有道是：大千世界，无奇不有。在这个被冷漠的资本主义搅得面目全非而又前途未卜的欧洲，自然是千丑百怪，斑驳陆离。尼采透过他的超人哲学的广角镜，把这个稀奇得令人惊诧不已的世态一览无余。

新中国成立前夕，有一曲针砭时事的《古怪歌》在大江南北广为流行。此曲唱词的开头和结尾是这样的："往年古怪少，今年古怪多，板凳爬上墙，灯草打破了锅；月亮西边出，太阳东边落，天上梭罗地下栽，河里的石头滚上坡……田里种石头，灶里长青草，人向老鼠讨米吃，秀才作了强盗；喜鹊嚎啕哭，猫头鹰哈哈笑，城隍庙里的小鬼头，白天也唱起了古怪歌。"

这支歌所唱的看似荒诞不经，其实，它用漫画式的笔调活画出了那是非颠倒、民不聊生的黑暗世道。

尼采也在他的著作里，勾画出了他所生活的19世纪德国和欧洲的社会图景。其手笔绝不亚于《古怪歌》，甚至可以说比它更为精彩，更为深刻。说它更为深刻，那是因为，它不是一般地展现社会的丑态，而是深入地揭示了人们的心灵在悲凉境况下的矮化和变态。

新房舍

向侏儒们折腰的故乡。

在《查拉图斯特拉如是说》的《侏儒的道德》篇里，尼采用辛辣的口吻给我们讲述了下面这样一个故事。

查拉图斯特拉离乡背井许多年月之后，回到了故乡。他要看看故乡发生了什么变化。人是长大了，还是缩小了？我们不难意会到，这比喻的意思是，人们是上进了还是倒退了。

查拉图斯特拉发现一排排新建的矮小房舍，矮小得不可思议。微缩景观公园大概是20世纪的发明，一百多年前恐怕是没有见过的。所以，在尼采的笔下，查拉图斯特拉少见多怪，着实大吃了一惊。

“这些房屋是干什么用的？真是！任何一个伟大的灵魂也不会用这种建筑来作自己的象征。”查拉图斯特拉尽力思索着，试图找到一个合理的答案。

也许是哪个傻孩子从玩具盒里搬出来的？也许是给布娃娃制作的？也许是圈养贪吃的猫的？

这片房舍开有许多低矮的门。他低着头，哈着腰，勉强挤进了一个门洞。

一切都变小了，变得酷似18世纪英国作家斯威夫特的讽刺小说《格利佛游记》里的小人国。那个名叫厘厘普特的国度里一切都是小的，人高只有6英寸左右，也就是15厘米多一点点，大概就像一个巴掌那么大小。如今查拉图斯特拉的故乡也变成了这样的小人国，变成了侏儒世界！

这里的人住的是小房屋，脑袋里装的是小观念、小道德，他们怡然自得地享受着小幸福。他们幸福地安于现状，与世无争。他们互相谦恭，互相推让。他们处事谨慎、公允、圆滑，圆滑得像抛了光的滚珠，磨光了一切棱角和毛刺。他们唯一的希望只是：不受外来侵害。

一切都磨光了，磨光得如同一潭死水，如同一个谦谦君子邦。这很像中国清朝文人李汝珍的小说《镜花缘》里那个君子国。那君子国的城楼上高挂着一块大匾额，匾上写着四个大字："惟善为宝"。这唯善主义便是他们的立国之本，国人的道德信条，行为准则。君子国里一派平和景象，那里"耕者让畔"，"行者让路"，人人都"好让不争"。请看：

在一处闹市上，一个购物的小隶正在和老板讨价还价，争执不休。只见他手中举着要买的东西，口中不住地嚷道："老兄如此高货，却讨恁般贱价，教小弟买去，如何能安！务求将价加增，方好遵教。"买主认为卖主要价太低，有失公道。

那买主言出大方，语出惊人，这卖主回答得就更加蹊跷得令人费解。他说："适才妄讨大价，已觉厚颜。不意老兄反说货高价贱，岂不更教小弟惭愧？"你看，卖主倒觉得自己要价太高，内心不安，很难为情。

互相谦让了好一阵子，还是没有结果。那小隶一赌气，照数付了款，却只拿了一半货物，转身便走。这卖货的老板哪里肯依，连说"价多货少"，抢前一步，揪住小隶不放。

二人争吵不休，扭成一团，难解难分。亏得两位过路老翁走来相劝，做好做歹，从公评定，折中论断，叫小隶出十分货款，拿八折货物，这才成交了事。

自古卖东西的是希望多赚钱，买东西的是希望少花钱，所以，卖主讨价总是往高里抬，漫天要价，买主还价则是往低里压，就地还钱。这君子国却是"负讨价"和"负还价"，或者说是"反讨价"和"反还价"，的确是别开生面，旷古奇闻。

原以为这君子国是独一无二的，不料查拉图斯特拉竟有新的发现。不过，查拉图斯特拉故乡新房舍里的小矮人和君子国的公民略有不同。据查拉图斯特拉说，这些小人们谦逊地抱着一个小幸福的同时，眼角里还谦逊地斜瞟着另一个小幸福。这同中国的下述说法颇为相似：嘴里吃着一块肉，筷子夹着一块肉，眼睛还盯着盆里一块肉。原来，这查氏故乡人的“谦逊”不及人家君子国那么地道，那么纯真。

尤其令查拉图斯特拉惊怪不已的，是统治者的伪善。他们自称“公仆”，高唱着：“我也在服务，你也在服务，我们大家都在服务。”

查拉图斯特拉惊怪这种“最高的主人竟然是最高的仆役”的逻辑，认为这是一种不幸。

这就是查拉图斯特拉的不是了，他缺乏具体的分析。

从理论上来说，上述逻辑并没有什么不对。人类本应该是互相服务的。“我为人人，人人为我”说的就是这个道理。我耕田，你织布；我为你提供食物，你为我提供衣着。衣食住行，人人所需，但是不可能人人都事事自己去做。所以，必须“各司其职”，“各尽其责”，以各自的所为来互相补充，互通有无。我也帮你，你也助我，这正是社会分工的意义和效率所在。不然的话，七十二行（现代已经远不只这个数了），行行都要自己去干，别说干不过来，就是学也学不过来。

既然是相互依存的群体，就必定要有社会的组织者、管理者，一如乐队指挥，他们也是服务。他们是为群体为社会的协调而服务。从理论上来讲，这没什么错误。从事实上来看，巴黎公社已经表明他们的确是实实在在的人民公仆，是为人民服务的。尼采为何就视而不见呢？

我们今天也还是这样。我们的国家工作人员也是社会分工的一部分，是为人民服务的公仆。他们的职责就是为民造福。正如胡耀邦所说：“领导就是服务。”所以，领导人员并不是什么“最高的主人”，不能给他们戴上“救星”的光环，不能把人民生活的改善看作是他们的恩赐。否则，就会错乱了领导和群众的关系，就会漠视和磨灭人民群众的积极性、主动性、创造性。

不过，就当时欧洲的社会政治实况而言，尼采也不算错。因为他指责的是那班和群众根本对立的统治者，是骑在百姓头上作威作福的官老爷。正如尼采所指出的，从他们嘴里出来的都是谎言。他们只是拿“公仆”当遮羞布，用来欺骗和愚弄善良的百姓。这种伪公仆现在也有，中国也有，也许还不少。你看吧，总有那么一些人，顶着“公仆”的名义却干着营私的勾当。这种人确实是微缩了，矮化了。

“我从这个人群中走过，我睁大了眼睛看着：他们已经变小，他们还将变小！”尼采继续描写着。

为什么？因为他们是谦谦君子，因为他们贪图享受，安于现状，因为他们不思进取，不思图强。他们虽然也用他们的方式学着前进，但那是跛行。即使在跛行中他们还要不断向后张望，留恋难舍地回顾他们自己抛下的脚印。他们成为一切忙碌的人们的前进路上的障碍物，绊脚石。

“我的同类何在呢？我的同类是那些给自己一个意志，而不知道蛰伏于安乐窝的人。”

查拉图斯特拉万分感慨，他那些凭着自己的图强意志不知疲倦地勤奋上进的同类，已经不知去向。

颜料桶

我既不能忍受你们的赤身裸体，也不能忍受你们的穿着打扮。

查拉图斯特拉感到一阵恐惧，于是回转身向后逃遁。转眼间，他来到了另一个当代人的文明国度。

他带来了一颗渴望的心。但是，他被这五花八门、光怪陆离的花花世界惊呆了。他还从没见过如此这般斑斓耀眼的涂彩之物。惊恐之余，他又不禁感到可笑。他笑个不停，笑得两腿发软，笑得心儿打颤。

“这里竟成了颜料桶之乡！”

原来这里的人都用五光十色的颜料涂满了自己的五官、四肢和躯体。这种景象也许在某些原始部落还可以见到，在现代文明社会真是不可思议。在这些“颜料桶”们的周围，还架着十几面哈哈镜，从四面八方夸张地、扭曲地、阿谀地来回反射着他们的倩影，展映着他们的涂彩闹剧。

任何描画精巧的面具，也比不过他们的尊容。谁也别想认出他们来。

他们身上原本就打着旧时代的印记，现在又贴上了最新潮的标签。你就是请来破译密码的专家，恐怕也难以解开他们的秘密，难以看出他们的真相了。

或许有人会考察内脏，能从内脏的特征上来将他们加以区分。但是，天晓得他们还有没有内脏！也许他们只是内里空空如也的、外面涂满多彩颜料的纸人儿，或者是内里填塞着稻草的、外面贴金描银的泥人儿。

果不其然，他们正是这种东西。他们是各个时代和各个民族的一切习俗和一切信仰的混合物，大杂烩。他们没有自己的时代特点和民族特点，也没有自己的风格，没有自己的情趣，没有自己的思想。总而言之，他们没有个性。

没有个性的人就像一个模子里铸出来的物件，真是千人一面、千口一腔，没有一点属于自己的实际内容。所以，别看这些人涂满了各种色彩，花花绿绿，大红大紫，拆穿了，他们是华而不实，外强中干。这就像俗话所说的，那是金玉其表而败絮其内，那是银样蜡枪头。这也恰似歇后语所说：驴粪球——外面光。

这些大杂烩早已陈腐了。这里所汇集的一切世代的各种颜色的习俗、思想、信仰，虽然红黄蓝白黑紫绿应有尽有，斑斓耀眼，但是，就是没有一点点生气。这里不过是个标本展览室，古董陈列馆。

尼采让他的查拉图斯特拉作证：揭开了这些人的面罩，褪去了他们的涂彩，剥去了他们的纸皮囊，他们便只剩下一副没血没肉的吓人的骨骸。

骨骸，骷髅也！怪不得查拉图斯特拉吓坏了，逃跑了。他甚至认为，宁可去地狱同历代的幽魂打交道，也不想同这些骨骸在一起。因为，那些地狱里的居民比起这种没有肌肉没有内脏的东西来，倒更有内容，更为实在。

明代戏剧大家汤显祖的《牡丹亭》，就写了这样一位为人所爱的地狱居民。那是一个人鬼相恋的动人故事，写的是南安太守之女杜丽娘，因受封建礼教的束缚，不能和心中的恋人柳梦梅相爱成婚，以致郁郁感伤，抱憾而死。三年后，柳来南安养病，有幸见到丽娘的自画像，顿生爱恋之情。于是演出了一场人鬼恋，隔世情。因了这热恋，丽娘也终于得以还魂复生。

丽娘虽为鬼魂，却有血有肉，实实在在，可亲可爱。那些没有肌肉没有内脏的骨骸，的确相形见绌。

在这颜料桶之乡，查拉图斯特拉没有理由不感到失望。他痛心疾首地慨叹着，诅咒着：

“当代人啊，我既不能忍受你们的赤身裸体，也不能忍受你们的穿着打扮！”

“你们这些小花脸儿，你们怎么能思想呢？你们只是各种思想的涂彩

漫画。”

“一切时代在你们的精神里互相咒骂。任何年岁的梦想和呓语都远比你们清醒时候的理智更加实在。”

他耻笑他们是不懂创造的人，不会生育的人。

他问这些自以为实在而真正虚空的人：“你们中间想必也能找到有自知之明的人吧？”

是啊，这到底是怎么回事？他们明白吗？

“也许当我们熟睡的时候，上帝盗走了我们一样东西，盗走了我们那个可以使妇人怀孕的东西。”他们当中终于有人作了如此这般的回答。

啊，原来是上帝阉割了他们！原来是上帝剥夺了他们的创造能力，开拓能力。

尼采真可以称得上是个幽默大家，其犀利的笔锋所到，入木三分，堪称一绝。

这就是查拉图斯特拉所憧憬的文明之乡吗？这万花筒里的世界，表面是刺眼的繁华，实则是令人作呕的尸臭。

中性人

诅咒蛰伏在你们身上的名叫怯懦的魔鬼吧！

查拉图斯特拉回到人世间，在他的前同类中四出走动，到处漫游。

查拉图斯特拉观察着，思考着，跟人们搭讪着。他鹤立鸡群。所有的人都在窃窃议论，把他视若瘟神。有的说："这忧愁的乌云想干什么呢？"有的说："当心点，别让他带来什么传染病。"一个女人拉开她的孩子，不让他靠近查拉图斯特拉。她嚷着："他这眼神可以烧伤孩子们的心灵！"查拉图斯特拉向他们说话的时候，他们便咳嗽，以示抵制，以表反抗，以为干扰。

这是为什么？原来，他们自诩信守中庸，不前不后，不左不右，不偏不倚。他们要同查拉图斯特拉这个真理的斗士拉开距离。"我们把椅子放在中间。"他们十分得意地笑着。

"在冲锋陷阵的斗士和眷恋安乐的猪猡之间，同他们保持距离。"

怯懦者的哲学！庸人哲学！不，还不止于此。从尼采的另一段精彩描写来看，人们不妨更把它叫作"阉人哲学"。尼采是这样描写的：

> 这里的男人们很少有男性的特点，而女人们又多使自己男性化；只有少数男性十足的男人，才能拯救保持女性的女人。

啊！幸亏还有几个保持男性特征的男人，还有几个保持女性特征的女人，如若不然，连人种都没有了。那岂不是都要断子绝孙，种属难以延续了！

男不男，女不女，女亦男，男亦女，非男非女，似男似女，总而言之统而言之，就是介乎男性和女性之间，在男性和女性这两极之间保持等距离——这就是中性。

这还叫做人吗？我们知道，在俄罗斯语言中，名词是有阳性、阴性、中性之别的；在英语里，代名词也有这种情况。我国的现代书面语言，托刘半农先生的福，也学得了他人之长，将“他”和“她”和“它”区分开了，台湾地区还有个“牠”字，这是一种进步。他和她不可混淆，更不可换成它，不然，不仅是非男非女，而且是非人了。

从医学上讲，的确有一种特异的现象，叫做阴阳人。可这是两性同具，即身为男子却又具有女性的某种或某些特征，或身为女子却又具有男性的某种或某些特征。这是给人带来痛苦的一种病态，是需要经过医生的治疗加以克服或改变的。人为地制造的也有，例如某些国家的人妖，例如旧时代的太监，再有就是像前面提到的奥利金一类基督教圣徒。不过严格地讲来这也不能说是中性，只能说是假男假女、残男残女。

中庸之道在这里可谓发挥得登峰造极，无以复加。发明中庸之道的中国儒家祖师爷倘若在天有灵，恐怕也得自叹弗如了。

只可惜这些等距离的鼓吹者走到了极端，因而也就走到了反面。既然男非男、女非女，两性的区别已不复存在，人类的生殖繁衍已经终结，那么，这些中庸者们、折中者们又何以为继呢？既然无以为继，那他们也就只能自生自灭了。如果人类都是如此，人类也就灭亡了。要是还想有人类继续存在，便只好求于助克隆技术。快快复制克隆人吧。

两性相区别，因而两性相吸引。这种精神的和肉体的欲望本来是很正常的。不幸的是有那种道学先生，他们硬要青少年们相信那是不正常的，不应该的，处心积虑掩盖这种区别。心理学告诉我们，青春期是人的性别角色认同的重要时期，是生理和心理上迅速成长的时期。社会习俗的错误的压制，导致少男少女不能顺利完成性别角色的认同，以至造成男人软弱、女人跋扈，导致本来很自然的事反而做不来，男人想做却不会做或不敢做，女人则愚盲冷漠，最终导致男女心理变态，走向正常秩序的反面。

有这样一个案例：上世纪70年代有一对农民夫妇闹离婚，官司直打到县法院。法官问他们为什么要离婚，男的说结婚两年了老婆还不生孩子。问他们为什么不会生孩子，二人茫然。问他们去医院检查过没有，回答没有。于是，法官要他们去医院检查。谁知这一查，竟把医生护士弄得哭笑不得。原来这女子还是个处女，而她的尿道松弛并患有炎症。不知道这是不是等距离观念在这对夫妻身上酿成的恶果。

据报道，有些地方打破了这种精神禁锢，效果很好。有这样一个事例：某中学给初一年级的男生女生分别增开性知识讲座，当老师在男班提问“男生和女生有什么区别”的时候，孩子们竟面面相觑，茫然不知所对，待老师在黑板上写出“小鸡鸡”三个字，才恍然大悟，哄堂大笑。老师因势利导，由浅入深，讲明男子之所以为男子的生理和心理特点，引导大家认清如何做个真正的男子汉，收到了意想不到的良好效果。

可见，掩盖事实真相，模糊男女界限，那是多么荒唐。而讲明事实，进而指明不同性别角色的特点和社会职责，又是多么有利于少男少女的健康成长。

模糊两性界线如此，模糊新旧界线、是非界线也是这样。抨击在新旧之间、是非之间搞平衡，找“等距离”，这是尼采的主攻方向。这种抹煞新旧区别、是非区别的等距离哲学，无疑是一种平庸的哲学。尼采一针见血地指出，在这种平庸的背后，掩藏着的是软弱、怯懦，是虚伪的所谓安贫乐道。

尼采写道：**“在具有多大分量的温和善良的地方，我就看见了同等分量的软弱。在具有多大分量的同情怜悯的地方，我也看见了同等分量的怯懦。”**

说得多么精辟啊！温和善良之下是同等的软弱，同情怜悯之下是同等的怯懦；越是给以温和善良，就越是造成软弱，越是施以同情怜悯，就越是造成怯懦。中庸，等距离，成了这软弱、怯懦的遮羞布。他们不是不想要取得什么，甚至他们也不是不敢要取得什么，他们只是不敢公然地求取，更不敢公然地索取，而只是等待施舍，充其量暗地里鬼鬼祟祟地偷偷窃取，要不然就是反常、变态以致危害社会。

尼采揭穿了他们这种伪善的嘴脸。他笔下的查拉图斯特拉愤然道：**“我好奇的目光也曾经发现他们的伪善，我猜透了他们的苍蝇似的幸福和向阳玻璃上的嗡嗡鸣叫。”**

为什么他们就不能理直气壮地、正大光明地去“拿来”自己本该享有的幸福呢？他们本应该有出息些。

“你们为什么不抛弃了你们的‘半意志’？为什么不像你们避讳进取那样去避讳怯懦？”

“做一个能够意志的人吧！”

“做你们所想做的事吧！”

查拉图斯特拉如此殷殷期望于他的故乡人。

负残疾

我走过人群，就像在人类的断片和残肢里。

数有正数、负数，电有正电荷、负电荷，效应有正效应、负效应，经济有正增长、负增长。如今尼采惊人地发现，残疾里还有一种反面的残疾。我们姑且称之为“负残疾”。

既然尼采发现的是反面的残疾，我们为什么不用“反残疾”这个词？因为“反”既可以是反面也可以是反对，含义不确定，容易引起误解。还要说明的是，这里所说的残疾专指心理方面的残疾，我们称之为心灵残疾，而不是通常意义上的生理残疾，请千万不要误会。

生理残疾是客观造成的，不由自主的，令人惋惜的；心灵残疾却是主观造成的，自找的，令人厌恶的。生理上有残疾的人和常人一样有尊严，一样备受人们的尊重，所以那些以挖苦残疾人为能事的小品遭到人们的唾弃。心灵上有残疾的人丧失了自主意识，忘记了自己作为一个独立主体的存在，奴性十足，尊严丧失殆尽，为人们所不齿。

心灵的正残疾是比较多见的，如心灵驼背，如心灵瞎眼，如心灵瘸腿，等等。

心灵驼背的缺陷是忍辱偷生。他们总是逆来顺受，忍气吞声，见人矮三分。他们永远在人前低头哈腰，永远不能直起腰来堂堂皇皇地做人。这是那种没有“脊梁骨”的人。

心灵瞎眼的缺陷是盲目服从。他们有眼无珠，对世界上的一切污垢、丑恶都视而不见。他们永远被人牵着鼻子走，踩着别人的脚印走，永远没有自己的人生目标和人生道路。这是那种没有“主心骨”的人。

心灵瘸腿的缺陷是举步艰难。他们的双腿被戴上精神的镣铐，一步一颠，行动迟缓。他们永远不能自由地奔走，不能走向新事物、新观念。他们永远是时代的落伍者，时代的弃儿。这是那种“软骨头”，没有出息的人。

当时的德国一准有许多这样的人，以致服从命令成了当时公认的德国人的特征。这大概就是后来希特勒德国能够实行法西斯统治并发动侵略战争的社会基础吧。

尼采发现的心灵负残疾就更加可怕了。**“许多人别的什么都没有，唯有一件东西，而且又太大。例如：一个大眼睛，一个大嘴巴，一个大肚子，或者别的什么大东西。”**

他们同前面讲述的残疾刚好相反。他们不是残缺某一部分，而是反过来极大地膨胀某一部分，却萎缩了其余部分。

尼采举了一个例子。某日，查拉图斯特拉发现一只大耳朵。他惊叫：“这是一只耳朵！这是一只和人一般高大的耳朵！”不过挨近了仔细观察，还可以发现耳朵后面蠕动着一根可怜的瘦弱的小东西。原来，这只大耳朵长在一根瘦小的茎上。这茎便是一个人！当然，也可以说是一个瘦小的人儿长在一只大耳朵上。如果你用放大镜去看，还能辨认出他那副不无妒忌的小面孔，以及在茎顶端摇摆的空洞的小精灵——原来，他也有如此这般的一个空空的贫乏的小脑壳。

类似这种大耳朵，据说其他地方也有。《镜花缘》第十四回记述，有个聂耳国，其国人形体面貌和我等一样，唯有两耳长大齐腰，走起路来用两只手托着。过犹不及，太大了不但没用处，反倒成了累赘。但是大也有大的用处，例如：聂耳国的某个海外附庸国，其人两耳直拖到脚跟，就像两扇贝壳，恰好把人夹在中间。到了睡觉的时候，一只耳朵做褥子，一只耳朵当被子。有那耳朵极大的妇人，生下来儿女也是包裹在里面。

耳朵毕竟是耳朵，给人当被褥，做襁褓，未免不务正业。

耳朵的用处是听话。大耳朵就是“大”听话，再大一“点”就是“太”听话。尼采描写的这一只大耳朵，就属于太听话者之流。我们还注意到，这里只是一只大耳朵，不是两只。一只就可以听得专一，不会收进来自相反方向的声音，也不至于这只耳朵进那只耳朵出。

大耳朵，只有这只大耳朵！他的脑壳是空洞的，没有自己的思想，没有自己的意志。他只会听命于人，以别人的思想为思想，以别人的意志为意志，认鹿为马，做别人的应声虫。

可不是吗？千百年来，人们从小就被“耳提面命”，被教导要听话，听话才是好孩子，听话才是好学生，听话才是好员工，听话才有好前程。天天听，月月听，世世听，代代听，耳朵越听越伟岸庞大，其余器官以至主体和脑袋，反倒退化成耳朵的附属物了。

许多人都说，这大耳朵不仅是个人，而且是个伟人，是个天才。这岂不是天大的笑话！退而言之，我们也只能称呼他为渺小者的伟大的耳。

我们再回过头来考察一下那大眼睛、大嘴巴、大肚子吧。

那双大眼睛，便是长期磨炼而成的察言观色、仰人鼻息者的唯一发达的畸形的器官——势利眼。

那张大嘴巴，便是精心磨炼而就的逢迎拍马、阿谀奉承者的唯一发达的畸形的器官——溜须嘴。

那个大肚子，便是饱食终日无所用心、随人操纵的机械人的唯一发达的畸形的器官——酒囊饭袋。

按照尼采的描绘，我们看到的是一幅多么可怕的景象啊！更可怕的是，尼采说，这种畸形的器官就像蠕动着的碎块和铺撒着的断片，如同大战后战场上的惨象一样。

所有这些正残疾负残疾，都是尼采所见到的“已经如是”的人类世界。对这“已经如是”的世界，人们无法否认，更不可能使时间倒流，去将历史加以改变。但是，对于现世，人们却可以而且应该去改变它，去医治好人类心灵的创伤。

治病先找病因。尼采认为，人类心灵创伤的病因来自基督教，来自基督教道德——奴隶道德，或曰奴性道德。其实，不只是基督教道德，我国的封建礼教也属于此类。

一旦染上了这种病毒，人的生命就会受到侵蚀，人的价值就会受到贬损，人的尊严、人格就会被扔进垃圾堆。这样的人生还有什么意义呢？行尸走肉而已！

因此，尼采认为，救治之道就是要摧毁这种奴性道德，同时，树立主人道德。他教人不断地摒弃旧我，创造新我。通过这种“超越自我”或曰“自我超越”，来“改进”人类，以到达“超人”世界。

尼采未免过于天真。使人们沦为奴隶的，是扭曲的社会生活现实，而不是什么奴性道德，反之，奴性道德倒是根源于畸形社会生活现实的。因此，企图通过道德变换，用自我修养、自我完善的办法，来改变社会现实，那是行不通的。

不过，奴性道德对于现实生活的反作用，也是极大的。因此，不可小看它在维护旧制度、旧传统方面作用。几千年来，奴性道德的影响根深蒂固，在奴性道德的精神重压下喊出摧毁奴性道德的口号，倒也具有振聋发聩的意义，有助于思想的解放，有利于推动现实世界的改造。

寄生虫

最优秀的人身上也有可恶的东西。

世界上有许多寄生体，如寄生草和寄生树，如寄生虫和寄生蟹，至于细菌和病毒就更不消说了。被寄生体称为宿主。宿主越高大强壮，寄生体获得的滋养就越充足，因而也就可能长得越肥壮硕大。养肥了寄生体，宿主可就遭殃了，就会由病变导致衰落，甚至走向死亡。

寄生虫是吸血鬼，专以侵害他人的利益为能事，以他人的血肉养肥自己。诸如虱子、跳蚤、臭虫、蛔虫、囊虫、绦虫、疥虫、血吸虫、血丝虫，谁都深恶痛绝，必欲除之。而今，人们也发明了多种药物和工具，掌握了多种手段和方法，来扫灭这些害人精。

上面所讲的这些，都是有形的寄生虫，都可以看得见。即使凭肉眼看不见，也能用放大镜、显微镜观察到。

尼采给我们揭示的，是另一种寄生虫，无形的寄生虫，即寄生在人们心灵中的蛀虫，一种蠕行的畏缩的蛀虫。我们想，诸如懒虫、馋虫、贪虫、淫虫、妒虫、社会蛀虫等等，都该当属于此列。这些都是用肉眼乃至放大镜、显微镜看不到的，只能用心——哲人式的心去观察，去发现。

许多人身上，确切地说是“心里”，长了这类寄生虫，但是他们并无觉察。其原因如前所说，就在于它十分隐秘，它蛰伏在人们的心灵深处，吸吮着人们的心血，却像蚂蟥吸血一样让人们难以觉察。还有更厉害的，它咬着人吸着血，还叫人痒丝丝的，美滋滋的，不以为祸，反以为幸。这些害人的心魔，肉眼凡胎奈何不了它们。

有形的寄生虫，容易觉察，容易防范，容易消灭。无形的寄生虫，不易觉察，不易防范，更难于消灭。所以，心灵寄生虫的危害也就特别大。

这种寄生虫的特点便是十分狡猾，诡秘。它专门窥测人们心灵的倦怠之弊，瞄准人们心灵的薄弱之处，伺机偷袭。谁在生命征途上满足了，倦怠了，它便乘隙而入。在人们烦恼和郁闷的时候，在人们些微露出心虚的时候，它便乘机在人们的心窝里构筑它可恶的巢穴。

这类寄生虫还有一种特殊的本领，它能够机敏地在毅力坚强者的疲软柔弱的某个部位，建造起它的安乐窝。

尼采根据自己多年的观察发现，越是高超的人，越是需要警惕喂养这类寄生虫。原因何在呢？因为越是高超的人，他所经历的路程越长，苦楚和磨难越多，身受的伤痛越多，留下的创痕越多，而这些恰好是他们防范的薄弱之处。可恶的寄生虫就最乐意在这些地方营巢作窝，安家落户。

古话说，金无足赤，人无完人。再充实的灵魂也有贫乏的死角，再聪明的头脑也有犯傻的时候，再伟大的人物也不可能时时事事都不出分毫差错。不犯错误的人只有两种，一种是死人，另一种是还没有出生的人。百分之百的完美，世间没有，不符合事物的一般法则。

“智者千虑，必有一失”，也是讲的这个道理。何况更有甚者，“聪明反被聪明误”。你看，《红楼梦》里大名鼎鼎的王熙凤，使起掉包计来不费吹灰之力，到头来竟也是“机关算尽太聪明，反误了卿卿性命”。

网上盛传一则故事，据说是生活中真实存在的。

说的是美国北卡州一位律师，买了一盒共24支昂贵的极品雪茄，他拿这盒雪茄去保险公司投保了火险。不到一个月，他抽完了这盒雪茄，竟去保险公司申请赔偿。他在申诉书里说，投保的雪茄全在“一连串的小火中”受损。保险公司认为此人是以正常的方式抽完雪茄，不应赔偿。面对此案，法官也觉无奈。就情理而言，这项赔款申诉的确荒谬，但从法理上说律师有合法保单，保险公司承诺赔偿任何火险损失，且未书明哪一类“火”不在保赔之内，因此保险公司必须照赔1.5万美元。可保险公司也不是吃素的。就在那律师拿着支票去银行兑现后，保险公司立即报警，将律师逮捕，缘由是他涉嫌24起“纵火案”。经法院审判，律师获刑24个月，赔款2.4万美元。何罪？“蓄意烧毁已投保之财产”。证据？律师要求保险公司赔偿的申诉书和他的原始保单。

你看，一个如此精明的律师，竟然被那小小的贪虫撂倒了。

所以尼采指出：**“最聪慧的人，最容易被愚昧所诱惑。”**

有一种人是可以避免寄生虫的，尼采告诉我们，那是一种**“具有坚强完美的天性的人”。“他们根本不会长期地把自己的敌人、不幸和失误看得很严重，因为他们有丰富的塑造力、修复力、治愈力，还有一种忘却力（现代世界上有个很好的例子，他就是米拉保，他记不住任何别人对他的侮辱和诋毁，他不去原谅别人只是因为他把一切全忘记了）。这种人猛然一甩就抖落了许多寄生虫，而这些寄生虫却深入其他人的皮下。”**

我国著名表演艺术家陈强也是一个很好的例子。据陈佩斯说，他有定向的、选择性的忘却力，凡是对他有利的、愉快的事他都记得，凡是对他不利的、不愉快的事他都忘了。真是人如其名，名符其人。“强”者啊！

生活是复杂的。人们处在错综复杂的人际关系之中，各方面的影响都汇集到心灵深处，在心中泛起激烈的波澜。没有矛盾，没有斗争，没有这样那样的影响，那是不可能的。

“万物有自己的逆流和顺流，有自己的泡沫，也有自己的洪涛。”

“图存的灵魂投入生存，图强的灵魂则力求实现自己的愿望。”

“最高洁的灵魂，凭自身的力量坚毅地向前挺进，遨游。最贫乏的灵魂则为短暂的欢乐而将自己投掷于侥幸之中。”

高洁的灵魂如何才能避免那最可恶的寄生虫的寄生呢？

高洁者之所以高洁，不在于他们心灵的纯净，而在于他们时时刻刻警惕寄生虫的侵害，及时发现并杀灭之，从而保持着心灵的健康。

尼采作如是观。

大人物和小东西

开发市场的地方，也开始了表演家的喧闹和吸血蝇的骚扰。

目睹了帝国政治的尼采，十分厌恶当权者和民众之间的交易。他把这种交易叫作肮脏的政治。

“民众不懂得什么是伟大。也就是说他们不懂得什么是创造。但是，他们对一切大事件的表演家却颇为看重。”

商品，即使最好的商品，也要做广告，才能生意兴隆通四海，财源茂盛达三江。在商品社会里，“酒香不怕巷子深”的经营之道已经不合潮流。政治市场上也是如此。在尼采看来，一个重大的政治事件，要是没有表演家来做政治广告，也不会引起民众的注目和重视。表演家一登场，招徕八方民众，这些表演家便成了民众心目中的大人物。

政治表演家和创造者不同。他们没有自由的创造精神，却有出色的表演技巧。他们信奉使他们获得最佳效果的一切，信奉使别人信任他们信赖他们的一切。他们的知觉很敏锐，能感触到民众的神经，以便投其所好，钓而用之。因此，他们今天是这个信条，明天将会有另一个新的信条，后天又会有一个更新的信条。

俗话说，万变不离其宗。其实他们只相信强权，不相信真理，不相信正义。犹如中国古话所说，“胜者王侯败者寇”。在他们眼里，“真理”“正义”不过是强权的附庸。实际上，他们只有一个根本的信条：强权就是真理，铁血就是正义。

他们也有所谓宣传。那不过是令人眩晕的喧闹。什么民族啦，什么国家啦，喊得震天价响，其实都是掩饰狼子野心的幌子。而他们正是货真价实的国家的蛀虫，民族的蟊贼。

他们也有所谓说教。那不过是颠倒是非的谎言，骗人的把戏。尼采那个时代的德意志国家主义是这样，后来的德国和意大利法西斯主义者，还有鼓吹所谓“大东亚共荣圈”的日本帝国主义者，都是玩弄这种愚民政策的老手。

市场上有俾斯麦、希特勒、墨索里尼、东条英机这类丑角的吆喝，还有众多追随他们的吹鼓手的叫卖，以售其奸，而许多人还真的买他们的账，以他们为骄傲，把这些大人物捧为当世的主宰。岂止当时，就是时至今日，希特勒，特别是东条英机，也还阴魂不散，一些极右分子也还拿着他们的破烂货当古董。说当古董还算小看它了，那么多人年年去靖国神社，那是去朝圣的，为军国主义招魂的。

大人物当然还远远不只这些。他们几乎遍布各个国家，各个民族，各个世代。

然而，真理是无价的。新价值的创造是远离市场的。一切伟大的人物同政治交易是绝缘的。因此，尼采劝导人们摒弃这喧闹的市场，奔向狂风扑打、暴雨冲刷的洁净之乡，摆脱那臣服与否的难堪的选择。

除了这些大人物而外，市场上还有那多于恒河之沙的小东西，可怜虫，卑微的灵魂。他们贪婪地、肆无忌惮地叮蛰你，吸吮你的血。

这是些吸血蝇。然而高贵的人们啊，他们往往不屑于充当蝇拍，不屑于动手杀死这些可怜的小东西。

但是，你务必当心这些贪食者。他们会围绕着你不停口地柔声赞颂。他们亲近你，伺机刺探你的皮肤，嘬吮你的鲜血。他们阿谀你，奉承你，讨好你，巴结你。稍有不慎，便会被他们的迷魂汤灌得飘飘然而忘了自己是谁。

记着，凡是肉麻的吹捧，绝非善言！

他们有时候哀鸣哭诉。你千万不要情动受骗。

他们有时候和悦可亲。你千万不要被他们的狡猾所蒙蔽。

他们诡诈地窥视你。那是企图见机行事。

他们自鸣得意地声称，一切伟大的生存都是有罪的，而他们则是上帝的惩罪使者。那是麻痹你的意志，让你束手待毙。

纵使你对他们和善，他们却认为你在轻蔑他们，他们将得寸进尺，将以袭击来报答你的善举。

“他们在你面前自觉渺小。他们的卑贱心理因为同你对抗而燃烧，烧成难以发觉的报复。”

的确如此。他们自觉不如别人高贵，窃窃自卑，但是又不愿公开表露出来。相反，他们有时候还要装出一副高人一等的样子。越是不学无术、内心空虚的草包，便越是摆出气壮如牛的架势，以掩饰自己的灵魂的匮乏。“色厉内荏”便是这种卑微灵魂的活生生的写照。

离去吧，离去这纷扰的市场，奔向那狂风扑打、暴雨冲刷的洁净之乡，摆脱这些小东西的骚扰。

“你的命运不是一个蝇拍。”

尼采如是讲述。这回他一反常态，竟然鼓吹起躲开小人、逃避现实来了。

中国常听到这种说法：“惹不起还躲不起吗！”有些人出于鄙视屑小鼠辈，或者出于无可奈何，有时候只得绕开走。尼采是不是也出于这同一种心态呢?

金钱拜物教

拜金主义，将一切高尚情趣都缢死了。

人类生命原本无牵无挂，自由自在，所以他原本应该是欢畅的，快乐的。譬如人的婴幼时期，就是这样度过的。

我国道家的重要人物，老庄学派的创始人之一庄子，也有过类似的说法。按照庄子的观点，我们可以这样说，人在幼年时期，除了吃喝以维持生命、增强生命、壮大生命之外，没有他求，没有奢欲。他一举手，一投足，并不是为了达到别的什么目的，而只是有意无意地活动自己的四肢，增进自己的生命活力。他可以长时间目不转睛地观看某件东西，而并无占有的欲念。即使拿来，也只是满足好奇心，随手又会放弃。这是人类天真无邪的本质的表现。

《红楼梦》写贾府给宝玉庆贺周岁生日，为了测试他将来的生活道路和前途，摆了满世界的东西让他抓取。他不抓书，不抓笔，不抓算盘，也不抓秤，独独抓了那脂粉钗环之类，拿来把玩。于是，人们断定他决非仕途经济之辈，必定是个花天酒地的纨绔子弟，没有出息。这其实是曹雪芹的一种艺术匠心，艺术手法，为的是渲染其艺术效果，并非真的一岁的娃娃便有如此的意识、欲念，就有规定自己一生成长发展的方向道路的意志。小宝玉不过是觉得这些东西好玩，随手抓来而已。

随着年龄的增大，人们的生理机制逐渐完善、发达，在这个基础上受到家庭和社会的影响，他们天真的稚气渐渐消退、泯灭，各种欲念也渐渐滋生、发展。从历史上看，其中给人的行为以莫大影响的，少不了权势和金钱，而在商品经济条件下，说到底还是金钱。因为金钱可以转化为权势，而权势也还是用来攫取金钱。

人们崇拜上帝，说上帝万能。然而在商品经济发展起来之后，许多人嘴上也可能还说上帝万能，可他们心里想的却是金钱万能，崇拜金钱这尊新偶像。“有钱使得鬼推磨”，上帝可奈何不了魔鬼。

也有反对钱神崇拜的，在历史上就有，虽然为数也许不是很多。清代文人沈起凤在《谐铎》的《桃夭村》里，就讲了如下一个有趣的故事，耐人寻味。

蒋生和马贾人一道乘舟出海。某日，来到一地，适逢那里举行每年一度的举才郎、选美女的科场比试。这科考分为男女两班，男的以文艺定名次，女的以容颜分高低。然后，按比试结果男女两班的相应名次匹配夫妻。蒋生和马贾人见有一位出奇靓丽的女子参加比试，便也都报名应试，欲得佳丽。

不料，主考官贪赃枉法，向考生索取贿赂。其结果是：蒋生虽然才艺超群，却因囊中羞涩未能孝敬考官而屈居末位；马贾人虽然才疏学浅，却因腰缠万贯得以重贿考官而荣登榜首。这真是“钱神弄人，是非颠倒”。

奇巧之事又出奇巧，那位出奇靓丽的女子也因为没有行贿而被贬在榜尾，美女之冠竟被一个丑八怪以重金贿得。作者赞曰：“岂知造化弄人，更有颠倒钱神之柄哉！”

不贿自有不贿福，弄钱反被弄钱误。这可说是对崇拜钱神者们的最尖刻的嘲讽挖苦了。

在中世纪，在封建的农业社会，轻商思想相当普遍，直接追逐金钱还难登大雅之堂。其时，追逐权势成为主流，有权就有钱，权势出金钱。其时，如中国，普遍流行“衙门八字开，有理无钱莫进来”“三年州知府，十万白花银”的民谣，揭穿了那班权贵们的老底。清兵入关后，王公贵族们利用权势竞相跑马圈地，马到之处，便归他所属，便成为他的财富以及财富的再生泉源。

即便在现今社会，权和钱也常常是暧昧的一对。贪官污吏便多半是巧于权钱交易的行家里手。有的人即使不为官，不为吏，只要掌握哪怕一点点权力（譬如老百姓关注的收费站、售票窗、处方笺等等普通行业权力），他们也可能利用这一点点权力去做权钱交易，这类事件几乎在各行各业都或有所闻。

在现代商品经济社会里，金钱已经身价百倍，公开成为发财致富的追逐对象，凡有一技之长的人都大可不必贼头贼脑去干非法勾当，也用不着迂回曲折地去聚敛钱财，谁都可以堂而皇之地去赚钱发财。人说“一本万利”，这可是真的。于是乎，人们争先恐后地削尖脑袋往钱眼儿里钻。正如尼采形容的那样，**“工作窒息般的急遽……拿着手表思考问题，吃饭也两眼盯着股票行情和经济新闻，人的生活好像永远怕耽误了什么似的，将一切高尚的情趣都缢死了”**。哪怕为了蝇头小利，他们也不惜疲于奔命。

莎士比亚曾经忿斥：“金钱，这人类共同的娼妓！”这话骂得固然解恨，可是细想，金钱不过是人们为自己制造出来的一种流通手段，并无所谓好坏，并不是罪恶的渊薮。把金钱奉为神灵的，把金钱变成魔头的，是拜金主义。

“人为财死，鸟为食亡。”这句老掉牙的古话，可说是一语泄漏了个中玄机，暴露出了古往今来所有财奴们的心地。在这里，人的生命的价值被贬低了，人的生命的享受和乐趣丧失了。本来是人创造的、人用来为自己服务的金钱，现在反而倒转过来，成了人的主宰。

人，成了金钱的仆役，奴隶。人，为金钱而奔波，卖命。

这就是金钱拜物教。

一些人成了金钱拜物教的虔诚信徒。他们匍匐跪拜在这个新的偶像、新的威权、新的上帝——金钱的脚下，不倦地供奉着自己的一切。

你看吧：

为了金钱，他们可以供奉自己的国家。

为了金钱，他们可以供奉自己的民族。

为了金钱，他们可以供奉自己的朋友。

为了金钱，他们可以供奉自己的亲人。

为了金钱，他们可以供奉自己的肉体。

为了金钱，他们可以供奉自己的灵魂。

科学和人生

非人化和机械主义导致生命的病态。

近代以来，科学技术给人类生活增添了异彩，带来了新的生机。在科学技术的催化下，现代工业迅速发展，社会经济进入了空前繁荣的时代。但是，这也带来了意想不到的问题。

20世纪20年代，杰出的电影艺术大师卓别林拍摄过一部名叫《摩登时代》的无声影片，表现了在工业社会，工人们机械地紧张工作的场面。

> 在快速运转的流水线面前，工人拼命追随机器运转的速度，风快地操作。
>
> 工人失去了行动的自主，麻木地被卷入机器，被当作加工原料随机器运转。
>
> 工人也机械化了，两手操作扳子，下意识有规律地拧动顺序传送到跟前的工件上的螺丝。一个胖女工走来；他把她胸前的两个突出部位也当作了螺丝，机械地将扳子向它们伸了过去。
>
> 工人们终究也沦为机器。一种喂食机被发明制造出来，它就像给机器添料一样，往正在紧张劳作的工人嘴里喂食。
>
> ……

在中世纪，农奴被役使，人们揭穿了它的本质，即：当牛，做马。在现代社会，无产者被役使，卓别林形象地揭露了它的本质，即：当工具，做机器。

卓别林用艺术形象所表现的，早在四五十年前，在19世纪后期，尼采已经用哲学的语言表述出来了。

“十七年来，我不厌其烦地揭露我们当代科学研究带来的毁灭精神的影响。科学的广泛应用使今天每一个人屈居于粗暴的被奴役的状态，这就是为什么不再有培养更全面、更丰富、更深沉的性格的教育和教育家的原因之一。我们的文化所遭受的苦难，莫过于如此众多的被专制的雇工和被摧残的人性。”

“它暴露了我们科学事业的危险性，以及对于生命的腐蚀性和毒害性——非人化和机械主义导致生命的病态。”

“科学主导人生，将个人局限在某些可解决的问题的狭窄范围内。”

尼采还讨厌关于社会分工的经济理论，认为经济学所鼓吹的社会分工都是把个人禁锢在一个狭小的笼子里，使个人得不到自由发展。

这是尼采经过仔细观察所达到的对当时的科学技术的认识。他的认识不能说毫无道理。

就社会分工而言，的确不应该过窄，而应该尽量使个人的创造个性得以施展，使人们的才能得到多方面的发展。马克思也看到了社会分工的这种局限，并且指出了克服这种局限的革命途径。他曾经预言，到了共产主义社会，由于生产力的极大发展，社会产品的极大丰富，人们将有许多时间用来学习和从事自己感兴趣的各种工作，那时候社会分工将会消失，人人都将成为多面手，人人都多才多艺。

就自然科学而言，从16世纪以来自然科学所以获得卓越的成就，原因之一就在于人们把自然界划分为各个领域，把整体分割开来，分门别类地研究，这同时也就带来了不曾预见的缺陷。正如恩格斯在《自然辩证法》的《导言》里所说：“18世纪上半叶的自然科学，在知识上，甚至在材料整理上，高过古代希腊，但是，在理论地掌握这些材料上，在自然观上，却低于古代希腊。”这就是当时机械唯物主义影响广泛的原因。

尼采的认识毕竟不完全有道理。他偏激，他带有很大的表面性、片面性。他不但未能如马克思那样提出科学预见，也未能如恩格斯那样作出科学的分析，反而给现代科学扣上莫须有的罪名。他无视科学技术和现代工业给人类带来文明和进步的事实，而把工人的苦难和人性的摧残统统归罪于现代科学和现代工业。

在现代工业制度下，工人成了机器的奴隶，他们的劳动工具反过来成为他们的统治者，人被异化，成为非人，成为机器、工具。这的确是成了社会的一大病害。马克思和恩格斯也看出了这种病害。不过他们并不是怪罪科学，相反，他们把科学看作生产力发展的要素。他们认为形成上述病害的原因，在于生产劳动者和生产资料被割离。

遗憾的是，尼采只是从现象上经验地感觉到了这种社会病害，因而误将科学当作了罪恶的渊薮。

科学是无罪的。恰恰相反，科学是推动社会发展的有力杠杆。难道废弃了现代科学和现代工业，再回归到中世纪的自然经济去，才一切都好吗？难道让这些工人再回去作农奴，当牛做马，连人身自由都没有吗？当然不。

解决人被机器统治的问题，首先是要变革社会制度，消除劳动异化的社会根源，阶级根源。

除了社会制度的改革外，同时还得依靠科学技术的进一步发展。只有科学技术发展了，人们才能把一切简单的、笨重的、重复性的以及具有危险性的工作交给机器去干，而人则只做创造性的工作。这一理想在现代化水平很高的地方，已经在一定程度上实现了。现在，在许多运用计算机控制的自动化生产线上，往往只有很少的人员从事着管理和操作的轻便工作。

诚然，现代科学技术也带来了一些意想不到的副作用。例如人们在利用它改造世界的同时，也屡屡破坏了生态环境；又如科学技术的一统化的要求，在相当程度上妨碍着人们个性的发展；再如运用高新科学技术的现代军事武装，具有极大的杀伤力；还有如克隆人这类尖端技术，可能造成诸多伦理和社会问题；更有一班罪恶之徒，滥用现代科技制造毒品，制造有毒食品，危害社会危害人民，等等。但是，这些都并不是科学技术的过错，而是人们自己的罪孽。科学技术只不过是人类所利用的一个工具，一种手段，人们应该而且可以在充分发挥它的效能的同时，尽可能地防止和限制它带来弊端，包括实施可持续发展战略和防止核扩散、禁止使用核武器等。

科学技术是第一生产力。人们掌握了自己的命运之后，就会运用科学技术创造出前所未有的世界文明。

走出误区

真善美，这一直是人们的生活追求。

为人应该向善。历朝历代，无论中外，几乎都把行善视为一种美德，都把善行当作一种佳话。我国自宋代以来供幼童做启蒙读本的《三字经》，一开头就是讲：“人之初，性本善。性相近，习相远。”此外，更有那雅俗共传的“善有善报，恶有恶报”的因果报应之说，劝善戒恶。受此教化，人们一生都把积德行善作为安身立命的信条。

如此高尚的善究竟是什么呢？以往的哲学家说，善是合目的，善是有用。尼采说，善是力的增长，生命的“超升”，至少是有利于力和生命的增长、发展、“超升”，而恶则是它的反面。尼采认为，他这种善恶观，才是掌握了善恶的真谛的。

尼采用他这个价值尺度来重新评估现实社会的善恶，终于惊诧地发现，这里的善和恶错了位。用我们常用的话来说，这就是头脚倒立，善恶被颠倒了。

善被当成了恶，恶反而被当作了善。这个“善”当然就不是真善，而是伪善。于是，在这个“善”的“恩泽”的“庇护”之下，人类生命被压抑，遭贬损，受戕害。人类被抛进了伪善的苦海。

尼采告诫人们，必须走出这个误区。

人类生命应当得到拯救，超脱出这个苦海。

就像被颠倒的是非应当再颠倒过来一样，错了位的善恶也应当重新正位，被颠倒了的善恶也应当再颠倒过来。

善恶的错位

那些善人们所谓的恶必须汇集一起去揭示真理。

分清什么是善什么是恶，这是一个必须澄清的真理问题。

真理是一步一步被接近的。在科学殿堂里，理论只能服从实际。一旦理论和实际出现矛盾，这个理论就必须修正，甚至摒弃。在真理面前，不存在什么永恒经典，绝对权威。

牛顿曾说，“我是站在巨人的肩膀上”。他所做出的成果是建立在前人的丰碑的基础之上的，所做出的成果也是对于以往的理论的批判的继承和发展。批判的继承和发展，用一个哲学术语来说就叫“扬弃”。爱因斯坦的研究表明，牛顿的运动定律仅在物体运动速度较慢的时候适用，当物体的速度和光速可比的时候，牛顿定律需要用爱因斯坦的相对论来修正。牛顿和爱因斯坦都是讲的真话。讲真话就是实事求是，讲真话才能发展真理。

如果人人都能如此，那该多好。然而事实远非如此。尼采看到，能讲真实、讲真话、讲真理的人太少了。有许多人本来是能做到真实的，比如那些自称“善”的人，然而他们不愿意有真实。“**他们永远不会说出真理。**”因为，“**任何人，只要他的血管里有了神学家们的血液，他们一开始就会带着一种歪曲的、不诚实的眼光去看万事万物**”。说真话，讲真理，那对于他们的“善”来说便是疯了。

那些善人们所说的善是什么呢？那是要人们退缩，忍让，屈服。它教人重复别人说过的话，念叨别人写出的书，跟着别人的指挥棒吟唱赞歌。它教人闭眼不顾事实，或者对事实熟视无睹，置若罔闻；它教人不要有自己的思想，即便有也不敢说出来，更不敢做出来。

唯物论者不是常常奚落那些“唯书”“唯上”而唯独不“唯实”的人吗？那些人正是这类修善到家的人中精灵。

在社会生活中，人们往往盲目地信仰权威，服从权威。而且，他们认为信服权威就是善举，如果怀疑甚或否定权威即为大逆不道的恶行。

伽利略提出物体下落的速度和它的重量无关的论断，便遭到了某些人的嘲笑。因为在他们看来，古希腊的哲学家和科学家亚里士多德早已研究过而且解决了这个问题。他根据石头比羽毛下落得快的现象已经得出结论说：较重的物体比较轻的物体下落得较快，下落的速度和重量成正比。

从现在的观点来看，亚里士多德的研究方法是十分不科学的，乃至是十分可笑的。然而在伽利略那个时代，一些人却觉得亚里士多德说得有理，因为人们习惯上就觉得重的东西比轻的东西下落得快，因为人们的思想方法和亚里士多德的一样，也因为基督教教会推崇亚里士多德的学说。

伽利略的科学实验否定了亚里士多德的“落地运动法则”，确立了“自由落体定律”，即在忽略空气阻力的条件下，重量不同的球在下落时同时落地，下落的速度与重量无关。过去，依据伽利略晚年的学生V.维维亚的记载，说是1589年某日在比萨斜塔做的实验，当时用一个10磅和一个1磅的铁球同时抛下，两个球几乎同时落地。（不过，在实验的正式文本中没有关于此说的记录，而且此说也没有提供忽略空气阻力的依据。）

和伽利略同时代的科学家哥白尼虽然提出了日心说，但是，由于这一理论和基督教教义相悖，所以他一直不敢发表。直到行将度完他的人生历程的时候，在朋友们的催促下，他才将他的《天体运行论》付梓出版。这本书果然被基督教教会视为异端邪说，遭到查禁。伽利略由于维护哥白尼的日心说，也遭到宗教裁判所的审判，被终身监禁。布鲁诺也由于传扬日心说并提出无限宇宙论等，被罗马教皇以“叛教”罪处死。

在神圣的基督教教士们眼里，当时的许多科学家都是十恶不赦的魔鬼。

善与恶的界限在哪里？由谁来划分？在历史上，这向来是由那些自称为善人的人、掌握着主宰权力的人来决定的。在他们来说，忠君报主、循规蹈矩便是大善，犯上作乱、大逆不道便一贯被叫做大恶。说白了，善以当权者为中心。顺从当权者便是善，不顺从当权者便是恶。

事物是错综复杂的。为此在金庸的笔下，正邪、善恶的界限有时候便又带上了某种模糊和朦胧。金庸的许多小说曾经探讨过善恶问题。《笑傲江湖》里的岳不群，代表了那类打着正义的旗号干肮脏勾当的伪君子。而《倚天屠龙记》中的灭绝师太，则代表了没有自己的思想，维护旧有的一切，顽固不化，自以为是的道学先生。与他们相对比，同是《倚天屠龙记》里的人物张三丰，则是豁达开明、实事求是的典范。

在这里，一个人是否道貌岸然，是否唱着高调，是否沽名钓誉，只是看他的各种行为举止，所作所为，并不能判定他的善与恶，他的善与恶需是取决于他做那些事的动机，取决于他的内心深处。换句话说，如果一个人口蜜腹剑，嘴上说得天花乱坠，所作所为却是阴险毒辣的勾当，那便只是伪善，是恶毒；如果一个人心地纯洁偶尔做了件坏事，虽然不能说是善举，但是其心地还是好的，应当归于善良一类的。

这种观点在一般情况下都是合理的，但是，在某些情况下却可能是不合法的。譬如，一个汽车司机被许多急于乘车的旅客纠缠不过，出于急人所急、解人所难的好心，不得已超载行驶，以致酿成车祸，死伤众多。这种“善行”和“恶果”是否应该被原谅呢？

麻烦的还有如何判断这个动机。俗话说“知人知面不知心”，这话虽然不完全对，可也确实说明了知人的困难。内心的动机是看不见的，要想判明，除了听他的言论而外，还得看他的行动，看他的历史表现，看他一贯的行为及其效果，是谓“听其言，观其行”。

内在动机是通过行动表现于外在效果的。因此，应当通过行动来检验动机，应当以客观效果作为检验主观动机的标准。一个出于善良动机的人，是不应该不顾及他的行动的效果的，如果知道效果不好，他必定会改变他的行动。如果一个人宣称他的动机是好的，但是预知或者已知自己行动的效果是坏的，仍要一意孤行，那还能相信他的动机是好的吗？在个别的事件上，动机和效果不一致，好心办坏事，这种情况确实是有的。正因为有这种不一致，所以才要求努力做到一致。这在哲学上就叫作动机和效果统一论。

在尼采眼里，善人们（其实是伪善，也就是恶）与此相反，他们总是拿自己的愿望来衡量别人，拿《圣经》来做一切行动的准则。因此他们把一切不符合他们的愿望的行动，把一切不符合基督教教义的行动，都称之为恶。

面对着这种被颠倒的是非，尼采大声疾呼：**"善人们所谓的一切恶必须汇合起来，去揭示一种真理。啊，兄弟们，你们的恶足以揭示这种真理了吗？"**

真理的火炬只能由这些被称之为恶的火种去点燃。

堕落的世界只能由这些被称之为恶的湍流去荡涤。

"至恶也是一种至善，创造的善。"尼采把这个是非颠倒的铁案翻过来。

破坏旧的，推倒旧的，是为了创建新的。站在旧事物、旧观念的角度看，它是至恶；站在新事物、新观念的角度看，它是至善。

善恶的转换

善恶，赞誉和诋毁，没有比这更强大的支配力。

小孩子看电视看电影都知道要辨别其中的人物是好人还是坏人，也就是分清善恶。可见，善与恶是一种十分重要的广谱性道德评价。这种评价及其所依据的标准，尼采认为，是一种极强大的支配力，威力。在这世界上，查拉图斯特拉还没有发现比这更强大的支配力。

尼采说，一张价值表高悬在每个民族的上空。那是他们的权力意志的呼唤：

> "你应当事事争先，超越别人。"这激励着古希腊人创造了历史的辉煌。
>
> "讲真话而且善于战斗。"这是查拉图斯特拉的母族所遵循的，他们曾经因此而兴旺发达。所以，查拉图斯特拉也依照这一准则而肩负了历史的重任。
>
> "真诚孝顺父母。"另一个民族因此而强盛不衰。
>
> "誓死恪守信义。"又一个民族以此超越自己，获得无穷的希望。

善与恶是人们用自己的言行做出来的，拿尼采的话来说，还是按照一定的权力意志来规范和评价的。

有人说人之初性本善，有人说人之初性本恶，这两种说法都没有什么根据。一个初生的婴儿，除了吃喝拉撒，除了会哭，什么都不知晓，无所谓善恶。善与恶是在社会生活中形成的，发展的。俗话说“近朱者赤，近墨者黑”，《三字经》虽然讲“人之初，性本善”，却也承认“性相近，习相远”，这说明我们的祖先早已明白或者接近明白这个道理。

正是因为这个缘故，善与恶在不同的空间有不同的涵义，即对于不同地域的不同民族、不同人群是不相同的，有些差别还很大，有的甚至是背道而驰。

“许多事物被这一民族称为善的，另一民族却认为可耻而加以轻蔑：这是我发现的。我还发现在这里被斥为恶的，在那里却披着荣耀的锦袍。”尼采写道。

一个民族有一个民族的习俗，一个国家有一个国家的国情，甚至一个国家的不同地区也各不相同。例如：有的地方把安乐死看作善，有的地方则把它看作恶；有的国家允许堕胎，有的国家却明令禁止；人口稀少的民族鼓励多生育，多子女者被视为母亲英雄，人口众多的民族则严格实行计划生育，多生者遭人白眼，乃至受到惩罚；有的民族习惯点头哈腰，认为不这样就是不尊重对方，而许多民族则不这样认为，有的还可能视之为繁文缛节而不屑一顾。

正因为善与恶是在社会生活中形成的，所以善与恶也是随着社会生活的变迁而变化的。没有不变的、长存的、永恒的善与恶。善与恶在不同的时间，即在不同的历史时期、时代也是不相同的，有的差别还很大，有的甚至正好相反。

尼采宣告：这里有个价值的变换。他把生命力的强弱和增损树立为价值评估的标准。他说：**“何谓善？勇猛谓之善。何谓恶？懦弱谓之恶。”“什么是善？凡是增强我们人类力量感的东西：力量意志，力量本身，都是善。”“什么是恶？凡来自柔弱的东西都是恶。”**他要按照这个标准来重新评价善恶。

尼采要改变基督教以及受它影响的善恶观念，要把基督教的怜悯以及由它所导致的懦弱、依赖、乞怜消除干净，这是对的。他要革除当权者们所维护的伪善，这也是对的。但是，他忽视了那些当权者同民族、群体的区别，竟然把少数当权者和民族的大多数混为一谈，因而陷入了难以自拔的错误。

尼采说，创造价值和评估价值的主体原先是种族、群体，如今应该变换为个人。他说，此前民族高唱着和善的口号，把稳固统治和安于服从当作善的内容；群体的欢乐先于个体的快乐，群体才有公正可言，个体只能说是悖公的；不是个人汇流成人群，而是人群淹没了个人，狡猾的个体要在群体的利益里去寻找个人的利益。

人毕竟是群居的社会的人，不能不受社会的制约。人只能在社会中生存，他必须承担社会义务，为社会作贡献，才谈得上享受个人的权益。正如人们常说的，多劳多得，少劳少得，不劳动者不得食。不劳而获者是可耻的社会寄生虫。

尼采把社会、群体同个人绝对对立起来，这是很错误的。也许这就是尼采一生孤独，和大多数人都处不好关系的原因。从心理学的角度讲，尼采这个人的社会同化程度显著低于人们的平均水平。这是对社会的一种不适应。

话又说回来，尼采强调发展个性，反对扼杀个性，这应该说是具有一定积极意义的。而且，对于任何群体社会来说，大到国家、政党，小到社团、企业，都值得借鉴，以防把个人当作驯服工具。

回顾近代历史，我们不难发现，几乎所有的非正义的战争都是打着“国家”“民族”乃至“世界”“人类”的旗号发动的。例如蒋介石发动内战，标榜“戡乱建国”，他打的是为国家建设的旗号；日本帝国主义者发动侵略战争，高唱“大东亚共荣圈”，他们打的是为东亚各国繁荣的旗号。现今，美国某些人又有了新的发明，叫作“人权高于主权”，好像是在维护全人类每个人的权益，其实是打着人权的旗号推行霸权主义。

一个具体的社会单位也是这样。某些公司的老板要求雇员“以公司为家”，为他们所谓的“大家庭”的利益拼命干活，其实是为他挣钱。这是老板们常用的掩饰劳资矛盾的手法。近年来，这类“大家庭”的雇员到法院告状的，时有所闻。在深圳和东莞等地，还时而有工人跳楼自杀的事件发生。

群体的利益的确很容易而且也确实经常被某些别有用心的人加以绝对化、神圣化，以便他们用来要求人们牺牲本应享有的个人权益。在群体利益为重的幌子下，本来是个人应得的东西反而成了不应得的。如果有谁胆敢争辩、抗衡，他就是“危害群体利益”，他就是“恶人”。

个人权益完全被淹没在某些人所炮制的“群体权益”之中，乃至被消蚀在其中。希特勒有句名言：“你什么也不是，你的人民才是一切。”希特勒堪称是这方面的行家，老到至极。他分明是对人民群众施行法西斯统治，却偏要打出“人民”这杆大旗来掩人耳目，愚弄百姓。

尼采是对的，不过又是片面的。他带着个人主义的有色眼镜看问题。他只看到了确认和维护自我的个人权益的必要性，而完全忽视了确认和维护社会的群体权益的必要性。他片面强调了个人的自我的自主权力，而完全忽视了集体和社会组织的统一管理权力，要么就是精英的专制权力。

历史的经验向人们庄严宣告，只有理所当然地、理直气壮地确认个人权益，摆正群体权益与个人权益的关系，才能避免被人愚弄和被人利用。这便是善。

历史的经验也向人们庄严宣告，只有理所当然地、理直气壮地确认群体权益，摆正个人权益与群体权益的关系，才能避免极端个人主义。这也是善。

鸦片道德

先前人们所崇尚的道德是安眠药和麻醉剂。

尼采针对英国学者指责他的观点，探讨了贵族道德和奴隶道德发生和演化的历史。这两个概念被他沿用于现代社会的时候，其内容起了重大的变化，即它们不再是特指贵族和奴隶这种社会阶级的道德观念的范畴。

尼采所讲的“贵族”是指精神高贵、高尚的人群，精神上的高贵族，具有“自由意志”的“行使主权”的强者，精英。所以贵族道德亦称主人道德，就其内容而言实即自主道德。

尼采所讲的奴隶道德就是在基督教文化毒化下产生的奴性实足的庸人的道德。所以这种道德就其内容来说，也可以称为奴性道德。

尼采为我们剖明了这两种对立道德的分野。

我，我的生命，是我自己的主人。在尼采看来，我的道德应该是我的生命的道德，是为我的生命积聚和迸发强力的道德，为我的生命不断超升的道德。

他认为生命在本质上是积聚更多的力、更强的力，不断提升自己、超越自己。生命是不断地抛弃自身中行将死灭的东西。生命不是内在关系对外在关系的不断地消极被动适应，而是权力意志从内在迸发出来，积极地主动地征服和融合不断聚增的外在世界。因此他认为，坚忍、勇猛、抗争、冲击、战斗才是生命的应有之义，才符合主人的道德，自主的道德，也就是新的高贵者一族所应该具备的道德。

先前人们所崇尚的道德是什么呢?

尼采说，他们只知道安息，沉睡。他们是为了安息、沉睡才需要道德的。他们不知道生命还有宏伟辉煌的意义。他们的道德就是——尼采数落着：

> 顺从上帝。上帝的旨意不容违背，必须做上帝的羔羊，听从牧羊人乃至牧羊犬的指挥。若有半点差池，必须向上帝忏悔。这是安睡所必备的条件。
>
> 敬重并心服统治者，做他们的顺民。即使是对缺胳膊少腿的蹩脚统治者也不例外，尽管他们往往喜欢走歪路。这也是安睡所必备的条件。
>
> 同邻里街坊和睦相处，亲密无间。即便是邻居中的魔鬼，也要和谐以待。不然，他会使你不得安睡。
>
> 不要追大名、逐大利，以免自寻烦恼；但需要图小名、求小利，获得心理平衡。这样，你才能平静安睡。
>
> 宁可交结一群窝囊朋友，只要他们循规蹈矩，也不结识一个气盛要强的汉子。这样，你才能平静安睡。
>
> ……

这就是尼采笔下先前人们所遵循的道德。很明显，这是奴隶道德，奴性道德。

尼采指出：**“道德在他们来说，就是令人谦卑、驯服，使狼变为羊，使人成为招之即来、挥之即去的鸡鸭。”**

这种奴隶道德是要人成为弱者的道德，要人成为奴性十足的谦谦君子的道德。这种道德便是安眠药，麻醉剂，精神鸦片。它只能麻痹人们的斗志，泯灭生命的活力。

奴隶道德同尼采所祈望所追寻的主人道德是根本对立的。

尼采所祈望所追寻的主人道德，是自主的道德。**“这种新道德就是力量，**

是一种有权力的思想。”他希望人人增强权力意志，树立这种新的道德。

在相当长的一段时期内，尼采的这种道德观被许多人误解。人们以为他鼓吹的主人道德就是贵族阶级的道德，就是要压迫者加强对被压迫者的统治；以为他反对的奴隶道德就是他要求被奴役的人们遵守的道德。这种解释当然不符合尼采的原意，至少不完全符合。倒是陈独秀所说“各有自主之权，绝无奴隶他人之权利，亦绝无以奴自处之义务”，用来理解尼采的思想最为恰当。陈独秀在《新青年》创刊号《敬告青年》一文中指出：“盖自认为独立自主之人格以上，一切操行，一切权利，一切信仰，唯有听命各自固有之智能，断无盲从隶属他人之理。”

尼采主要是在反对传统旧道德，反对基督教道德。这和中国五四时期新文化运动中反忠君尊孔思想是相似的。其目的都在解放思想，解放个性，“改造国民性”，使之摆脱“蒙昧”，“羞为浅化之民”。这也正是当时中国的一些先进分子从尼采的思想中吸取营养，并且积极介绍给国人的原因。

尼采的错误也是不容抹煞的。他的一个主要错误就是，他把民主主义和社会主义的革命斗争同基督教的复仇运动混为一谈，统统划归于奴隶道德而加以反对。这就把自己摆在维护现存统治秩序和剥削压迫制度的反历史潮流的立场上了；这和他鼓吹雄师式的反抗精神也是相悖的，无以自圆其说的。

尼采把革除社会积弊的希望寄托在人们道德的自我完善之上，这只能是一种不切实际的幻想。其结果，他又将和基督教殊途同归了。

红脸兽

那些慈善家，他们为他们的怜悯而欢欣。

“羞愧，羞愧！——这就是人类的历史！”“求索者称人类为红脸兽。”尼采总是这样走极端，语不惊人誓不休。

在尼采看来，许多人常常在羞愧中讨生活，靠上帝的怜悯而生活。教会便是这种怜悯的施舍所。

说到怜悯，难免涉及慈善机构和慈善家。应当承认，有许多慈善机构和慈善家是怀着对苦难者的同情之心，做了不少好事的，是值得称许的，作为一类社会救济力量他们还需继续存在下去。但是也要看到，有些所谓的慈善家、慈善机构，他们只不过是为了求得上帝的宽恕，为了给自己积阴德以及荫被子孙，或者为了沽名钓誉、欺世盗名而已。

不管他们出自什么动机，为了何种目的，行善总比不行善好，更比行恶好。于是，他们博得了受苦受难者的崇敬。他们也因此而得到心灵的安抚、慰藉，有的人乃至自鸣得意，沾沾自喜，以救世主自居。不知这种自我膨胀的施舍者可曾想到，这种善行、恩赐、怜悯，在他们看来似乎是一种美德，而事实正好相反，人们将会诅咒他们“缺德”。《礼记 · 檀弓》就讲了这么一个故事。

春秋时期，某年，齐国发生饥荒，有善者在路旁搭棚施舍吃食，向饥民吆喝：“嗟，来食。”有饥民说，我们虽然落到今天这个地步，可就是宁死不吃你这种打发叫花子的饭食。他果真不受屈辱，饥饿而死。

有的人为什么会宁死拒绝接受嗟来之食呢？它们为什么要拒绝怜悯呢？

那是因为，怜悯对于苦难者是一种屈辱。一个自信、自强的人，他是绝不会乞怜于人的，决不肯仰人鼻息的。赐予者越是自鸣得意，被赐予者也就越是感到羞辱、愧恼。

那是因为，怜悯对于苦难者是一种伤害。它伤害受难者的人格和尊严。

那还因为，怜悯对于苦难者是一种腐蚀。它会使意志薄弱者酿成谦恭、温驯、怠惰、懦弱的劣根性。所以，这也应该被看作是一种奴化。

既然有救世主，何必还要勤劳自救；既然有慈善家，何必还要奋斗自强——这便是怜悯势必导致的一种结论。

尼采认为，怜悯、恩赐、施舍，都是违背发展律的，否定生命的，同时也是违背淘汰律的。它保护行将毁灭的东西。它为那些被剥夺了继续存在权利的懦夫族辩护，为那些行将被生活淘汰的懒汉族辩护。**“那就会使生命失去其伟大的性格，这就叫阉割人类，用那可怜的中国把戏来亵渎人类”**。这就是把人都弄成没有创造力的东西，就像中国的太监。

所以，这些都是滋生多余的人、过剩的人的温床。

所以，尼采说：**“同情，只有在颓废者身上才算得上美德。我之所以谴责怜悯者，那是因为他们会使人失去对差距的羞耻感、敬畏感、敏锐感。”**他又说：**“我认为，抛弃怜悯之心也可算作高贵的美德。”**

按照尼采的观点，施舍给人以怜悯，伤害了人的尊严、人格，消蚀了人的自强精神，让人永远处于可怜虫的地位。怜悯损害生命，这是那些所谓的慈善家们办的一件蠢事。这是要遭报应的。终究有一天，人们会忍受不了他们的伤害，会从屈辱中醒悟过来，反戈一击，直到置他们于死地。

上帝可算是个大慈善家吧？而今上帝怎么样了？他对人类的慈爱、宽恕，铸成了他自己的地狱。**“他对人类的怜悯杀死了他。”**在《快乐的科学》一书的《狂人》篇里，尼采假借狂人之口如是说。

尼采在《反基督徒》一书里指出：**“基督教被称为怜悯的宗教。怜悯背离**

了让人生气勃勃的情绪，它使人抑郁。怜悯一旦生出，我们的力量顿时消尽。这种被痛苦强加给生活所造成的力量的丧失，又进一步被怜悯所增加和扩大了。怜悯使痛苦蔓延。在某种情况下，它可以导致生命和活力的完全丧失。”

尼采认为，基督就是因怜悯而丧生的，他说基督之死这个例子就足以表明怜悯对生命的祸害。

上帝这个最大的慈善家支配人世间一切的中世纪已经一去不复返了。在意识到自己的存在价值的人们的心目中，在那些接受了现代科学洗礼的“叛教者”的心目中，上帝已经不复存在了，永远被唾弃了，被埋葬了。

水能载舟，也能覆舟。崇敬者今天把慈善家抬上救世主的宝座，明天也就可以把慈善家从救世主的宝座上拉下来。抬得越高，摔得越重。

收拾起怜悯的“美德”吧！怜悯实在是奴役的道德，败坏的道德。它教人“任人驱使，奴性十足”，把一切都变成替上帝和“美德”效劳的工具。

尼采太偏激了，太绝对化了。他又是只顾及了此一方面，而忽视了另一方面。

对于以乞讨为生的以至靠别人施舍而富有的职业乞丐，我们当然无需怜悯。但是，由于历史的原因（例如饱受殖民主义掠夺）或者处于恶劣的自然条件下的国家和地区，难道不应该扶他们一把，帮他们走上康庄之路吗？

还有，由于地震、洪水等不可抗力造成的灾害，其带给人们的苦难是人们所无法抗拒的，并非由于怠惰所至。这些苦难中的人是多么需要热心的人伸出救援的双手啊！难道我们这些同类应当坐视不管吗？人们理应帮助他们度过劫难，重建家园。至于救助孤儿孤老，那就更是义不容辞了。

如果目睹苦难的民族、苦难的人们在死亡线上挣扎而无动于衷，听任其忍饥号寒，自生自灭，那恐怕离屠戮人类的战争贩子也就只有一步之差了！

我们并不是要去怜悯，并不是要去施舍，而是要诚心诚意地去帮扶他们，救助他们。譬如对待贫困的失业者，我们不是单纯地救济，那决非良方，最高明最有效的办法还是帮助他们就业；又如对待经济落后地区，一味救济也非上策，根本的办法是“扶他们上马”，帮助他们发展生产。人们通常把前一种办法叫作“输血工程”，把后一种办法叫作“造血工程”。输血工程只能救急，治标；造血工程才是扶贫，治本。只有输血和造血并举，标本兼治，才是上上策。

我们并不是要做什么慈善家，不需要被抬上什么宝座。因为这是人类应有的互助。说不定明天灾难就会降临到我们头上，那时候也将会有别人向我们伸出热情的双手。

这并不是一些人拯救另一些人，而是我们一起拯救人类，拯救世界。

遁世和济世

我，查拉图斯特拉，人生的辩护者。

许多有识之士往往愤世嫉俗。说起愤世嫉俗，恐怕没有谁比得上尼采那样痛心疾首。他四面树敌，频频出击，尖酸刻薄，刺刀见红，务求改变世俗的面貌。

尼采虽然愤世嫉俗，但是从不厌弃人生世界。他是因热爱而愤恨的。

尼采一生所追求的，是教化人类的济世良方，以指引人们挣脱精神枷锁，去创造一个新的世界。

据说有的人读过尼采的书之后，竟然产生了厌世思想，有的甚至付诸行动，舍弃了自己宝贵的生命。这些人无疑是顺着自己的情绪和思想去理解书中的片言只语，因而背离了尼采的本旨。

前面说过，尼采从来都不是一个悲观主义者。相反，他以悲剧哲学家自称，承认人生的苦难和死灭，但是他主张积极地去迎战它，去创造自我的人生价值，赢回生活的欢愉。他的一生也正是如此度过的。

尼采是反对遁世、弃世这类消极人生的。他认为，抱有这类消极人生观的人，其根本的错误是对世界、对人生缺乏正确的了解。他们带着悲观主义的有色眼镜看世界，把世界看成一片黑暗，永无天日，永无希望。因此，他们丧失了生活的信心和勇气，找不到生活的乐趣。

“在洁净的人看来，万物皆洁净”，而**“在猪猡看来，万物皆如猪猡一样**

的肮脏”。尼采借肮脏的猪猡来生动地形容和批评那些“不洁的心灵”，教导怀揣这种不洁心灵的人不要把世界看得和自己一样脏污，不要宣称“世界整个地是一个肮脏的怪物”。

确实，有些人总是以小人之心度君子之腹，把整个世界都看得和他们的心灵一样灰暗，一样死寂。于是，他们为此而哀叹，哀叹之余便不免对现实世界避而远之，乃至舍而去之了。

人们也许都听说过盲人摸象的故事。那摸着象腿的便说象长得像个柱子，那摸着象肚子的便说象长得像块墙壁。营养学家说淘米会把大米的营养成分洗掉，卫生专家说大米表面可能有致癌的黄曲霉素，因而需要淘洗三遍。虽然他们这些说法都不无部分道理，但是，因为他们看事物的角度不同，所以他们的视觉效果也就不一样。正所谓：“横看成岭侧成峰，远近高低各不同”。因为他们都没从实际出发，具体地分析具体问题，所以是片面的，难免以偏概全，以局部代替整体。

世界是个矛盾的统一体。就像人有前胸和后背一样，世界也有阳面和阴面。它也许积有很厚的污垢，但是，这不等于说它整个的就是一个肮脏的怪物。应当看到它还有光明的一面，洁净的一面。

有矛盾就有斗争，有斗争就有发展。一切事物都在流动变化。世界也不是僵死的，一成不变的，今日的积垢之处明天也许就清洗干净了。人们应当看到这种变化的趋势，积极投身于这个变化的大潮之中。

“此刻，我的世界正好健全，子夜恰是正午——痛苦也是欢乐，咒骂也是祝福，黑夜也是白昼。”

尼采让他心爱的查拉图斯特拉给我们指出，这是一个和我们的现实世界绝顶不同的世界，其情其境和我们的现实世界恰好相反的世界。

“啊！你们热爱这个世界吧。”尼采为这个世界而欢欣鼓舞，为这个世界而摇旗呐喊。

这就是永恒重现的世界，超人的世界。尽管尼采反对别人讲“理想”，认为那会成为奴役人的偶像，尽管他反对别人讲“必然”，认为那将导向宿命论，但是他这必然重现的世界毕竟是他梦寐以求的理想王国。

尼采用这个新世界的蓝图来鼓舞自己，同时也激励那些悲观厌世者。虽然从科学的观点来看，他对新世界的具体设计是不切实际的，因而也是不可能实现的，但是，他作为生命的保护神所说的种种，总也称得上是醒世良言。

尼采对那些厌世者的批评，的确是鞭辟入里的。不知他们读到这里，会不会感到汗颜，会不会有所省悟，会不会从而摒弃愚念，步入坦途。

尼采忍受着极大的病痛和生活的折磨，发奋自强、努力拼搏的故事，不知能不能使他们受到些许感染，从而振作起来，去开创新的生活。

读到这里，细心的读者也许已经发觉尼采的自相矛盾。因为他也曾赞赏过弃世者的勇气。我们也曾替他打过圆场，作过开脱，但愿那的确是在激愤时刻的不择言词，就像父母骂孩子“该死”一样，不足为训。

缺乏科学的方法，却带有强烈的感情色彩和文学性，有时候难免前言不搭后语。这里自有尼采哲学的特点，可也足见其弱点。

解脱和解放

粉碎给奴隶编织的箴言。

淡泊功名，淡泊利禄，视官爵、金钱如粪土，历代这类清高之士，多多受人景仰。

雁过留声，雁过拔毛，为名声而削尖脑袋苦心钻营，为财富而不择手段坑蒙拐骗，这类卑小的灵魂，向来遭人唾骂。

这是不是说，人就不应该有所欲求呢？有欲求的人是不是就不高尚不高贵呢？

尼采告诉我们，有些人的确是宣传灭人欲的。他们扬言，世界上没有什么东西是有价值的，一切都是虚空。既然如此，求之何为。可不是吗？依照他们的说法，一切都是虚空，或者都是没有用的破烂，那又有什么可欲求的呢？“一切”，其中自然也包括生命。生命也是虚空，生命已不成其为生命，臭皮囊，行尸走肉，那还要它干什么！

尼采说，不对了。戳穿了，这是给奴隶们编织的箴言，是叫他们万念俱灰，让他们安分守己，别存任何非分之念。尼采认为，这是一种厌世哲学，它无异于劝死。

《红楼梦》是一部伟大的著作，它真实地展现了一幅封建社会末期社会生活的活生生的图画。但是，作者的情感却是悲凉的。正如鲁迅所说，“悲凉之雾，遍被华林”。这部著作是一曲封建阶级的挽歌，含蕴着悲观厌世的情调。书中有一首《好了歌》，充分透露了个中消息。

《好了歌》词曰：

世人都晓神仙好，唯有功名忘不了。
古今将相在何方？荒冢一堆草没了！

世人都晓神仙好，唯有金银忘不了。
终朝只恨聚无多，及到多时眼闭了！

世人都晓神仙好，唯有娇妻忘不了。
君生日日说恩情，君死又随人去了！

世人都晓神仙好，唯有儿孙忘不了。
痴心父母古来多，孝顺子孙谁见了！

那唱歌的道士还又特别给以点拨，说道："可知世上万般'好'便是'了'，'了'便是'好'。若不'了'便不'好'，若要'好'须是'了'。"

这里所表露的，通常被理解为虚无主义，不仅名和利是虚空，连妻子和儿女都是虚空。当然，这也不是讲"一切"，它只是看空世俗，并未看空神仙。

尼采不这么看。他指出，生命不是虚空。**"生命是欢乐的源泉"**。

人应该有欲求，应该为欲求而奋斗，为欲求而创造。生命的乐章就在这奋斗和创造之中奏响。

"创造——这是痛苦的大解脱和生命的希望之光。"尼采如是强调指出。

还以前面提到过的分娩为例。妇人怀孕是痛苦的，不但会有腿肿、呕吐等不适的生理反应，还有长期的行动不便，待到临产的时候，更有那撕心裂肺的阵痛。但是，这同时又是欢乐的。谁不欲求子女？有些人患了不育症，或者有生育障碍，不是还要去看大夫，请求治疗吗？谁都会为自己将要生育子女而兴高采烈，为自己将要分娩出一个白嫩的娇娃而欣喜如醉。

这是因为，这整个过程都是伟大的生命创造。产妇分娩是这种生命创造的完成。婴儿诞生的同时，母亲从孕期痛苦中得到解脱，而且她的生命得到伸延和发扬，得到增值和增殖。她顿时成为世界上最幸福最快乐的人。

其他创造也是如此。没有欲求的人便没有创造的动因，便没有奋斗的精神，便不可能有图强意志。所以人们常讲，要有抱负，要有宏图，要瞄准自己所追求的目标去努力拼搏。

拼搏，失败，再拼搏，再失败，再拼搏……直到成功。这里面包含着最高贵的价值——生命的价值，生命力的价值。

不过，尼采说，**“我从来没有什么愿望”**，也**“找不出任何拼搏的迹象”**。果真如此吗？**“过了四十四岁生日的我，可以这样说了，他从来没有为了荣誉、女人、金钱操过心……比方说，有一天就当了大学教授——我根本就没有打过这样的算盘，因为我当时还不到二十四岁。同样，此前两年，我成了语言学家。因为，这指的是我第一篇语言学论文……应我的导师李奇尔之邀，发表在他主办的《莱茵博览》上”**。啊，原来他是在个人生活，包括荣誉、地位、金钱、美女等各个方面，无所追求，顺其自然。

弱者在本质上总是迷失自己，不知道自己是什么，不知道自己的价值，也不知道自己该干什么，不知道如何去创造自己的价值。他们总是被别人欲求，按照别人的要求行动，所以他们活得没有一点滋味，活得很累。他们疲惫，他们倦怠。他们心里装着一位“悲愁之父”。他们把生命之泉看作一汪苦水，因而厌恶它，意欲离弃它，以求解脱——“了”。

谢天谢地，此时此刻他们终于有了自己的意愿欲求——“了”，只可惜这意愿和欲求用错了地方，用反了方向。

把自己的意愿和欲求用到正道上来吧！

需要说明是，按照尼采的观点，我们这里所说的正道是寻找自我，实现自我的价值，博得自主权力。它并不是道德家们所谓的仕途经济之道，也不是按照别人的意志去生活，不是去实现别人对自己的殷殷期望，达到别人给自己设计好的目标。

来吧，朋友——

这里便是人生的创造。

这里便有人生的价值。

这里应有的不只是解脱，而且是解放：精神的解放，生命力的解放。

卷末琐记

原版琐记

感谢商务印书馆为我提供了这个机会，使得这本先后几次难产几度夭折的书，终于有幸得见天日，和世人谋面了。

笔者比较多地接触尼采的著作，始于1986年。当时笔者在文化艺术出版社工作，经手了一本尼采名著中文译本的终审，此书就是《查拉斯图拉如是说》（《查拉图斯特拉如是说》的旧译名），为此还涉猎了一些相关资料。由于兴趣使然，后来不但重读了这本书，而且读了他的其他著作。越读就越感到，尼采所抨击的某些社会现象，某些国民精神状态，我们都曾经身陷其中，都曾经亲力亲为。

令人感触最深的，莫过于“神化”和“奴化”的问题。例如，我们都曾经崇拜过偶像和救星，也曾经做过“驯服工具”和“螺丝钉”，时时仰仗党和政府的恩赐，事事唯书、唯上，唯“最高指示”是听。后来，我们虽然都有所觉醒，但是冰冻三尺非一日之寒，几千年的封建遗毒和“文化大革命”的流毒不是短时期之内就可以消除的。

思想解放，任重道远。读一读尼采的书，不无补益。它有助于走出神化权威的误区，有助于摆脱奴化自我的囹圄，由此清除旧思想，超越自我。

1995年，应台湾扬智文化事业集团之约，笔者将相关尼采的读书札记加以整理，辑成了一部书稿，命名《尼采的人生哲学》。后来，作家出版社的编辑先生也有意将其收入一套丛书在内地出版，为适应内地读者的需要，我们在前稿基础上作了比较多的补充和修订。不想好事多磨，该丛书的出版计划因故搁浅，这本书的编印运作也就中途抛了锚，后来连原稿也没了下落。好在现在是新科技时代，文稿都在电脑里存着，丢倒是丢不了的。

本书稿一撂便是十几个春秋。其间北京图书馆出版社也曾有意付梓，我们还特意为之扩充了前言，不料适逢该社随国家图书馆改制，人事变迁，便又作罢。所以至今只有其中的《负残疾》一篇，后面略作了一些修改，换了一个标题，称作《尼采诊治心灵残疾》，发表于《北京政协》（《北京观察》前身）1996年第3期。

2000年是尼采逝世一百周年，为了纪念这位哲坛怪杰，借助现代科学技术，我们将此稿以《尼采和他的超人哲学》为书名发到了ChinaRen（中国人）网上，并且将前言再扩充为《卷头绪语》。不幸三个月后接网站通知，因技术故障，稿件丢失。既然如此，那就随它去吧，我们也效法马克思，将书稿塞进抽屉交给耗子去批判。当然，这不过是一种自我调侃，因为现今我等住在钢筋水泥筑成的大厦里，耗子是进不来的。今日有幸面世的就是这一稿，只是又作了些许补充修饰，订正了两处讹误。

在这本书里，我们是试图发掘散见于尼采众多篇章和笔记中的奇思异想，将那些零散的、互不连贯的片段，尽可能地串接起来，使之整体化、系统化，以便把握尼采学说的内在思想逻辑。

尼采的著作多是独立短篇，还有相当部分是笔记随录，片言只语，尼采的思想观点就散见在这些篇章片段之中。它们涉及的面又非常的广泛，包括了方方面面。要从这里面摸清尼采的思想脉络，理出尼采的思想体系，那不是一件容易的事。囿于笔者的学识和能力，讹错定然不免。是故若得引起各行各业、男女老少对于故事多多的尼采及其哲学的兴趣，在读者和尼采之间牵个线搭个桥，抑或为探索尼采学说的扬鞭跃马者做个垫脚凳儿，心愿足矣。

笔者

2012.5.20

本版又记

拙作《尼采的人生哲学》有幸编入中国艺术研究院学术文库，由北京时代华文书局出版，按照印书题跋的传统，再为之记。是书2013年商务印书馆出版精装本的时候，笔者曾经写了《卷末琐记》，如今将它称之为“原版琐记”，当下写的这篇就标之为“本版又记”，一并辑置在“卷末琐记”名下。

商务印书馆版原名《尼采和他的超人哲学》，现在回归到2000年刊发于ChinaRen之前的名称——《尼采的人生哲学》。那时候是为了在网上求个新奇，突出“超人”说，如今是为了蜕去一点神秘色彩，为了更大众化，更贴近人生。

起初，对于申请收入中国艺术研究院学术文库，笔者心中着实有点忐忑，拿不定主意。因为：一则，这本书既不是研究艺术的，也不是研究文化的，不过尼采的哲学思想也是一宗文化遗产，就此而言还算沾得上一点边；二则，这本书是用散文写就的，不能算是严格意义上的学术著作，转一念，尼采的主要著作《查拉图斯特拉如是说》原本就是散文体的，因而也还说得过去；三则，笔者和商务印书馆的出版合同还在有效期内，能不能得到他们的照顾，开具出版授权书，还是个未知数。这当口，多亏科研处陈曦女士的鼓励，笔者才打消疑虑，鼓足勇气提出了申请。

令笔者额庆的是，这本书受到学术文库编委会的抬爱，得到认可，通过了审核，又得到商务印书馆的支持，承蒙北京时代华文书局付梓刊行。在此，谨向各位编委和两家出版社致以由衷的谢忱！

这本书2013年版面世后，网上有评介称之为“伟大哲人尼采哲学思想的全新解读”。笔者甚慰，视为知音。是的，笔者是给尼采的哲学作了别样解读，发掘并阐释了他的核心思想：破除“旧社会的权力产物”，鞭策人们挣脱奴籍，摒弃奴性，争得自主权力，焕发生命光华，迈向更高类型的“超人”。

反神权，反偶像，反帝国，反旧思想，反旧道德，反对“哲学教条主义”，这无疑是尼采思想的可仰之处，对于摆脱神权、王权和其他威势权力的精神桎梏，对于解放思想，大有补益。

不过，尼采的思想是有缺陷有错误的。他基本上没有脱出叔本华唯意志主义的窠臼，也没有超出个人主义的眼界。他贬谪女性，蔑视人民群众，反对民主主义和社会主义，非议现代科学技术以及由之而来的与之相应的现代工业，这都是十分荒谬的。

然而笔者在互联网上发现，竟有人认为，既然有了尼采的哲学思想，那么马克思主义就可以抛弃了。不知道这种观点和我们这本书有没有什么关联，如果有，那真是莫大的遗憾。我们在这本书的多个篇章里，就尼采的思想和马克思主义做过比较，在某些问题上探讨了尼采的谬误和马克思主义的真理性，细心的读者想必是不会误解的。如果他们是自己错解了尼采的著作，或者被别的什么言论所误导，那么，我们就毛遂自荐，请他们拨冗翻一翻我们这本书，也许对于准确地深入地读懂尼采，可以有所助益。

这是一本散文体的哲学读物，也可说是一本哲理性的散文集子，为此受到原版编者的过誉，在内容提要中称之“不失为一部文采斐然的散文著作”。笔者愧领了，就此谢过。我们也指望，能够获得爱好文学的读者们的青睐。

借这次新版的机会，我们就原版中的若干讹误和脱漏，作了必要的修订和补充。尽管如此，只怕错误还是难免，请阅者不吝教正。

田丁

2015.9.20